IMF와 세계경제 이야기

허남덕 지음

바른책

| 목차 |

I. IMF 이사회의 핵심이슈 관련 논의

II. 코로나 세계경제 위기와 IMF의 대응

III. 포스트 COVID-19 시대의 과제

IV. 주요국에 대한 IMF의 평가

V. 세계경제의 중장기 과제와 IMF의 관점

VI. IMF의 정치경제학

VII. 기타 IMF의 연구결과들

VIII. 한국경제에 대한 평가와 시사점

| 프롤로그 |

IMF의 연구보고서, 이사회 논의안건 등은 거의 대부분 대외 공개자료이고, IMF의 홈페이지만 검색해도 찾을 수 있다. 하지만 워낙 방대한 분량이다 보니 이 분야에 특별한 관심이 없는 일반인들이 접하기는 쉽지 않다. 필자는 지난 1년 6개월 동안 IMF에서 근무하면서 직접 읽고 논의한 내용들을 다른 사람들과 공유하고 싶었다. 좋은 자료가 많기 때문이다. 물론 이전에도 유사한 책들이 있었고, 경제 전문가들 입장에서 보면 이 책의 내용은 너무 뻔하거나 겉핥기 정도로 밖에 보이지 않을 수도 있다. 맞는 말이다. 다만 하나하나의 돌들이 모여서 큰 탑이 쌓이듯이 누군가에는 도움이 되거나 더 깊은 연구를 할 수 있는 실마리가 되기를 바라는 작은 소망으로 이 글을 쓰기 시작했다.

20년 전인 1999년 필자는 당시 재정경제부 국제금융국 사무관으로 일하면서 IMF의 자료를 처음 접하기 시작했다. 당시 우리나라는 IMF의 구제금융 지원을 받고 있던 시절이었고, IMF 스태프의 한마디 한마디가 추상같이 무서운 시절이었다. 20년이 지난 지금도 우리나라 국민과 언론에게 IMF라는 단어는 '국제통화기금(International Monetary Fund)'의 영문 약칭이라기보다는 'IMF=최악의 경제위기'라는 식으로 쓰이는 걸 보면 우리가 이 트라우마에서 언제쯤 벗어날 수 있을지 가늠이 되지 않는다.

그간 IMF도 많이 변모했다. 동아시아 위기를 겪으면서 많은 반성도 하였고, 이제는 인간적인 면모도 조금 느껴진다. G20 국가인 우리나라의 국력도 그 사이 몰라보게 성장했다. 이제는 IMF를 감정적으로 대하기보다는 좀 더 이성적으로 냉정하게 관찰할 필요가 있다. IMF는 절대 선도 절대 악도 아니다. 세계정치역학 구조 속에서 IMF도 그 힘의 원리에 따라 움직이고 있을 뿐이다. IMF는 경제위기시에 특별히 빛나는 존재이기 때문에 COVID-19으로 촉발된 글로벌 경제위기 속에서 종횡무진 활약하고 있다. 전 세계 189개(조만간 안도라 공국이 가입하면 190개국으로 늘어난다) 회원국의 모든 정보가 모이는 곳이기 때문에 비교분석이 용이하고, 유익한 보고서들이 많다. IMF의 진단을 100% 신뢰할 필요는 없지만 참고할 만한 가치는 있다. 우리나라의 지분은 약 1.80%로 16번째로 많다. 20년 전에는 우리도 IMF의 지원을 받았지만 지금은 채권국의 입장에서 다른 나라들을 지원하는 입장에 있다. IMF의 성격을 제대로 이해하고 사안별로 우리 국익에 도움이 되는 방향이 무엇인지 고민해야 한다.

'IMF'가 더 이상 '위기'를 지칭하지 않는 시절이 오기를 기대하며

허남덕 드림

I. IMF 이사회의 핵심이슈 관련 논의

1. 세계경제전망(WEO) 논의
2. 저소득국에 대한 금융지원 확대(PRGT)
3. IMF의 국가별 재정여력 평가
4. IMF의 Conditionality 검토
5. IMF의 착한 정책 - Social Spending Policy
6. 고피나스의 Integrated Policy Framework (IPF)
7. 시장접근가능 국가의 채무위험 평가 방법론(MAC-DSF) 논의

1. 세계경제전망(WEO) 논의

IMF는 일 년에 두 차례, 즉 봄 총회 그리고 가을 연차총회 기간 중 세계경제전망(World Economic Outlook) 보고서를 발간한다. 세계경제전망 보고서는 IMF의 대표적인 flagship 보고서 중 하나이기 때문에 가장 심혈을 기울여서 작성될 뿐만 아니라 각국의 경제성장전망치를 포함하기 때문에 모든 이사실이 매우 기민하게 이 보고서의 내용을 검토한다. 두 번의 총회기간 사이에는 WEO update란 형식으로 7월과 1월에 일부 주요국 전망치만을 포함한 간이 보고서를 발간하는데, 2019년부터는 이사들의 요구에 의해 거의 2개월에 한 번씩 비공식적으로 대외 비공개를 전제로 한 수정 전망치를 공유하기도 한다.

세계경제전망보고서는 기본적으로 IMF 스태프들의 전망과 평가를 담은 것인데, 이사회의 논의가 필요한 이유는 개별 경제성장전망치에 대한 회원국들의 의견을 청취하여 더 현실성 있는 전망을 함과 동시에 이사들의 다양한 식견과 회원국 정부의 의견을 반영하여 보고서의 전체적인 완성도를 높이기 위해서다. 현재 게오르기에바 IMF 총재는 전임 라가르드 총재에 비해 주요국들의 평가나 의견을 보다 적극적으로 수용하려는 자세로 임하고 있고, 이사회 도중 참신한 아이디어나 건설적인 제안이 나오면 즉각 반영하도록 스태프에게 지시할 뿐만 아니라 자신의 대외 인터뷰 등에 활용하기도 한다. 특히, 현재의 경제상황을 한 마디(one liner)로 함축해서 표현해 달라고 요구하는 경우가 종종 있어서 이사들을 곤혹스럽게 만들기도 한다. 또한 WEO 이사회는 24명의 이사들이 그동안 근무했던 각국의 재무성이나 중앙은행에서 갈고닦은 경륜과 실력을 뽐낼 수 있는 자리이기도 하다.

2020년에는 WEO 관련 발표가 네 차례 있었다. 1월, 4월(봄 총회), 6월, 10월(가을 총회) 등이다. 특히, 팬데믹의 1분기 효과가 반영된 6월 WEO는 2020년 세계경제전망치를 -4.9%로 지난 1월 전망치 3.3%보다 무려 8.2%p 낮추면서 세계를 경악시켰다. “전대미문의 위기(Crisis like no other)”라는 경고를 하면서 각국에 신속하고 과감한 대응을 촉구한 것이다.

그런데 불과 1년 전인 2019년 7월의 WEO는 어떤 내용이었을까? 2019년 7월의 세계경제전망은 2019년 4월 WEO 발표 이후 두 차례나 하향 수정된 것이고 7.10일 초안이 나온 이후에도 일부 국가의 경제성장 전망이 조금씩 하향 조정되었다. 즉 2019년, 2020년 성장 전망이 4월보다 각 0.1%p씩 하락한 3.2%, 3.5%로 수정되었고 특히 신흥국의 경제성장 전망은 각각 0.3%p, 0.1%p 하락한 4.1%, 4.7%로 전망되어 세계경제전망치의 전체적인 하락을 이끌었다. 사실 미국과 유로존의 일부 국가를 제외하면 모든 전망이 부정적으로 바뀌었다. IMF는 2019년 4월 봄 총회에서 당시의 세계경제 상황을 ‘delicate(미묘하다)’라고 표현했는데 이는 2019년까지 하락세를 보이다가 2020년에 반등한다는 시나리오가 베네수엘라, 아르헨티나, 이란 등 각종 정치, 경제적 이유로 극심한 혼란을 겪고 있는 신흥국들의 기저효과에 의한 반등에 의존하는 것이었기 때문이다. 따라서 이런 장밋빛 시나리오가 실현되지 않을 하방위험(downside risk)이 매우 크고, 이 경우 현재의 IMF 전망보다 세계경제는 더 하락할 가능성이 높다는 뜻이다. 사실 리스크를 강조하면서도 가급적 긍정적인 신호를 보내고, 리스크가 현실화될 때마다 조금씩 세계경제전망 수치를 낮추는 것이 게오르기예바 총재 이전의 IMF가 즐겨 쓰던 수법(?)이었다. IMF에는 스태프들과는 독립적으로 IMF의 주요업무를 평가하고 개선방안을 권고하는 '독립평가실(IEO: Independent Evaluation Office)'이라는 부서가 있는데, IEO가 그동안 IMF의 경제성장전망치를 자체 평가한 내용을 보면 대부분 실제 결과보다 전망수치가 낙관적이었다는 점을 확인할 수 있다. 이는 우리나라 정부나 한국은행의 전망치가 민간 연구소나 국책 연구기관의 전망치보다 다소 긍정적인 신호를 보내려고 하는 것과 일맥상통하는 현상이라고 생각된다.

그런데, 게오르기예바 총재가 들어서고 팬데믹이 닥치자 IMF은 그동안의 관행을 180도로 바꿨다. 사실 2020년 6월의 WEO 전망에 대해서는 국내외 전문가들 사이에서 IMF의 전망이 지나치게 비관적이고, 비현실적이라는 비판도 많았다. IMF가 위기의식을 조장해서 회원국들을 쿼터개혁이나 SDR 일반배분과 같이 자기 조직에 유리한 방향으로 끌고 가려고 한다고 의심하는 목소리도 있었다. 약 5개월이 지난 2020년 10월의 시점에서 이를 복기해보면 그런 비판이 일부는 맞았고 일부는 오해에서 비롯되었다고 평가할 수 있을 것 같다. 2020년 10월 WEO는 금년 세계경제전망치를 -4.4%(구매력 평가 조정으로 6월 WEO 전망치를 종전 -4.9에서 -5.2%로 조정)로 소폭 인상시켰는데, 이는 6월 전망보다는 조금 높지만 그렇다고 6월 전망이 엉터리였다고 폄훼할 정도의 차이는 아니다. 현재 팬데믹 상황의 불확실성을 감안하면 어느 정도 정확한 전망을 한 셈이었다. 다만 소폭의 상승은 미 연준을 비롯한 각국 중앙은행과 재정당국의 예상을 뛰어넘은 전폭적인 시장안정화 조치에 힘입은 결과라고 봐야 옳을 것이다. 한편 9월 30일 이사회 논의과정에서 6월 전망치보다 10월 전망치가 2.8%p 상승한 브라질의 베빌라꾸아 이사는 자신이 6월에 IMF의 브라질 전망치가 지나치게 비관적이라고 비판했었는데 자신의 지적이 맞지 않았느냐고 하면서 Top-down식의 경제전망 방법론을 수정해서 앞으로는 각 회원국의 실제 정책대응 효과를 전망치에 충분히 반영해 줄 것을 요구하기도 했다.

2020년 가을 WEO의 핵심적인 메시지는 다음과 같다. 우선 지난 6개월 동안의 IMF, G20를 비롯한 국제사회와 각국의 정책대응에 대한 긍정적 평가이다. 지난 6개월간 각국의 재정당국은 약 11조 달러의 직, 간접 재정정책수단(fiscal stimulus)을 동원하였다. 이는 우리나라 2018년 GDP의 약 7배에 달하는 엄청난 규모이다. 통화정책도 마찬가지이다. 미 연준을 포함한 G10의 중앙은행만 합산하더라도 자산매입 등으로 약 7.5조 달러의 시장 안정화조치가 시행되었다. IMF가 지난 4월, 6월에 의도적으로 세계경제전망을 비관적으로 발표했는지는 확인할 수 없지만 이런 신속한 대응이 없었더라면 세계경제전망치가 더 내려갔을 가능성도 배제할 수 없다. 둘째로 현재 시점에서 보다 중요한 메시지는 재정당국과 통화당국이 당분간은 완화적인 지원정책을 유지해야 한다는 점이다. 국가채무와 기업의 부채가 급상승하고 있는 점은 경계해야 할 부분이지만, 아직 코로나 바이러스의 치료제와 백신이 개발되지 않은 상태이기 때문에 산소 호흡기를 떼는 것은 이르다는 것이다. 이사회 논의과정에서 모든 이사들이 공통적으로 강조한 부분이기도 하다.

IMF는 국가별 차이가 있지만 팬데믹을 극복하는 과정을 방역(containment) - 안정화(stabilization) - 회복(recovery)의 3단계로 나누고 있는데 현재 대부분의 국가가 2단계에 있다고 진단했다. 제2단계 정책대응의 핵심과제는 '스마트 방역'과 소위 'inter-temporal' 이슈에 대한 대응이다. 이미 경제적 피해가 심각한 상태에서 아무리 바이러스가 재확산되더라도 초기와 같이 극단적인 lock-down은 곤란하기 때문이다. 시민들의 수용도가 떨어질 것도 자명하다. 사람의 생명도 살리고 가계와 기업의 경제활동도 회복시켜야 하는데 사실 이 분야는 의학적 전문성에 의존할 수밖에 없기 때문에 IMF의 조언도 제한적이다. Inter-temporal 이슈는 단기적인 지원 유지와 중장기적인 정책방향간의 적절한 조화의 문제이다. 당분간은 단기적인 지원을 유지하더라도 언젠가는 이를 단계적으로 축소시켜야 할 필요성이 있으며, 이를 통해 재정건전성도 회복하고 금융분야의 취약성도 통제해야 하기 때문이다. IMF의 수석 이코노미스트인 고피나스는 지난 6개월간의 성과를 보면 임금지원 정책의 효과는 매우 컸던 반면에 대출이나 지급보증 정책의 효과는 크지 않았다고 평가한다. 팬데믹이 장기화되면서 단기적인 유동성 부족 문제를 넘어서 기업파산(solvency)으로 문제의 본질이 변화하고 있다는 의미이다. 따라서 앞으로 정책당국의 최대 고민거리는 선별적인 기업지원 정책이 될 것이다. 즉 회생 가능성이 없는 기업은 도산시키고, 전략산업의 경우에는 지분참여나 무상보조금 지원 등을 통해 회생시켜야 하며, 그 중간에 있는 기업은 구조조정과 사업전환 등을 통해 경쟁력을 회복시켜야 하는 것이다. IMF도 구체적인 방안은 제시하지 못하고 각국 정부에 일임하고 있는데 지원의 구체적인 원칙과 기준을 정하는 것이 앞으로의 과제이다.

IMF는 빠른 회복을 위해 재정승수 효과가 큰 공공투자의 중요성을 강조했는데, 특히 그린경제에 대한 지원을 강조하고 있다. 이는 우리나라가 선제적으로 발표한 포스트-코로나 국가전략인 '그린뉴딜'과 같은 맥락이다. 향후 회복과정에서 기후변화에 대응하는 친환경 공공투자를 통해 일자리도 창출하고 글로벌 탄소배출도 줄여야 한다는 주장이다. IMF는 향후 단계적으로 재정지원을 축소하더라도 여성, 청소년 등 COVID-19로 더 많은 피해를 입은 취약계층에 대한 사회안전망은 계속 유지해야 하고, 소비패턴 변화, 산업구조 변화 등 포스트-코로나 시대의 변화에 대비해서 교육과 직업훈련에 대한 투자를 강화해야 한다고 조언하였다.

2020년 9월 WEO 이사회 논의에서 다소 아쉬웠던 점은 일방적 무역제한조치 등 경제회복을 저해하는 무역분쟁에 대한 경계의 목소리가 다소 약해졌다는 점이다. 2019년 7월에는 우리 이사실과 독일, 터키, ASEAN 등 많은 이사들이 일방적인 무역제한 조치를 경계하고 국가간 무역분쟁은 규칙에 입각한 다자 무역시스템을 통해 해결되어야 한다는 점을 강조했었는데, 이번 이사회에서는 현재의 위기상황 속에서 저소득국에 대한 자금지원과 디지털조세 개혁을 위한 다자협력이 보다 강조되었다. 그나마 다행인 것은 IMF 통화자본시장국장 겸 금융고문(Financial Counsellor)인 아드리안의 말처럼 은행분야의 버퍼가 아직은 충분하기 때문에 이번 팬데믹 상황이 2008년처럼 시스템적인 은행위기로 확산될 가능성이 크지 않다는 점이다. 하지만 아직 경계를 느슨하게 할 시점은 아닌 것 같다.

2. 저소득국에 대한 금융지원 확대(PRGT)

IMF의 기능은 크게 세 가지로 분류할 수 있다. 첫 번째가 세계경제 감시(surveillance), 두 번째가 국제수지 유동성 문제 해결을 위한 자금 대출(lending facility) 그리고 마지막이 저소득국가의 역량강화(Capacity Development) 지원 사업이다. 그런데, IMF는 세계은행이나 여타 지역 개발금융기관과 달리 무상자금(grant)이나 저리의 양허성 자금을 지원하기 위해 설립된 기관이 아니다. 따라서 IMF의 대출에는 기관을 유지하고 순환적인 대출재원의 활용(revolving nature of IMF resources)을 보장하기 위해 적정 수수료 및 대출이자를 부과할 수밖에 없다. 상업은행의 대출과 비교한다면 수수료나 이자가 비싸다고 보기 어렵지만(참고1 참조) 국가채무 문제로 곤란을 겪고 있는 다수의 저소득국 입장에서는 여전히 부담이 될 수밖에 없다. 이러한 점을 고려하여 1970년대 중반부터 IMF는 쿼터에 기반한 IMF의 고유한 대출재원과 별개로 회원국의 자발적 공여에 의존하는 별도의 신탁기금을 설립하여 저소득국에 대한 대출재원으로 활용하였다. 처음에는 구조조정자금 (SAF : Structural Adjustment Facility)이란 이름으로 한시적인 성격을 띠었으나 1987년 ESAF(Enhanced Structural Adjustment Facility)로 일부 확대되었다가 1999년 현재와 같은 '빈곤감축 및 성장 신탁기금(PRGT: Poverty Reduction and Growth Trust)'으로 영구적인 성격의 대출제도로 자리 잡았다. 즉 비양허성 대출은 일반재원 계좌(General Resources Account)를 바탕으로 운용되며, 이 재원은 IMF 회원국들이 납부한 출연금(자국통화, 기축통화/SDR), 양자차입 협정에 의한 재원(NAB, BBA)을 바탕으로 하는 반면, 양허성 지원은 PRGT라는 별도의 기금을 조성하여 이를 통해 저소득국에 자금을 대출하는 것이다. PRGT의 재원은 IMF가 보유하던 금 매각분이나 IMF가 그동안 쌓은 이익적립금을 전환하여 활용할 수도 있지만 주된 재원은 우리나라를 포함한 약 20개국이 납부한 무상출연금이나 한시 공여한 특별인출권(SDR)을 바탕으로 하고 있다(참고 2 참조). COVID-19 발생 이전인 2019 회계연도의 PRGT 대출잔액은 64.5억 SDR로 일반재원 대출 잔액 637억 SDR의 약 10%가 조금 넘는 수준이다.

PRGT를 통한 대출정책은 매 5년마다 리뷰(Review)를 하는데, IMF 이사회는 2019년 5월 PRGT의 양허성을 높이고 대출지원 한도를 확대하는 새로운 PRGT 운용방안을 통과시켰다. 글로벌 금융시장의 금리가 낮은 상황 하에서 실질이자 부담을 억제하여 양허성 대출의 효과성을 제고하고, 저소득국에 대한 양허성 지원 확대의 중요성을 인정한 결정이었다. 또한, 자연재해, 전쟁, 질병 등 긴급상황 발생 시 현재보다 높은 수준의 지원이 필요하다는 데에도 공감대가 형성되었다. 다만 이는 현재 확보된 자발적 공여 재원으로 향후 10년간 연간 12억5천만 SDR의 대출한도를 유지할 수 있다는 스태프의 판단을 존중한 것이기도 하다(Self-sustainability). PRGT 대출제도는 목적, 기간 등에 따라 아래 3가지 대출제도(facilities)로 구분할 수 있는데, 개편안은 다음과 같다.

- SCF (Standby Credit Facility): 금융위기 등 short-term BOP needs
- ECF (Extended Credit Facility): 중장기 구조개혁 등 protracted BOP needs
- RCF (Rapid Credit Facility): 자연재해 및 전후복구 등 urgent BOP needs

< PRGT 대출제도의 개편안 >

	舊지원체계	개편방향
Access Limit (쿼터대비)	‣ SCF, ECF 연간 75%, 누적 225% (예외 300%) ‣ RCF 연간 18.75~37.50%, 누적 75%	‣ SCF, ECF: 연간 100%, 누적 300% (예외 400% * hard cap) ‣ RCF: 연간 50%, 누적 100% (예외 133.33% *hard cap)
Access Norm (쿼터대비)	‣ SCF: 1.5년간 90% ‣ ECF: 3년간 90%	‣ SCF: 1.5년간 120% ‣ ECF: 3년간 120%
지원가능기간	‣ SCF 2년 ‣ ECF 4년	‣ SCF 3년 ‣ ECF 5년

현재 PRGT 기금의 자립도(Self-Sustainability)가 충분하다는 전제하에서 향후 대출 금리도 SDR금리의 변동 상황에 맞추어 아래와 같이 조정하였다.

단위: %	舊지원체계		개편방향
	ECF	SCF	ECF / SCF
SDR rate ≦0.75	0	0	0
0.75< SDR rate <2		0.25*	
2 ≤SDR rate ≤5	0.25	0.5	0.25
SDR rate >5	0.5	0.75	0.5

* SCF 금리는 글로벌 저금리로 현재까지 0%였으나, 최근 SDR 금리가 1.14%까지 인상되어 SCF 대출금리도 0.25%로 인상해야 했지만, 이번 안에서는 당분간 0%를 유지하기로 결정했다.

문제는 앞으로 추가적인 재원확충 없이 확대된 양허성 대출제도가 얼마나 잘 운영될지의 여부이다. 우리나라도 주요 공여국 중의 하나인데

IMF 이사회의 논의 과정을 보면 재원 지원을 하는 쪽의 조심스러운 목소리보다는 저소득국의 상황을 감안하여 일단 지원을 확대하고 보자는 의견이 주류이다. 착한 사마리아인 콤플렉스는 국제기구 논의에서는 더 큰 힘을 발휘하는데, 납세자인 공여국 국민이나 국회 등의 직접 감시가 어렵기 때문이기도 하다. 따라서 논의과정에서 불쌍하고 못 사는 나라들에 대한 감성적인 접근이 철저한 재원관리의 필요성보다 쉽게 지지를 얻는다는 뜻이다. 모든 이사들이 자기 호주머니에서 돈을 꺼내서 기부를 해야 한다면 상황이 조금 달라질지 모르겠지만….[1)]

아무튼 24개나 되는 이사국 중에 공여국(donor countries)만큼이나 많은 수혜국 대표가 존재하다 보니 이사회의 의사결정의 구조상 결함이 없다고 말하기는 어렵다. 솔직히 말하면 도덕적 해이로 연결되기 쉬운 구조이다. 즉 16.5%의 최대 투표권을 보유한 미국 이사실도 하나의 목소리를 내고, 투표권이 1.6%에 불과한 아프리카 22개국을 대표하는 AF 이사실도 하나의 목소리를 낸다. 투표권의 85% 찬성을 요구하는 일부 중요 사안을 제외하고 대부분은 콘센서스에 의한 의결을 추구하는 IMF 이사회의 관행도 이런 분위기를 뒷받침하고 있다. 이사회에서 표결 없이 논의를 하다보면 지분에 따른 의사결정이 이루어지고 있는지 의심스러울 때가 있기 때문이다.

---

1) 2019년 PRGT 대출 확대안이 얼마나 근시안적이었나는 코로나 발생 이후 PRGT의 수요확대와 이에 따른 대출재원 부족으로 IMF총재가 공여국들에게 추가적인 대출재원 지원을 독려한 것에서도 확인할 수 있다. 이후 다른 장에서 설명하겠지만 이번 제도 개편안에 이어 COVID 19에 따른 임시적인 PRGT 대출한도 확대와 추가적인 재원조성이 불가피했기 때문이다. 다소 비판적인 시각에서 보자면 일단 쓰고 부족하면 또 거두면 된다는 사고방식이다.

이번 제도 개편안이 저소득국들이 당면한 위기를 효과적으로 극복하고 신속히 회복하는 데 기여할 수 있기를 희망한다. 아울러 향후 IMF가 PRGT 제도를 효율적으로 운영하고 있는지 여부를 감독해야 하는 이사회의 모니터링 책임도 더 커졌다. 나쁜 사마리아인이 되고 싶지는 않지만, 균형잡힌 사고방식도 중요하다고 생각한다.

PRGT Credit Outstanding

(Percent of quota, as of July 31, 2020)

PRGT Credit Outstanding: Overview

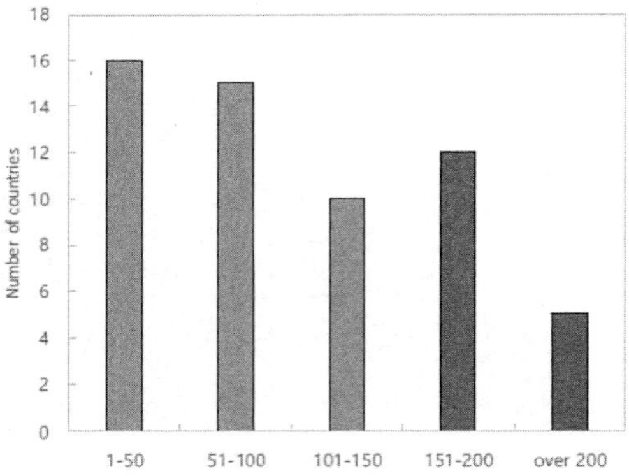

Number of countries

18, 16, 14, 12, 10, 8, 6, 4, 2, 0

1-50 | 51-100 | 101-150 | 151-200 | over 200

Sources: IMF staff calculations.

PRGT Credit Outstanding: List

(Countries with Outstanding PRGT Credit Exceeding 150 percent of quota)

Country (17)	Percent of quota
Chad	299
Cameroon	215
Mali	209
Niger	208
Ghana	200
Burkina Faso	200
Rwanda	185
Grenada	183
Central African Republic	176
Sierra Leone	176
Madagascar	175
Benin	173
Togo	171
Malawi	169
Mozambique	167
Guinea	160
Mauritania	157

〈참고1〉 IMF의 비양허성 대출제도

구 분	대기성차관 (Stand-By Arrangement)	확대협약 (Extended Fund Facility)	예방적대출제도 (Precautionary & Liquidity Line) * 舊PCL(09)	탄력대출제도 (Flexible Credit Line)
도입	'52년	'74년	'11년	'09년
성격	단기위기 사후지원	중장기 구조개혁	위기 사전예방 및 해결	위기 사전예방
지원 대상	단기 국제 수지 불균형	중기적 국제수지 문제	모든 유형의 국제수지 문제 + sound policy Framework	모든 유형의 국제수지 문제 + very strong ex ante macroeconomic fundamentals
이행 의무	분기별 정책성과 검토 후 단계적 인출	반기 또는 분기 이행평가 점검	6개월 마다 정책프로그램 점검	프로그램 부과의무 없음, 1년 후 적격성 검토
인출 한도 (쿼타 대비)	연간 145% 누적 435% *예외 확대가능	연간 145% 누적 435% *예외 확대가능	6개월 125% 1년 250% 1년이상 500%	사전한도 없음 (회원국 사정에 따라 결정)
금리	쿼터 187.5% 이상 : 200 bp 쿼터 187.5% 이상 +36개월 이상 :300 bp	쿼터 187.5% 이상 : 200 bp 쿼터 187.5% 이상 +51개월 이상 :300 bp	쿼터 187.5% 이상: 200 bp 쿼터 187.5% 이상+ 36개월 이상: 300 bp	
대출 기간	통상 1~2년 (3년까지 연장가능)	통상 3년 (4년까지 연장가능)	6개월*, 1년 또는 2년 (*갱신가능, '11.11월 신설)	1년 또는 2년
상환 만기	3년 3개월~5년	4년6개월~10년	3년 3개월~5년	
이용국 예시	아르헨티나 등	그리스, 아일랜드, 포르투칼 등	모로코	콜롬비아, 멕시코, 폴란드

〈참고2〉 국가별 PRGT 양자 대출 약정금액 현황(2019. 5월말 기준)

순위	국가명	금액* (백만SDR)	비중 (%)
1	일 본	3,600	17.0
2	영 국	3,328	15.7
3	프랑스	2,000	9.4
4	중 국	1,600	7.5
5	독 일	1,350	6.4
6	이태리	1,200	5.7
7	**한 국**	**1,000**	**4.7**
8	네덜란드	1,000	4.7
9	캐나다	1,000	4.7
10	스위스	1,000	4.7
11	스페인	855	4.0
12	벨기에	700	3.3
13	노르웨이	600	2.8
14	브라질	500	2.4
15	덴마크	500	2.4
16	사우디	500	2.4
17	스웨덴	500	2.4
	총액	21,233	100

3. IMF의 국가별 재정여력(Fiscal Space) 평가[2)]

IMF는 189개 회원국과 순차적인 연례협의를 통해 회원국별로 바람직한 정책운용방향에 대한 권고를 한다. 물론 바람직하다는 관점은 개별 국가 정부가 바라보는 시각과 다소 차이가 있다. IMF는 G20 회원국이 강조해 온 'SSBIG 원칙', 즉 강하고(strong), 지속가능하며(sustainable), 균형있고(balanced), 포용적인(inclusive) 성장(growth)을 지지하지만 재정여력 문제를 글로벌 불균형 문제를 해소하는 수단으로 바라보는 시각이 강하기 때문이다. 물론 한 국가의 부채가 지속가능할 수 없는 상태에 이르면 외환 유동성 부족 문제가 생기기 때문에 이런 위기상황을 미리 방지하라고 조언하고, 위기 시 문제해결에 필요한 자금을 지원하는 것이 IMF 본연의 임무이기도 하다.

IMF는 대외무역에서 경쟁력이 높아 경상수지가 지속적으로 흑자이거나 GDP대비 부채비율이 낮은 국가들은 통상 재정여력이 있는 것으로 평가하는데, 그 자체로 건전한 재정운용의 성과를 칭찬하는데 그치지 않고 글로벌 경제 침체 시 이들 국가들이 보다 적극적인 재정투자를 통해서 글로벌 경제회복과 불균형 해소에 기여할 것을 촉구한다. IMF의 평가에 의하면 통상 한국, 독일, 네덜란드, 호주 등이 그런 재정 여력이 있는 국가들로 지목되곤 한다.

2) IMF(2018), Assessing Fiscal Space - An Update and Stocktaking.

〈IMF의 평가에 의한 주요국의 재정여력 수준(2018년)〉

Limited	Some	Substantial
Argentina	Algeria	Australia
Brazil	Canada	Germany
Egypt	China	Kazakhstan
France*	Colombia	Korea
Italy	Indonesia	Netherlands
Malaysia*	Iran	Sweden
Nigeria	Israel	
Pakistan	Japan	
Poland*	Mexico	
South Africa	Morocco	
Spain	Philippines	
	Russia	
	Saudi Arabia	
	Thailand	
	Turkey	
	United Kingdom	
	United States	

*The assessment without rules suggested *some* fiscal space.

하지만 '재정여력'은 학문적으로 명확히 정립된 개념이 아니기 때문에 평가자의 주관이 많이 개입되고 따라서 논란도 많다. IMF는 회원국 간의 이견을 좁히기 위해 2016년부터 재정여력을 평가하는 분석틀(Assessing Fiscal Space)을 조금씩 가다듬어 가고 있다. 이에 의하면 일반적으로 한 국가가 조금 확장적인 재정정책(지출 확대 또는 감세 등)을 펼치려 할 때 이로 인해서 그 국가가 보유한 부채의 지속가능성이나 금융시장 접근성에 대한 부정적인 영향[3]이 덜할수록 재정여력이 있는 것으로 평가된다. 재정 포지션에 대해 어떤 국가들은 재정준칙을 도입하거나 세대 간 형평성 등에 대한 특정한 선호를 갖고 있는 경우가 있는데[4], IMF 스태프는 그러한 고려요인은 재정여력 판단에 직접적 영향

3) 금융시장 접근성 여부를 판단하는 기준으로는 미 국채 금리 변동에 따른 해당국 금리의 변동성, 경제상황 변화에 따른 해당국 정부채권의 수익률 변화 등이 사용된다.

을 미치는 요인이라기보다는 재정여력의 '사용 필요성' 결정에 대한 제약요인으로 작용한다고 해석한다. 즉, 재정여력이 있다고 반드시 사용해야 한다거나 어떻게 사용해야 하는지가 자동적으로 결정되는 것은 아니라는 점을 명확히 구분하고 있는 것이다.

또한, 재정여력 및 그 사용 여부는 정적인 개념이 아니라 해당 경제의 현재 상황과 그에 대응하는 경제정책의 구체적 내용과 밀접한 관련이 있는 동적 개념으로 해석한다. 아웃풋 갭이 마이너스인 상황 하에서 생산적인 지출을 늘리는 것은 미래의 재정여력을 확대시킬 수 있는 반면, 재정긴축으로 대응하는 것은 당장에는 지출을 줄일 수 있어도 성장 동력 감소로 미래의 재정여력을 오히려 축소시킬 수 있기 때문에 부적절하다고 본다. 또한 경기순환 주기의 어느 시점에 있는지에 따라 재정여력의 실제 사용여부는 달라질 수 있다고 본다. 예를 들면 경기 상승 시 재정여력의 잘못된 사용은 금리인상 유발 등 경기를 더 증폭시키는 역할을 할 수도 있기 때문에 재정여력이 있더라도 오히려 향후 경기 하락을 대비해 재정 버퍼를 유지하는 것이 바람직하다는 뜻이다.

IMF 보고서는 재정여력 여부를 판단하기 위한 4단계의 검토과정을 제시하고 있다. 즉, 1)거시경제 환경, 2)시장접근성과 부채의 지속가능성, 3)확장적 재정정책의 동태분석, 4)각국의 특수성 감안과 스태프의 판단(judgement) 순으로 진행되는 것이다. 하지만 이러한 검토과정은 '재정여력'을 판단하기 위한 것이고 사용여부에 대한 권고 여부는 경기상황,

---

4) 국가별로 다양한 재정준칙의 존재여부 및 그 구체적 내용이 이에 해당한다.

구조적 정책, 분배효과 그리고 재정준칙 존재여부와 해당국의 사회적 선호 등을 종합적으로 고려하여 이루어진다.

IMF의 분류가 일반적인 상식과 딱 들어맞지 않는 경우도 있다. 일본의 경우 재정여력이 '어느 정도 있음(some space)'으로 분류되는데, GDP의 240%에 육박하는 국가채무에도 불구하고 정부 채권의 수익률이 -204bps로 매우 낮고 외국인 보유 비중도 9.6%에 불과하기 때문에 자금 조달이 용이하다고 판단했기 때문이다. 일본뿐만 아니라 달러, 엔화, 유로화 등 무역결제 통화를 발행하고 있는 국가(countries with reserve currency)의 경우에는 국가채무의 수준자체는 부차적인 문제일 수 있다는 해석인 것이다. 또한 재정여력이 '상당(substantial)'하다는 판단이 우리나라처럼 지속적인 무역흑자 때문만은 아니다. 호주의 경우 통상 경상수지는 적자국이지만 금융시장이 발달하고 외화부채에 대한 헷징기법도 발달되어 재정여력은 우리나라나 독일, 네덜란드보다도 높은 것으로 평가받고 있기 때문이다. 신흥국 중에서는 카자흐스탄의 재정여력이 상당한 것으로 평가되는데 그간 석유 수출로 인해 발생한 수입금을 적절하게 투자해 온 덕분이다. 또한 장기간 지속되고 있는 저금리 현상이나 신흥국에서 자국통화 기반 국채의 발행이 용이해진 것도 상당수 국가의 재정여력을 긍정적으로 평가하는데 기여하였다.

이러한 평가가 얼마나 긴 시계(time horizon)[5]를 가지고 있는가 하는 것도 쟁점사항 중의 하나이다. 고령화로 인한 인구구조의 변화, 그에 따

5) IMF가 동 분석에 적용한 MAC-DSF(시장접근 가능국가의 채무지속가능성 평가 방법론)의 시계는 통상 5년이다.

른 복지지출의 증가 가능성도 고려해야 하기 때문이다. 재정여력이 상당한 6개 국가 중에서 한국이 장기적인 조정 필요성 측면에서 가장 위험성이 높은 것으로 평가되고 있는데 바로 그런 이유에서이다. 따라서 연금개혁 등 구조조정 개혁이 시행된다면 현재의 충분한 재정여력이 상당기간 지속되겠지만 그렇지 않다면 지속가능성 여부를 장담할 수 없는 것이다. 우리가 통상 비교하는 OECD 국가들의 GDP 대비 높은 국가부채 수준도 직접적인 비교대상으로는 적절하지 않은데, 앞서 언급한 것처럼 미국, 영국, 일본, 유럽 등 많은 OECD 선진국들은 리저브 통화를 가지고 있기 때문에 높은 부채를 감당할 만한 금융여건이 마련되어 있는 반면[6], 우리나라는 그렇지 못하기 때문이다. 언론이나 시민단체에서 OECD국가에 비해 한국의 재정건전성이 매우 양호하다고 너나할 것 없이 인용하고 있지만, 이러한 제반 여건의 차이를 감안하지 않고 기계적으로 비교하는 것은 사실상 무의미하다.

[6] 미국은 코로나 이후 재정수지 적자가 224%나 증가했지만 IMF는 2020년 7월말 미국과의 연례협의(Article IV consultation)에서 미국이 여전히 재정여력이 있으니 미국과 세계경제 회복을 위해 추가적인 재정지출이 필요하다는 점을 시사했다.

4. IMF의 Conditionality 검토

IMF의 대출에는 통상 Conditionality라고 하는 이행조건이 붙는다. 상업은행의 대출에도 담보 설정 및 여타 이행 조건을 붙여 연체위험을 낮추는 경우가 있지만 IMF의 이행조건은 조금 성격이 다르다. 차입금의 상환을 담보하는 것도 중요한 목적 중의 하나이지만, 차입국들의 정상정인 성장궤도 진입을 촉진하기 위해 별로 달가워하지 않는 여러 개혁정책들을 요구하기 때문이다. 우리나라가 IMF로부터 구제금융을 신청한 1997년 당시에도 IMF는 즉각적인 자유 변동환율제도의 도입, 급격한 금리 인상, 노동시장 개혁, 기업 구조조정 등 신자유주의적인 정책들을 이행조건으로 밀어붙였고 당시 외화자금이 부족한 우리로서는 이를 받아들이지 않을 수 없었다. 외환 및 금융시장은 신속히 안정되었지만 높은 금리를 감당하지 못해 많은 기업이 도산하였고 가장들은 일자리를 잃었다. 우리나라는 IMF의 입장에서 보면 교과서적(textbook)인 모범국이었지만 당시 IMF 이행조건의 부작용에 대한 비판도 많았다. 20년이 지난 현 시점에서 IMF는 대출자금 지원과 함께 어떤 이행조건들을 붙일까?

IMF는 이 Conditionality를 매 5년마다 재검토(review)하는데, 2019년 5월에도 그런 리뷰가 있었다. IMF가 프로그램을 지원하는 가장 첫 번째 목적은 회원국의 경상수지(BOP) 문제 해결을 지원하는 데 있다. 일반재원(GRA) 프로그램과 달리 저소득국(PRGT)을 지원하는 프로그램은 단기적 경상수지 지원으로 해결할 수 없는 구조적인 장애요인이 많고, 해당국의 제도역량이 부족하여 거시경제 조정의 요구 폭은 GRA 프로그램

보다 다소 작다. 일반재원 프로그램의 구조조정 이행조건이 처음에는 많지 않았더라도 1차 지원 후 2년 이내에 추가적인 자금지원을 요청하는 경우 경상수지 해결뿐만 아니라 구조적인 개혁이 필요했었다는 점을 사후적으로 방증하는 것이기 때문에 최초 프로그램의 디자인과 이행조건 설정이 성공적이었다고 보기 어렵다[7].

프로그램을 통한 외부적인 자생력(external viability)과 지속가능한 성장력 회복 여부를 판단하기 위해 IMF는 1)경상수지, 2)외환보유고, 3)성장, 4)재정수지, 5)공공채무와 국제시장 접근성, 6)부실채권의 규모 등 거시경제 지표를 모니터링한다. IMF 스태프의 분석 결과, 프로그램 중 성장과 재정수지 등이 당초 목표에 미치지 못하는 경우가 많았는데, 프로그램 디자인의 잘못이 있을 수도 있고 기본적으로 많은 국가가 단기간 내에 건실한 재정건전성 및 성장궤도 회복이 어려운 구조적인 문제도 있다. IMF는 프로그램 국가가 준수해야 할 이행목표를 PC(performance criteria)와 SB(structural benchmarking)로 구분하는데[8], 분석결과 전자의 달성도는 90%, 후자는 80%에 육박한 것으로 나타났다. 그렇다고 대부분 성공적인 프로그램이었다고 단정하는 것은 무리이다. 왜냐하면 처음부터 달성이 가능한 수준으로 목표치를 매우 낮게 설정했을 가능성도 있기 때문이다. IMF 보고서는 프로그램 실패의 원인으

---

[7] 2011~2018년 일반재원 프로그램 19개국 중 7개 국가는 추가적인 자금지원 프로그램을 곧바로 신청했다.

[8] PC는 이행목표를 구체적인 수치(예: 구조적 재정수지 흑자의 GDP대비 비율)로 설정하기 때문에 프로그램의 성공여부를 판단할 수 있는 1차적인 척도로서 매우 중요하다. SB는 구조개혁 측면에서 중요성은 인정되지만 특정 법안(예: 중앙은행의 독립성 보장)의 통과 등 비수치적인 목표로 설정하는 경우가 대부분이다.

로 차입국의 주도적인 의지(Ownership) 부재를 주요 문제로 꼽고 있지만, 이행조건의 설계도 매우 중요한 요인으로 작용한다. 지표상으로는 대부분의 조건을 만족했지만 프로그램 이후 경제체질 자체가 개선되었다고 보기 어려운 경우이다. 단순히 우호적인 대내외의 환경 덕에 성공한 프로그램으로 포장된 경우도 있다. 회원국을 상대하는 데 있어서 IMF가 일방적으로 이행조건의 준수를 강제하기 어려운 한계도 있는데, 회원국의 정치경제적 현실을 인정할 수밖에 없는 경우이다.

이행조건 중에서 프로그램 도입 당시 성장률 전망이 과도하게 낙관적이어서 오히려 프로그램의 성공을 담보하기 어려웠다는 분석도 있다. IMF 스태프가 낙관적인 전망을 제시하고 상환가능성을 높여야 이사회에서 대출안건이 통과될 수 있기 때문이다. 즉 재정건전성 회복을 위해서는 더 과감한 긴축정책을 요구했어야 하는데도 불구하고 재정승수의 효과를 축소하거나 해당국 정부의 계획을 낙관적으로 옹호했다가 결과적으로 미흡한 성과가 나타나는 경우이다. 생산성이나 투자, 또는 구조개혁의 효과에 대한 가정도 마찬가지이다.

통화정책 관련 조건은 주로 저소득국에 한정되는데 순국내자산(NDA) 또는 통화량 규모를 구체적으로 제한하는 것이 그 예이다. 실제로는 분쟁, 공급충격, 환율 저평가 등으로 상기 조건들을 충족시키지 못한 경우가 많았다. 재정성과와 관련해서는 세수부족 등으로 공공 투자가 불충분했던 경우도 많았다. 한편 사회복지 지출 타겟은 과거에 비해 이행조건에 포함되는 경우가 두 배로 증가했는데[9], 실제로 어려운 재정여건 속에서도 이 조건이 준수된 경우가 많았다. 1997년 당시 우리나라 프로그램에는 이런 휴머니스트적인 조건은 전무했다. 세월이 흘렀고, IMF도 인간적인 면모를 보여주기 시작했다는 증거이다. 아쉬운 부분은 사회복지 지출의 목표가 주로 소득이전, 교육지출 확대 등 손쉬운 정책수단을 대상으로 했기 때문에, 연금개혁이나 소득불평등 개선 등 구조적인 문제를 다루는 경우가 적었는데, 그 결과 사회복지 지출의 질을 제고하는데 있어서 한계가 있었다는 점이다.

가장 중요한 지표 중 하나인 공공채무의 경우 프로그램을 통해 개선된 경우는 1/3에 불과했다. 일반재원(GRA) 프로그램의 경우 재정실책, 저성장, 은행자본금 확충, 공기업 채무인수 등이 실패의 주된 원인이었고, 저소득국(PRGT)의 경우 분쟁, 상품가격 추락, 자연재해, 은폐된 채무의 발견 등이 주된 실패의 원인이었다. IMF는 회원국의 채무가 중장기적으로 지속가능(sustainable)할 경우에만 자금지원이 가능한데 프로그램 도입과 병행하여 채무원리금 삭감, 채무유예, 채무기간 연장 등의 조치(debt operation)를 한 경우 프로그램 성공확률이 높았다. 이는 너무나 당연한 결과이다. 즉 국가채무가 지속불가능할 정도로 상승한 경우 단순히 경제성장만을 통해 문제를 해결하는 것은 거의 불가능에 가깝기 때문이다. IMF 스태프도 인정했듯이 사실 지원대상 국가의 채무가 지속불가능하다고 보고되는 경우는 거의 없다. 중장기적으로 어떤 수단을 쓰더라도 채무의 지속가능성을 기대할 수 없는 경우에는 구제금융 신청안이 이사회까지 올라올 수 없기 때문이다. 그러나 IMF는 국제정치 역학관계 등도 고려하여 최종적인 지원 여부를 결정하기 때문에 IMF 보고

---

9) 조사기간(2011-2018년) 동안 PRGT 프로그램 중 90%, GRA 프로그램 중 20%가 사회적 지출 (Social Spending)을 성과지표에 포함시켰다.

서가 불가피한 결정을 사후적으로 합리화하기 위해 작성되는 경우도 많다. 이를 그럴듯하게 포장하기 위해 거시경제 전망을 낙관적으로 하거나 비현실적인 재정수지의 조정이 마치 실현가능한 것처럼 설명하기도 한다는 의미이다. 한편 채무재조정을 IMF 프로그램의 사전 이행조건(prior action)으로 설정할 경우 시장접근성을 잃거나 향후 국제금융시장 접근 시 보다 높은 금리로 자금을 조달해야 하는 단점도 있기 때문에 언제나 바람직한 이행조건이라고 단정하기 어려운 것도 사실이다.

이행조건 중 구조개혁 관련은 약 30% 증가했는데, 일반재원 프로그램이 단기 경상수지 지원 프로그램인 SBA(Stand-by Arrangement)에서 중장기 구조개혁 프로그램인 EFF(Extended Fund Facility)로 점차 전환되고 있는 것과 궤를 같이한다. 스태프는 연례협의 등을 통해 관찰된 여러 구조개선 과제 중 비 핵심영역(non-core area)에 해당하는 노동/상품시장, 지배구조, 반부패 등이 이행조건에서 많이 빠지고 IMF의 이행분야가 핵심영역(core areas)[10]에 집중되어 있다고 평가했다. 경우에 따라서는 비핵심영역의 개선이 지속적인 성장이나 국가 경쟁력 제고에 더 필수적임에도 불구하고 이행조건에서 제외된다는 점을 지적한 것이지만, 사실 이들 영역에서 IMF의 전문성이 그리 높지 않은 것이 현실이다. 이행조건으로 설정해서 제대로 관리하려면 세계은행이나 ILO 등 유관기관과의 긴밀한 협업이 필요하다는 뜻이다. '대상국의 부담을 덜기 위해 불필요한 조건을 최소화해야 한다는 원칙(Parsimony)'이 있는 것처럼 무조

10) IMF 이행조건(Conditionality)에서 '핵심영역'이란 재정지표(재정수입, 지출, 채무관리), 재정관리(예산운용, 지출회계, 재정투명성, 정부간 회계), 중앙은행(운영, 회계, 투명성, 금융통제, 외환제도), 금융분야(법적 개혁, 규제 및 감독, 금융기관 구조개선 및 민영화) 등을 일컫는다.

건 이행조건을 많이 부과한다고 해서 반드시 프로그램 성공에 효과적인 것은 아니다. 다만 그리스, 포르투갈, 코소보 등 구조개혁이 프로그램 성공에 필수적이었던 일부 국가의 경우에는 상대적으로 비핵심영역이 이행조건에 많이 포함된 것으로 나타났다. 한편 구조개혁 이행조건은 상당수(82%) 이행되었지만 중간에 수정을 거친 경우가 많았고, 특히 노동/상품시장 개혁과 같이 매우 중요하지만 국내 정치상황상 반발이 심한 분야의 성과는 그리 높지 않았다[11]. 결국에는 해당국 정부의 의지(Ownership)가 개혁의 성과를 좌우한다는 원칙론으로 귀결될 수밖에 없다. 스태프의 평가는 향후 구조개혁 분야에 보다 장기적인 IMF의 관여가 필요하다는 입장이지만 장기적인 자금지원이 필요한 절박한 경우가 아니라면 IMF의 간섭을 달가워할 국가는 없을 것이다. 구조개혁 이행조건의 효과를 높이기 위해 IMF는 가급적 이런 이행조건을 수혜국의 국가경제개발계획과 연계시키면서, 구조개혁 이행조건의 숫자는 최소화하는 대신 이행순서와 우선순위 등을 명확하게 해 줄 필요가 있다.

일부 저소득국들은 이행조건이 국가들간에 공평하게(even-handed) 적용되지 않는다고 지적한다. 특히, 일반재원에 비해 PRGT의 연간 대출한도가 낮은 점 등을 문제점으로 지적하고 있는데, PRGT 재원이 쿼터출자가 아닌 선진국들의 자발적인 기여금에 의존하는 데서 따르는 어쩔 수 없는 결과이다. 국가별 상황에 맞는(tailored) 이행조건을 부과하는 것이 바람직하기 때문에 유사한 상황의 국가간 정당한 이유없이 차별적인 조건을 부과해서는 곤란하지만, 국가별 발전수준에 따라 서로 차별화

11) 그리스 프로그램을 이 분야 이행조건의 대표적인 실패 사례로 꼽을 수 있다.

된 이행조건을 부과하는 것이 문제라고 보기는 어렵다. 다만, 섬나라나 분쟁을 겪고 있는 취약국가(fragile states)들의 경우에는 해당국가의 제도적 역량이 미흡하여 절반 이상이 프로그램 궤도에서 이탈(off-track)하고 있는 점을 감안할 때 향후 이들 국가들의 상황에 적합한 프로그램 이행조건의 개발을 좀 더 고심해야 할 것 같다.

5. IMF의 착한 정책 - Social Spending Policy

요즈음 IMF 이사회 논의 과정에서 특이한 점은 개도국 이사를 포함한 많은 이사들이 사회적 복지 지출의 중요성을 강조한다는 점이다. 경상수지 적자, 공공부채 문제를 해결하기 위해서는 뼈를 깎는 지출 구조조정과 세수확보 노력을 해야 하는데, 그 와중에서도 빈곤층에 대한 최소한의 지원은 해야 한다는 것이다. 차갑고 냉정하게 거시경제 조정과 구조개혁만을 요구하던 20년 전의 IMF와는 사뭇 다른 느낌이다.

2019년 5월 사회복지 정책 관련 IMF의 전략을 검토하는 이사회가 개최됐다. 문재인 정부 들어 우리나라도 포용적 혁신국가라는 표현을 종종 사용하지만 글로벌 금융위기 이후 IMF, OECD 등 많은 국제기구들도 '포용적(inclusive) 성장'이란 표현을 즐겨 쓴다. IMF는 그동안 사회복지 분야에서도 다양한 연구분석을 수행해 왔고, 앞선 설명처럼 자금지원 프로그램의 이행조건에 사회적 지출 요건을 포함시키는 경우도 증가하고 있다. IMF가 요구하는 구조조정으로 인해 피해를 입을 수 있는 취약계층에 대해 사회안전망을 구축하여 개혁의 부작용을 최소화해야만 IMF 개입의 정당성이 생기고 프로그램의 성공 확률도 증가하기 때문이다. 이러한 연속선상에서 IMF는 2019년 5월 사회복지 정책에 관한 체계적인 접근(engagement)을 위해 최초로 전략보고서(A Strategy for IMF Engagement on Social Spending)를 마련하고 이를 이사회에 상정했다.

우선 IMF가 정의하는 '사회적 지출'의 개념은 취약계층 보호를 위한 사회보험이나 빈곤정책 지원을 넘어서 교육이나 보건분야 지출 등, 불평등 해소와 포용적 성장을 위해 긴요한 광범위한 형태의 지출을 포함한다. 프로그램 이행조건에 사회적 지출 관련 최소지출기준(floor)을 포함시키는 경우가 점점 늘어나고 있는데, 그만큼 IMF의 역할에 대한 인식이 변화하고 있다는 방증이다. 특히 고령화, 여성/청년층의 고용참여 저하, 기술적 진보에서 소외되는 계층의 사회적 문제를 해결하기 위해 사회적 지출 이슈는 앞으로 회원국과의 연례협의 논의 시 중점과제로 다루어질 전망이다. 결국 IMF가 추구하는 것도 단순한 성장 수치만의 증가가 아니라 사회적 지출의 확대와 효율적 집행을 수반하는 질적인 성장이기 때문이다. 사회적 지출은 재정여건이 어려운 저소득국 대상 프로그램에서 더욱 강조되어 왔는데, 2012~2018년 동안 종전보다 2배 증가한 60%의 프로그램에서 사회적 지출을 구체적인 성과평가 기준(Performance Criteria)의 하나로 포함시켰다.

〈 IMF 사회적 지출(social spending)의 개념 〉

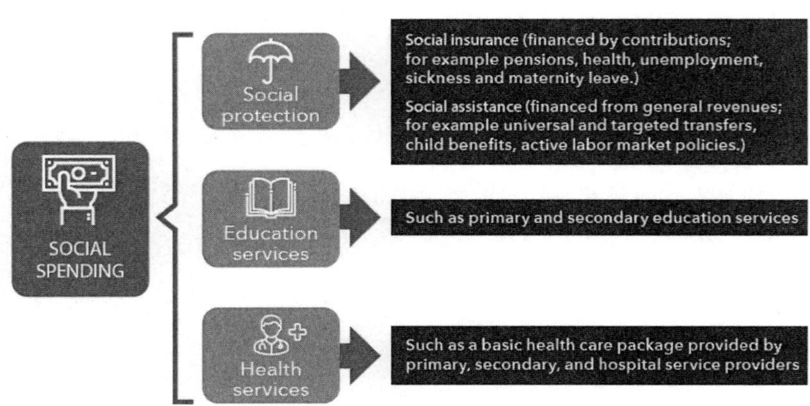

이 전략 보고서에서 IMF는 프로그램 국가의 교육 및 복지 지출이 그 동안 증가했거나 최소한 축소되지는 않았다고 주장하지만, 내용을 자세히 살펴보면 GDP 대비로 볼 때 지출의 비중이 줄어든 경우도 있었다. IMF 재정국장 가스퍼(Gaspar)에 의하면 신흥국의 조세수입이 최소한 GDP의 15%를 초과해야 사회적 지출에 투자할 재정여력이 발생하고 안정적 성장궤도에 진입한다고 하는데, 많은 저소득국들 중에는 이 기준에 미치지 못하는 경우가 많기 때문이다. 따라서 IMF는 연례협의나 프로그램 지원과 병행하여 역량강화 사업(Technical Assistance)을 제공함으로써 이들 국가들의 세입확대 또는 지출의 효율성 향상을 지원하고 있다.

IMF는 사회적 지출 관련 전략적 접근을 위해 다음과 같은 기준을 마련했다. 우선 정책의 '거시경제적 중요성(macro-criticality)' 여부를 따진다. 다시 말하면 이런 사회적 지출이 국내경제의 안정성(성장, 물가)이나 대외 안정성에 영향을 미칠 정도의 중요성이 있어야 한다는 뜻이다. 내부적인 설문에 의하면 국가별 미션팀의 의견은 사회적 지출의 약 80%가 이 기준에 부합하고, 이는 신흥국일수록 더 중요성이 크다는 평가이다[12]. 선진국의 경우에는 고령화, 신흥국은 사회정치적 영향, 저소득국의 경우에는 교육과 의료지출의 포괄성 등 국가의 소득수준에 따라 중요한 사회적 지출의 내용과 위험의 종류에 차이가 있다. 사회적 지출

12) 사회적 지출관련 평가에 있어서 IMF는 'macro-criticality'와 'social stability' 이슈를 혼돈하는 경향도 다소 있는 듯하다. PRGT 자금의 지원대상인 저소득 국가의 경우에는 빈곤감소 자체가 지원의 목적 중의 하나이기 때문에 굳이 'macro-criticality'란 기준을 적용하지 않아도 무방하지만, 나머지 국가들의 경우에는 중장기 재정건전성에 미치는 영향 여부가 사회적 지출의 'macro- criticality' 판단의 기준이 되어야 하는데 실제 그렇게 적용되고 있는지는 의문이다. 이는 국가별 사회적 지출의 '충분성(adequacy)'을 판단할 수 있는 객관적 기준의 설정 자체가 어렵다는 현실적 한계와도 밀접히 연관된 문제이다.

이 거시경제적 중요성을 갖게 되는 경로는 재정의 지속성, 지출의 충분성, 그리고 지출의 효율성 등이다. 사회적 지출이 불충분하면 그로 인한 위험이 거시경제적 불안정성으로 이어지는데 이를 충분히 지원하기 위해서는 현재의 재정구조가 이를 감당할 정도로 지속가능한지 여부를 우선 판단해야 한다. 그리고 지속가능하지 않을 경우 지출의 효율성을 높여 최소 비용으로 최대의 효과를 거두도록 해야 한다는 뜻이다. 따라서 IMF 프로그램에서는 조세 등 재정수입의 확대를 통해 사회적 지출에 필요한 재정여력(fiscal space)을 확대하거나 전 국민 대상 에너지 보조금 지급이나 공무원에 대한 과도한 급여 인상 등 불필요한 지출을 최대한 억제해서 지출의 효율성(spending efficiency)을 높이라는 권고를 많이 한다. 선진국의 경우는 잘못 설계된 사회적 지출로 인해 근로의욕을 저하시키는 부작용, 신흥국의 경우에는 여러 부처로 분산된 유사 프로그램의 중복 등 행정의 비효율성이 주로 문제시 된다.

IMF는 향후 전략과 관련해서 국가별 공평한 접근(uniform treatment)과 국가별 상황에 맞는 조언(tailored engagement)간의 적절한 균형을 추구하는 것을 목표로 설정하였다. 이를 위해 우선 국가별 거시경제적으로 중요한 사회적 지출의 부족분(갭)을 확인하고 이를 메우기 위한 효과적인 정책을 조언하기 위해 IMF의 기존 연구성과를 최대한 활용하는 동시에 이 분야에 전문성이 있는 다른 국제기구의 연구결과도 십분 활용한다는 원칙을 수립하였다. 다만 IMF 스태프는 모든 사회정책에 대해 심도있는 조언을 하고 싶은 의욕이 높더라도 IMF의 부족한 전문성과 저소득국의 미약한 조직역량 등을 감안할 때, 실제 적용에 있어서는 어느 정도 속도조절을 해야 할 필요성도 인정했다. 문제는 최근 IMF 이사회의 전반적인 분위기이다. 기후변화, 소득불평등, 젠더 이슈처럼 사회적 지출과 관련된 많은 이슈들에 대해서 IMF가 의미있는 조언을 하거나 프로그램의 이행조건으로 부과해야 한다는 목소리가 커졌기 때문이다. 그러나 IMF의 설립목적에 비추어 볼 때 역시 가장 중요한 것은 사회적 지출을 위한 재원조달 계획이 지속가능한지, 지출에 있어서 불필요하거나 비효율적인 누수가 없었는지 등 재정 지속가능성 측면에서의 평가이다. 교육 및 보건 등의 분야도 중요하지만 이 분야에 대한 구체적인 자문은 보다 전문성이 있는 국제기구와의 협업 내지 분업을 통해 간접적으로 지원하는 역할이 더 바람직해 보이기 때문이다.

한편, 사회적 지출 대상의 포괄범위와 관련된 주된 논쟁 가운데 하나로 선택적(targeting) 복지와 보편적(universal) 복지 논쟁이 있다. IMF는 정답이 정해져 있는 것이 아니라 각 국가의 선호도, 조직역량, 재정 여건 등에 따라 적절한 정책은 상이하다고 생각한다. 선택적 모델을 쓰더라도 소득기준이냐 아니면 가구특성(아동, 노인가구 등)에 따른 지급이냐에 따라 효과가 다르기 때문에 일반화하기 어렵다고 본다. IMF가 보다 중시하는 부분은 프로그램의 대중적 지지와 정치적 의지를 확보하기 위해서는 IMF 프로그램으로 인해 빈곤층에게 발생하는 피해가 최소화되도록 안정장치(safeguards)를 마련해야 한다는 점이다. 사회적 지출의 중요성이 바로 여기에 있다. 절대규모도 중요하지만 경우에 따라서는 효과적인 지출이 더욱 중요할 수도 있다. 재정여력이 없는 저소득국이라도 특정 사회적 지출이 반드시 필요하다고 판단되면 이를 조세수입의 확대, 국제협력자금의 확보, 여타 불필요한 재정지출의 축소 등과 함께 이행조건에 포함시킬 수 있다.

이번 보고서는 IMF의 커뮤니케이션 방식도 사회적 지출 이슈를 접근하는데 있어서 매우 중요한 과제라고 주목했다. 사회적 지출이 회원국의 거시경제적 안정에 왜 중요한지를 분명히 알려주고, 회원국 정부, 시민단체 등 광범위한 이해관계자의 지지를 확보할 필요가 있다는 것이다. 물론 정치적으로 논쟁거리가 되기 쉬운 민감한 이슈는 단계적으로 접근하는 것이 바람직하고, 어떠한 개혁도 취약계층에 대한 최소한의 안전장치 마련 없이는 곤란하다는 공감대를 형성해야 한다는 점도 강조했다. 이번 전략보고서가 실제로 IMF의 감시 및 대출업무에 적용되기 위해서는 실무진이 활용할 수 있는 보다 구체적인 시행세칙(Operational Guideline)이 마련되어야 하지만 전략보고서 발표 자체만으로도 IMF가 얼마나 빠르게 변모하고 있는지를 보여주는 한 단면으로 해석해도 무방하지 않을까 싶다.

6. 고피나스의 Integrated Policy Framework (IPF)

IMF의 수석 이코노미스트는 세계경제전망을 총괄하는 자리이다. 그 위상에 걸맞게 케네스 로고프, 올리비에 블랑샤르 등 학계에서도 영향력이 있는 사람들이 이 자리를 거쳐 갔다. 기타 고피나스(Gita Gopinath)는 2019년 1월부터 IMF 수석 이코노미스트직을 물려받았는데 48세의 인도 출신으로 하버드대 교수직을 맡으면서 국제경제분야 연구에서 두드러진 성과를 인정받아 발탁되었다. 그녀가 젊고 총명한 것은 사실이지만 연구 분야도 다소 한정되어 있고 중량감에 있어서도 과거의 IMF 수석 이코노미스트보다는 떨어진다는 것이 중론이다. 그런 그녀가 얼마 전 IMF를 떠난 데이비드 립튼 수석부총재와 함께 야심차게 준비해 온 것이 'Integrated Policy Framework'이란 주제이다.

고전적인 Mundell-Flemming 모델을 바탕으로 한 각국 중앙은행의 전통적 정책수단의 유효성 여부를 반성하고 최근 각국의 정책대응 현실을 반영하여 실질적으로 보다 유효한 정책수단의 조합을 제시하려는 작업이다. 중앙은행 정책에 대한 거시경제교과서를 새로 쓰는 작업이라고 거창하게 자평하는 스태프도 있지만 그 정도까지 기발한 아이디어라고 보기에는 부족한 점이 많다. 기존 모델하에서는 자유로운 자본의 이동을 허용하면서 인플레이션 타겟팅과 같은 독립적인 통화정책이 가능하기 위해서는 변동환율제의 정착이 불가피했다(Trilemma 또는 Impossible Trinity이슈). 같은 맥락에서 그간 IMF가 회원국에게 강조해 온 대외 불균형 조정의 1차적 수단도 자유로운 변동환율 시스템의 정착이다. 우리나라가 외화유동성 부족 문제로 IMF에 구제금융을 신청한 1997년 당시를 회고해 봐도 IMF가 우리 정부에게 요구한 제1차적인 조건은 환율을 시장 기능에 일임하라는 것이었다. 외환이 부족한 상황 속에서 환율이 급상승하면 수입은 감소하고 수출이 증가하기 때문에 외화유동성이 빠른 속도로 회복되는 효과가 있다. 원화의 가치가 떨어지면 추후의 가치회복을 기대한 포트폴리오 자본 유입도 증가하게 된다. 하지만 외화채무가 많은 기업이나 금융기관은 직격탄을 맞고 도산위험에 직면하게 된다. 대량실업이 발생할 가능성도 그만큼 높아진다. 말하자면 효과적인 충격요법인 셈이지만 부작용도 많다. IMF는 환율의 충격 흡수 기능에 대해서 지금도 유사한 입장을 유지하고 있지만 그간 여러 시행착오를 거치면서 변동환율 시스템이 만능이라는 시각을 버린 지는 이미 오래되었다. 급격한 변동성으로 인한 시장혼란을 막기 위해 제한적인 범위 내에서 외환시장 개입의 불가피성도 인정하고 있고, 외화부채가 많은 국가나 국내적 거시조정수단의 한계에 직면한 국가들의 경우 한시적이고 무차별적인 조건하에서 자본통제수단(CFM: Capital Flow Measures) 사용의 정당성도 인정하고 있기 때문이다. 2012년에 채택된 IMF의 'Institutional View on the Liberalization and Management of

Capital Flows (IV)'는 바로 바람직한 대외불균형 조정수단에 관한 IMF의 시각을 체계적으로 정리한 내용이다.[13)]

고피나스는 자신의 전공을 살려 'IV'를 좀 더 체계적으로 이론화하고 회원국들의 상황에 맞는 맞춤형(tailored) 정책수단을 권고하기 위해 'Integrated Policy Framework (IPF)'이란 거창한 주제를 선정했다. 종전 먼델-플레밍 모델의 트릴레마 한계에서 벗어나고자 현재 각국에서 실제로 활용하고 있는 정책수단을 변수에 추가했다. 즉 환율 이외에 외환시장 개입, MPM(Macroprudential Measures), CFM을 모델에 포함시킨 것이다. 일반적으로 변동 환율제는 리저브 커런시를 쓰고 외환시장이 매우 발달한 선진국의 경우 1차적인 대외충격 조절의 역할을 충실히 해낸다. 교과서에 나오는 환율의 가격 기능이 작동하는 것이다. 하지만 이로 인한 급격한 환율의 변동성을 감당하지 못하는 국가들이 상당수 있다. 외화부채가 과다하면 환율의 급속한 평가절하로 인해 금융기관과 기업이 유동성 위험에 직면할 수 있고, 환율의 평가절상이 과도하면 수출기업의 가격 경쟁력이 급속도로 악화되기 때문이다. 이런 상황 속에서 통화당국이 변동환율제에 의존해서 독자적인 통화정책을 펼치는 것은 현실적으로 불가능하다. 먼델-플레밍 모델이 작동하는 국가는 일부에 그친다는 뜻이다. 고피나스는 추가적 정책수단을 변수에 포함하여 다양한 정책의 조합이 생산, 인플레이션, 신용 스프레드 등에 미치는 영향을 모

---

13) IV(Institutional View)는 수차례의 토론을 거쳐 어렵게 탄생한 타협의 산물이다. 워싱턴 컨센서스라고 일컬어지는 전통적 사고에 의하면 여전히 외환시장 개입은 '악'이고 자유변동 환율제는 '선'이다. 미국은 여전히 그러한 입장을 고수하고 있기 때문에 최근 미 상무성에서 무역상대국의 환율조작 여부를 평가해서 필요시 이를 WTO 규정을 위반한 보조금이란 명목으로 상계관세(CVD)를 부과하겠다는 위협까지 하고 있는 것이다.

델링하고 실증분석을 통해 모델의 신뢰성을 검증해 보겠다는 것이다. 립튼은 떠나기 전 이 과제를 IMF의 여러 부서에 분담시켰다. 고피나스가 국장으로 있는 IMF 리서치 국은 개념적 모델링, 통화자본시장국에서는 계량분석모델로 효과를 수치화하고 여타 지역국은 국가별 Case Study를 진행하도록 했다. 즉 이 연구는 급격한 자본유입이나 유출 등의 외부 충격에 대해 통화정책 (인플레이션 타겟팅), 환율정책(변동환율제 또는 외환시장개입), 거시건전성 규제 및 자본통제수단 등 네 가지 정책수단 간의 최적의 조합을 찾아나가는 과정이다. 물론 그 최적 조합은 국가적 특수성(자본시장의 발달 정도) 및 초기여건(외채부채의 과다 여부)의 차이에 따라 같을 수 없기 때문에 어느 정도까지 상황에 맞는 세밀한 최적의 정책조합을 제시할 수 있느냐 하는 것이 관건이다. IMF는 그간의 연구결과는 가다듬어 2020년 5월 1차 이사회 브리핑을 하고 9월 28일 이사회에서 관련 안건을 본격적으로 논의하였다.

안타깝게도 전반적인 이사회의 반응은 생각보다는 냉소적이었다. 겉으로는 IPF의 잠정적인 연구결과를 받기면서도 미국과 유럽, 남미 등 상당수의 이사들이 IPF가 외환시장의 개입이나 자본통제장치의 남용을 정당화하는 수단으로 전락할 수 있는 가능성을 경계했다. 같은 이유에서 그동안 미국이 IPF 연구에 대해 가장 부정적인 입장을 견지해 왔는데, 9월 이사회에서는 미국뿐만 아니라 상당수 국가들이 그에 동조하면서 향후 스태프가 IPF의 다양한 정책수단의 사용이 정당화될 수 있는 여건들을 보다 구체적으로 제시해야 한다고 지적했다. 소위 IPF의 안전장치(safeguard) 마련의 문제이다. 미국은 그간 무역수지 적자 등 대외불균형 해소를 위해 재정건전성이 높은 국가들에 대해 보다 많은 정부의 재정 지출을 요구해 왔는데, 같은 맥락에서 IPF 모델에도 재정정책 수단을 정책변수에 포함시킬 것을 강력하게 요구해 왔다. 9월 이사회에서는 이에 동조하는 목소리가 더욱 커졌다. COVID-19 사태를 겪으면서 각국 중앙은행은 이미 비전통적 정책수단을 총동원하면서 금융시장 안정화에 주력했다. 하지만 실물경제와 괴리된 금융시장의 거품, 제로에 수렴하는 정책금리 등을 고려하면 향후 중앙은행이 시장에 추가적으로 개입할 수 는 여력에도 한계가 있을 수 있다. 이에 따라 앞으로는 재정정책의 중요성이 더욱 커지고 있어 이사들도 이러한 현실적 상황을 IPF 모델에 반영하고 싶은 것이다. 일리가 있다고도 생각할 수 있지만, 중앙은행의 정책수단을 검토하는 모델에 재정정책 변수를 포함시키기는 이론적으로 쉽지 않다. 9월 이사회에서 아드리안 통화자본시장국장도 이사들에게 모델링의 한계를 이해시키려고 노력했으나 이사들의 주장은 완강했다. 고피나스도 기본적으로 아드리안과 같은 생각이다. 재정정책과 구조개혁은 국가채무나 금융시장 위험도 증가 등을 통해 IPF의 정책조합에 영향을 미칠 수 있는 요소이기는 하지만 외부 자본흐름 충격에 일차적으로 대응하는 단기 정책수단으로 보기 어렵기 때문에, 재정정책은 '주어진 조건(exogenous)'으로 보고 IPF에 미치는 간접적인 영향만 따져보는 것이 불가피하다는 것이다. 바람직하고 필요하다고 해도 그 자체로 별개의 연구과제이기 때문에 IPF 모델의 직접적인 변수의 하나로 구성하기는 쉽지 않다는 입장이다.

IPF가 COVID-19과 같이 극단적인 스트레스 상황에서 유효할 수 있는지도 논란거리이다. 5월 브리핑에서 고피나스는 COVID-19처럼 국경봉쇄로 대외수요가 공통적으로 감소한 상황 속에서는 독자적인 통화정책으로 생산 및 물가를 안정시킬 수 있는 역할이 제한적이라는 점을 인정했다. 다만 금리 완화 등으로 금융시장의 경색을 완화시킬 필요가 있고, 이를 위해서 대외충격 차단을 위한 외환시장 개입이나 CFM의 사용이 불가피한 측면이 있다고 설명했다. 하지만 과연 COVID-19과 같은 패닉 상황에서 IPF의 다양한 수단을 활용한다고 신흥국의 외환시장이 안정될 수 있을지, 또 이를 통해서 신흥국의 독자적인 통화정책의 공간이 확보될 수 있을지는 여전히 의문이다. 한정된 외환보유고로 환율을 방어하는데도 한계가 있기 때문에 피해를 감수하면서도 환율의 급격한 상승을 용인해야 하는 경우도 발생할 수 있다. 실제로 COVID-19 이후 CFM을 통해 자본의 외부유출 차단을 시도한 신흥국은 거의 없었다. 아무 소용이 없다는 점을 알았기 때문일 것이다. 만약 자본유출 차단을 시도했다면 일시적 효과 여부를 떠나 위기 이후 신규 자본유입도 줄어들고 국제 금융시장을 통한 자본 조달 시 보다 높은 금리 프리미엄을 지불해야 하는 점도 각오했어야 했을 것이다.

이사들은 외환시장의 개입이나 CFM이 남용될 경우 중장기적으로 자본시장의 발달이 지연되는 부작용에 대해서도 우려를 표명했다. 이론적으로는 이해가 되는 부분이지만 IMF 독립평가국(IEO)의 설문조사 결과 많은 신흥국 정책담당자들은 이에 동의하지 않았다. 리저브 커런시를 쓰고, 자본시장이 이미 발달한 선진국들의 한가한 소리라는 것이다. 이번 연구의 성과로 IPF의 개념적 모델링을 통해서 CFM 중에서 자본의 급격한 유입에 대비한 사전 제한조치는 효과적일 수 있다는 점이 이론적으로 확인되었다. 최근 발표된 IEO의 평가 결과도 유사하였는데 IEO는 내년에 있을 'IV' 재검토시 IMF 이사회가 이 부분을 전향적으로 수용할 것을 권고하기도 했다. 즉 미래의 유출 충격을 예방하기 위해 사전적으로 MPM 또는 CFM을 통해 외국인 포트폴리오 자금의 과다한 유입을 제한하는 것이 그 예이다. 고피나스는 사전적이고 예방적인 MPM이 CFM을 대체하는 효과가 있다고 주장하기도 한다. IEO는 MPM과 CFM을 구분하는 데 시간을 허비하지 말고 실질적으로 효과가 있는 조치라면 IMF가 이 조치의 유용성을 탄력적으로 인정해야 한다고 주장한다[14]. 선제조치 도입에는 정치적인 어려움이 따를 수도 있는데, 만약 시기를 놓친다면 이미 경기 호황기로 진입한 이후 같은 수단을 동원해도 그 효과는 극히 제한적일 수밖에 없다. 붐-버스트 사이클이 반복되는 이유이기도 하다. 우리나라의 외환건전성 규제처럼 금융기관의 단기 해외차입과 기간 미스매치 등을 타켓팅하여 규제하는 MPM도 그 효과성이 입증된 사전조치 사례 중의 하나이다. 물론 일반 기업이 금융기관을 거치지 않고 직접 외화를 조달하는 경우 MPM으로 이를 규제하기는 쉽지 않기 때문에 CFM의 유효성이 있다는 점을 고피나스도 강조하고 있다.

지금까지 IPF의 논의를 바탕으로 앞으로 스태프가 얼마나 더 발전된 연구 성과를 보여줄 수 있을지 주목된다. IMF가 종전의 'IV' 보다 탄력적인 입장을 수용하기 위해서는 IPF가 남용되지 않도록 견제할 수 있는 안전장치의 구체화가 핵심이다. 고피나스는 논의의 초점을 향후 위기가 다시 닥치더라도 이의 충격을 줄일 수 있는 예방적 조건을 제시하는 데 맞출 것으로 예상된다. 다만 안전장치 설계 과정에서 지나치게 기계적

---

14) 현재 IMF의 Institutional View에 의하면 MPM(거시건전성 규제)은 일반적으로 허용되지만 CFM(자본통제수단)은 여타 거시경제조정 수단의 활용이 어려울 경우 일시적으로만 허용되고, 긴급한 필요성이 사라질 경우 즉시 해제 조치해야 한다.

이고 경직된 기준을 적용할 경우 IPF 연구의 긍정적 효과가 반감될 우려도 있다. 이미 많은 신흥국들이 IPF상의 정책조합을 효과적으로 사용하고 있다는 현실도 인정하면서 최대한 탄력적으로 적용될 수 있는 안전장치(safeguard)가 마련되어야 할 것이다.

IPF는 무조건적인 변동환율 시스템의 한계를 인정하는 연구이므로 우리나라 외환당국 입장으로서도 반가운 내용이다. 이미 효과가 인정되고 있는 외환건전성 규제도 IPF 분석 틀 내에서 이해할 수 있고, 우리나라가 주택시장의 과열을 방지하기 위해 사용하고 있는 LTV, DTI와 같은 차입자 규제(MPM)도 IPF 연구에서는 금융기관의 회복력을 높이는 유용한 수단으로 설명하고 있다. 아직까지 IPF의 연구는 주로 단기적인 효과를 대상으로 하고 있지만, 향후에는 외환시장 개입이나 CFM이 환헤지 유인 축소, 도덕적 해이 확산 등 자본시장 발달에 미치는 중장기적 효과까지 검토할 것으로 예상된다. 글로벌 위기시 여러 국가에서 동시다발적으로 동일한 정책대응을 할 경우의 정책효과의 한계, 한 국가의 정책이 인접국가에 영향을 미치는 이전효과(spillover effect) 등을 포함시키지 못한 점도 현재 모델의 한계이다. IPF 연구의 진전으로 IMF가 신흥국들에게 보다 현실적이고 유용한 정책수단의 조합을 제시할 수 있는 날을 기대해 본다.

7. 시장접근가능 국가의 채무위험 평가 방법론(MAC-DSF) 논의

COVID-19 사태는 전염병 확산 방지를 위한 국경봉쇄로 인해 많은 저소득국과 신흥국들에게 심각한 외화유동성 부족 문제를 야기하였다. 설상가상으로 원유 등 이들 국가들의 주력 수출상품인 원자재의 가격이 하락하였고, 관광 등 서비스산업에 대한 의존도가 높은 국가들의 피해[15]는 상상을 초월하였다. IMF와 세계은행을 비롯해 지역별 개발금융기관들이 피해 국가들에 대한 긴급 유동성 지원에 나섰고, G20도 성명을 통해 2020년 말까지 저소득국가들의 G20국가에 대한 채무상환을 유예하는 결정을 내렸다. 문제는 저소득국가 뿐만 아니라 상당수 신흥국들의 부채수준이 이미 COVID-19 사태 이전에도 매우 위험("high risk of debt distress or in debt distress")한 수준이었다는 점이다. 이와 관련된 이슈로 IMF는 2020년 5월 향후 '시장접근가능 국가(MAC: Market Access Countries)'들의 '채무위험 평가 방법론(DSF: Debt Sustainability Framework)'의 개선방안을 논의했다. 매 5~7년마다 하는 리뷰였지만 상황이 상황인지라 이번 논의의 열기는 뜨거웠다.

먼저 스태프가 준비한 안건은 지난 2011-13년 리뷰 이후 그동안 학계나 다른 국제기구 등에서 발전시켜 온 국가채무위험 진단과 관련된 새로운 방법론을 상당폭 수용하고 현재 framework의 한계를 대폭 보완해

15) 2020년 4월 기준으로 우리 이사실 소속 태평양 섬나라들의 전년 대비 방문객 감소폭은 팔라우, 사모아, 마이크로네시아의 경우 각각 -95.8%, -99.5%, -96.7%를 기록하였다.

서 2021년부터 새로운 MAC-DSF를 IMF의 대출 프로그램과 감시(Surveillance) 업무에 적용하겠다는 내용이다. MAC-DSF의 의의는 국가채무의 위험을 조기에 감지하고 경고하는 기능(Early Warning)에 있는데 그간의 방법론은 위험을 감지하지 못하거나 엉터리 경고를 하는 등 진단키트 오류의 편차가 매우 컸다. 이번 개선방안은 선진화된 통계기법이나 Data Science 등 최근의 방법론을 많이 수용하여 MAC-DSF의 예측력과 신뢰성을 제고하는 데 목적을 두고 있다. 2년 반 넘게 IMF의 고급인력이 투입된 역작이기도 하지만 반대로 얘기하면 그동안 이 분야에서 IMF가 다른 개발금융기관이나 EU(ECB) 등의 발전 속도를 따라가지 못했다는 방증이기도 하다.

세부적으로 살펴보면 우선 MAC국가들의 국가채무통계의 범위를 명확히 하고자 했다. 향후 특별한 사유가 입증되지 않은 한 일반정부(중앙+지방정부, GG)[16]의 채무를 기본(minimum default)으로 해서 국가별 공평한 처우와 비교가능성을 높인다. 과거보다 평가의 시계를 넓혀서(5년 → 10년) 국가채무의 위험을 단기, 중기, 장기로 구분하여 평가하겠다는 점도 주목할 만한 부분이다. 우선 단기 평가는 로짓 모델을 이용하여 1~2년 내 sovereign stress가 발생할 가능성을 예측(probabilistic assessment)하는데[17] 이를 통해 기계적인 판단(mechanical assessment)

---

16) 정부의 채무보증은 통상 Contingent Liability로 분류되지만 채무 현실화 가능성이 높을 경우 공공채무(public debt)에 포함하여 평가하며, 정부 통제하에 있는 비기업형 공공기관(non-market SOE)의 채무도 일반정부 채무에 포함시켜야 하는 것이 원칙이다(통계에 포함시키기 어려운 경우에도 DSF의 평가에는 반영해야 한다).

17) 이 모델의 구성 시 debt stress 상황을 놓칠 확률(Type I 오류)과 잘못된 신호를 보낼 확률(Type II 오류)이 각 10% 이하가 되도록 설정한다.

의 비교가능성과 예측력을 높인다. 종전에는 분절적이고 혼란스러웠던 히트맵 결과로 인해 특정기준(예: GDP대비 국가채무 비율)의 초과시 잘못된 경고음을 울리는 확률이 높았는데 여러 변수를 종합한 확률모형을 사용할 경우 그 판단의 정확도와 예측력이 개선될 전망이다. 중기 평가는 5년 내 채무 안정화 전망을 GFN(Gross Financial Needs) fanchart와 rollover risk 분석 및 stress tests 등으로 평가한다(deterministic approach). 마지막으로 장기 분석은 보다 중장기적이고 상세한 debt 관련 정보들을 토대로 고령화, 기후변화 등 10년에 걸친 구조적 변화가 국가채무에 미치는 영향을 평가하려는 시도인데, 불가피하게 상당부분 정성적 판단을 수반하게 된다.

스태프가 과거자료를 가지고 검증(back-testing)해 본 결과, 새로운 방법론은 예측력과 정합성 면에서 상당 폭 개선된 것을 확인할 수 있는데, 단기뿐만 아니라 중기평가(medium-term assessment)의 신뢰성도 제고될 것으로 기대된다. 이사회의 요청에 따라 스태프가 이번 COVID-19 사태가 국가채무 위험에 미친 영향을 잠정적으로 분석해 보았는데, 기존 모델에 비해 진단 성능이 월등히 개선된 것으로 나타났다. 이번에 MAC-DSF가 수정되면 저소득국이나 프로그램 국가들뿐만 아니라 우리나라를 비롯한 미국, 일본 등 선진국들 연례협의(Article IV) 논의 시에도 적용될 수 있는데, 우리나라의 경우 국민연금, 건강보험 비용 등 고령화에 수반된 재정부담이 장기적 채무 지속가능성에 미치는 영향이 어떻게 나올지 주목된다.

다만, 통합 지표화(composite index) 및 확률 평가(probabilistic

assessment)를 통해 현재 분석틀(framework) 보다 기계적인 평가의 신뢰도를 많이 개선했다고 하지만 결국에는 국가별 특성이나 정책적 고려 및 정성적 판단을 통해 최종적인 결론을 도출하기 때문에 스태프의 자의적인 판단을 최소화하고 일관되고 공평한 정성적 판단을 담보할 수 있는 가이드라인(Staff Guidance Note)의 설정이 무엇보다 중요하다. 즉 새로운 MAC-DSF는 보다 정확하고 다양한 정보를 제공함으로써 IMF와 회원국의 채무관리 관련 정책 논의 시 도움이 될 것으로 예상하지만, 스태프의 정성적 판단에 문제가 있을 경우 실제 효과면에서 현재의 방법론과 큰 차이가 없을 가능성도 상존하기 때문이다.

이사회 논의에서 모든 이사들이 새로운 MAC-DSF의 도입을 적극 지지하였다. 다만 워낙 최신의 기법을 다양하게 도입하다 보니 그 복잡성(complexity)을 아쉬워한 목소리도 있었고 그 이행과정이 쉽지 않을 것이라는 우려도 나왔다. 스태프는 6개월의 과도기간(transition period)을 제안했는데 대부분의 이사들은 최소한 12개월의 과도기간이 필요하다는 입장이었다. 새로운 MAC-DSF의 기계적인 분석결과를 모두 공개하는 것이 바람직한지 여부에 대해서는 의견이 갈렸다. 미국, 캐나다 등은 과도기간 이후에는 모든 결과를 공개(full disclosure)해서 IMF의 감시기능(surveillance)의 효과를 제고해야 한다고 주장한 반면, 보다 많은 국가들이 프로그램 국가가 아닌 경우 민감한 정보(market sensitive data)까지 일반에게 공개할 경우 불필요한 시그널을 줄 수도 있기 때문에 득보다 실이 많다고 주장하였다. 양쪽 주장에 모두 일리가 있다. 따라서 12개월간의 테스트를 거쳐 최종적으로 일반에게 제공되는 결과의 범위, 그리고 프로그램 국가와 기타 국가의 구분 여부 등이 결정될 것으로 예상된다. 새로운 데이터 제출에 대한 부담도 고민거리이다. 통상 개선된 방법론이 실행되기 위해서는 회원국이 제출해야 하는 자료의 범위가 넓어지고 제출 주기도 짧아지는 경향이 있기 때문이다. 스태프는 이번 방법론 개선은 주로 기존의 데이터 셋을 활용하기 때문에 새로운 데이터 제공의 부담은 크지 않을 것이라고 설명했지만 많은 이사들이 저소득국의 제한된 역량을 감안할 때 과도기간 중 충분한 기술지원(technical assistance)이 필요하다고 주장했다.

최근 COVID-19 팬데믹이라는 전례없는 경제위기로 인해 전 세계적으로 사망자 수가 급증했기 때문에 아직까지 국가채무 지속가능성 문제는 후순위 이슈에 속했다. 하지만 Post-COVID 시대의 가장 심각한 문제가 저소득국의 국가채무 증가 이슈가 될 것이라는 점은 누구도 부인할 수 없는 명제이다. 따라서 새로운 MAC-DSF를 통해 국가별 채무위기 가능성을 사전에 발견하여 회원국이 선제적으로 이에 대응할 수 있도록 돕는 것이야말로 Post-COVID 시대 IMF의 가장 중요한 책무 중의 하나가 될 것이다.

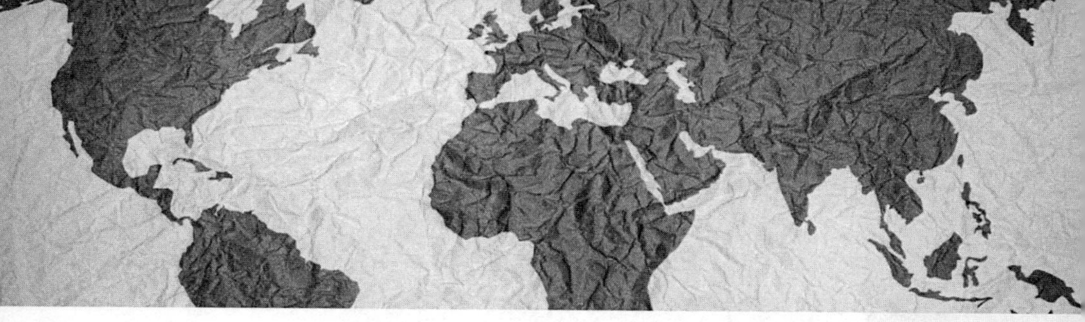

Ⅱ. 코로나 세계경제 위기와 IMF의 대응

8. 게오르기예바 총재의 과감한 COVID-19 대응

세계보건기구(WHO)는 2020년 3월 11일 코로나 바이러스의 유행을 '세계적 전염병(Pandemic)'으로 규정했다. 더 이상 특정 국가나 특정 지역 안에서의 통제가 불가능한 세계적인 대유행으로 인정한 것이다. 2019년 12월 1일 중국 우한에서 첫 발생한 이 전염병은 이듬해인 2020년 1월 11일 우한에서 첫 사망자를 냈고, 중국이 1월 23일 우한시를 포함한 후베이 성 전체를 전격적으로 차단하는 봉쇄령을 내리면서 전 세계를 긴장시켰다. 미국도 1월 31일 공중보건 비상사태를 선포하면서 중국 경유 외국인의 입국을 전면 금지시켰고, 중국에 인접해 있는 우리 국민의 입국을 차단하는 국가들도 2월 23일부터 확산되기 시작했다. 2015년 아프리카의 기니, 라이베리아, 시에라리온에 에볼라 전염병이 창궐했을 때 이들 국가들이 IMF에 진 채무 약 1억불을 IMF가 탕감해 준 사례가 있었지만 전염병이 글로벌 경제위기로까지 이어진 적은 여태껏 없었다. IMF가 소재하고 있는 미국도 3월초까지는 이 전염병이 중국, 한국 등 아시아 국가에 국한된 문제로 규정하면서 낙관하고 있었지만 이태리 북부 롬바르디주에서의 급속한 전파로 인해 상황이 급변하였다. 유럽과 교류가 많은 서방국가들 사이에 이미 지역 전파가 확산되었을 가능성을 배제할 수 없었고 그러한 우려는 곧 현실이 되었다. 미국 트럼프 대통령은 3월 11일 유럽 경유 외국인의 입국을 전면 차단했지만 이미 미국에서도 바이러스의 확산을 막기에는 역부족이었다.

IMF에서도 상황을 예의 주시하면서 직원들에게 COVID-19과 관련된 정보 공유와 비상연락망 정비, 온라인 근무 매뉴얼 전파 등 일련의 필요 조치가 이루어졌다. 하지만 전격적인 재택근무 명령은 3월13일 퇴근시간 이후 예고없이 공지되었다. 다행히 필자는 며칠 전부터 IMF의 공용 노트북을 퇴근시마다 소지하고 다녔지만 갑작스런 통지로 인해 많은 필요 물품들을 사무실에 남겨두고 온 상태였고, 다른 IMF직원들도 유사한 곤란을 겪었으리라고 추측된다. IMF가 소재한 워싱턴 DC, 인근의 버지니아 주, 메릴랜드 주도 곧 바로 보건 비상사태를 선포하였는데, 모든 학교들도 일제히 문을 닫았다. 아무도 상상해 보지 않았던 상황이 갑자기 찾아온 것이다. 특히 태어나서 처음 당해보는 전격적 재택근무 명령으로 인해 위기의 심각성이 곧바로 피부에 와 닿았다. IMF는 글로벌 경제위기 때마다 유동성 공급 등을 통해 세계경제의 소방수 역할을 자임해 왔다. 근래에도 우리나라가 겪은 1997년 동아시아 금융위기, 2008년 글로벌 금융위기, 2010년의 유럽 재정위기 등을 해결하는 데 있어서 상당한 역할을 했다. 그런데 전대미문의 전염병에 의한 위기에 과연 IMF가 신속하고도 적절히 대응할 수 있을까?

사실 지금의 IMF 총재 게오르기예바는 유럽의 소국 불가리아 출신이고 세계은행에서 오랜 기간 경험을 갈고 닦았지만 진정한 거시경제 전문가라고 보긴 어렵다. 하지만 개도국 출신으로서 개발금융 지원 경험을 통해 얻은 그녀만의 감각과 과감한 결단력이 금번 위기에 빛을 발하였다. 올 해로 만 66세, IMF 총재로 부임한 것도 2019년 10월 1일이었으니 6개월도 지나지 않은 시점이었다. 사실 작년 가을 연차총회 당시 그녀는 전임 총재인 라가르드 총재가 만들어 놓은 유산을 그대로 이어받는 모습을 연출했고, 금년 4월의 봄총회를 계기로 본격적으로 그녀 자신의 색깔을 표현하고 싶은 포부를 가지고 있었을 것이다. 하지만 재택근무가 시작되면서 IMF의 모든 스태프들은 4월 봄총회도 사실상 온라인으로 할 수밖에 없을 것이라는 점을 본능적으로 예감했다. 그녀는 IMF 이사회나 직원들이 다소 온정주의적이라고 느낄 정도로 전통적인 사고틀에서 벗어나 과감하고 도전적인 접근 방식을 시도했다.

우선 그녀는 IMF의 자문기구 역할을 하는 IMFC를 수차례 소집해서 주요국의 재무장관이나 중앙은행 총재로부터 현재 각국이 시행하고 있는 COVID-19 관련 대응조치를 직접 듣고, 여러 가지 조언들을 수시로 경청하면서 IMF의 COVID-19 대응방향에 대한 주요국의 지지기반을 확보해 나갔다. 3월 4일 최초로 개최된 IMFC에서는 미국의 므누신 재무장관, 파월 미 연준 의장, 중국 이강 중앙은행총재, 일본 아소 재무장관 등이 참석했고 우리나라의 홍남기 부총리도 특별연사로 초청되어 한국의 모범사례를 소개하는 동시에 현재의 위기상황 극복을 위해 IMF의 보다 적극적인 역할을 주문한 바 있다.

3월 초까지만 해도 코로나 사태는 아시아, 유럽, 미국 등에 한정된 문제였지만 그녀는 이 사태가 조만간 아프리카, 남미, 태평양 섬나라 등 모든 개도국의 유동성에 심각한 문제를 일으킬 것을 직감하고 이들 나라가 IMF에 부담해야 하는 채무상환액을 한시적으로 면제해 줘야 한다고 주장했다. IMF에 대한 채무는 다른 모든 채무에 대해 선순위에 있으며 아주 예외적인 경우를 제외하고는 어떤 경우에도 상환해야 한다는 원칙이 수립되어 있다. 게오르기에바의 제안은 이런 원칙과는 다소 상충되는 측면이 없지 않다. 특히 상환은 하되 선진국들이 무상 기여금을 통해 대신 탕감해 주자는 내용이니 다소 황당하게 느낀 관계자들도 많았을 것이다. 하지만 그녀는 곧바로 관련 기금(CCTR)의 재원확보를 위해 각국 재무장관들에게 서한을 발송하여 기여금 출연을 적극적으로 요청했다[18]. 다음으로 그녀는 저소득국들의 유동성 자금 확보가 용이하도록 통상의 방식대로 지원 요청 시까지 기다리지 않고 IMF의 지원의지를 수차례 미디어 등을 통해 대외 전파함으로써 회원국들의 IMF 유동성 자금 신청이 신속히 이루어지도록 독려했다. 전통적으로 IMF의 자금 지원은 특정국가에 유동성 위기가 찾아오고 해당국에서 여타 다른 방안을 마련하지 못할 경우에 마지막으로 요청하는 최후의 수단이다. 왜냐하면 통상의 IMF의 자금에는 구조개혁 등 각국의 중장기 재정 구조와 외환시장의 안정성을 견고히 하기 위한 각종 이행조건(Conditionality)이 수반되기 때문이다. 특히 아시아 국가들은 과거 위기과정에서 IMF의 구제금융을 받으면서 겪은 매우 부정적인 '낙인효과'를 지금까지도 잊지 않고 있어 IMF에 대한 자금지원 신청을 꺼리는 편이다. 그런데, IMF에는 자금지원 규모는 작지만 자연재해 등 특별한 경우에 한해 신속히 지원해

---

18) 2020년 7월말 기준 총 29개 저소득국이 CCRT를 통한 채무탕감 지원의 대상이 된다. 그리고 2020년 9월말 현재 이중 28개국(해당 기간 중 채무상환금이 없는 차드 제외)이 183백만 SDR의 IMF 채무상환금을 탕감받았다. 이어서 IMF 이사회는 10.2일 이사회를 열어 2021년 4월까지 도래하는 IMF 대출상환금 168백만 SDR을 CCRT를 통해서 추가로 탕감해 주기로 의결하였다.

주는 긴급자금지원 프로그램(RCF/RFI)이라는 것이 있다. 이 자금의 특징은 앞서 언급한 이행조건이 수반되지 않고 상환기간도 장기라서 채무상환에 대한 부담이 적다는 점이다. IMF 총재는 이 긴급자금지원 제도를 적극적으로 활용해서 저소득국들이 코로나 바이러스에 신속히 대응할 수 있도록 지원했다. 본인이 각국의 신청을 독려했을 뿐만 아니라, 지원의 자격요건도 완화하고 지원한도도 늘리는 등 임시적인 제도개선 사안을 신속하게 밀어붙였다.

그리고 3월 25일 저소득 국가(주로 세계은행 그룹의 저소득국 지원 기금인 IDA 적용대상 국가)가 선진국에 부담하고 있는 채무상환을 일시적으로 유예할 것을 촉구하는 성명서를 세계은행 맬파스 총재와 함께 전격적으로 발표해 버렸다. 채권 당사국인 G7, G20 등 주요 국가들과 전혀 합의도 되지 않은 상태에서 독자적인 선언을 시도한 것이다. IMF의 주요 이사국들은 이사회 논의 과정에서 그녀의 독자적인 행보에 대해 불편한 심기를 드러내기도 했다. G7 등 주요국 관계자들로부터 직접적인 항의를 받았을 가능성도 있다. 하지만 그녀가 주장한 방향성은 모두가 공감하지 않을 수 없는 내용이었기에 결국에는 주요 채권국들도 동조하지 않을 수 없는 기정사실(a fait accompli)이 되어 버렸다. 게오르기예바의 모험이 통한 것이다. 이후 G20나 파리클럽 등 주요 채권국 모임은 이 제안을 이어받아 구체적인 이행을 해 나가고 있다[19]. 그녀는

---

19) G20 국가들의 최빈국(총 73개국)들에 대한 채무유예방안은 DSSI(Debt Service Suspension Initiative)라고 하는데, 우선 금년말까지 도래하는 원리금 상환을 차후 년도로 유예해 주기로 한 것이다. 실제로 유예를 받기 위해서는 양자적인 개별접촉을 통해 각기 신청해야 하는데, 일부 국가들은 채무유예 신청 자체가 국가신용등급 등에 미치는 부작용을 우려하여 신청하지 않기도 했다. 2020년 5월부터 시작된 이 작업은 8월말 현재 43개국이 신청하여 약 50억불의

배경이 빈약한 자신의 입지를 극복하고 개도국을 대변하는 글로벌 경제 위기의 해결사로서 실력을 보여주기 시작한 것이다.

원리금 상환을 순연시켰는데, 이는 요건에 부합하는 전체 상환금액의 약 75%에 해당하는 수준이다.

9. IMF의 신속한 Toolkit 개혁과 지원내용

전염병의 세계적 대유행과 IMF의 역할은 일견 딱 들어맞지 않는다. 보건 이슈는 전문성이 있는 세계보건기구(WHO)에서 담당할 일이고 저소득국에 대한 긴급지원은 세계은행이나 각 지역의 지역개발금융기구(예: ADB, IADB)에서 이루어지는 것이 타당해 보인다. 하지만 전염병 확산을 막기 위해 각 국가 및 지역에서 외부 출입을 제한하고 사회적 거리두기를 권고 또는 명령하고 있는 상황 속에서 정상적인 경제활동이 이루어지길 기대하기는 어렵다. 글로벌 시대의 특징인 국경간 자유로운 유출입도 각국이 전염병 유입을 막기 위해 국경을 폐쇄하면서 멈춰 선 상태이다. 우리나라만 하더라도 2020년 4월 기준으로 국제선의 90% 이상이 운항을 멈췄다. 일례로 IMF에서 우리 이사실 국가 중의 하나인 태평양 섬나라 팔라우처럼 관광산업에 의존하고 있는 경우 하늘길 차단은 바로 외화수입 감소와 유동성 위기로 이어질 수 있다. 그리고 코로나의 맹렬한 전염성으로 인해 이러한 경제적 타격이 일부 지역에 국한되지 않고 전 세계적으로 확산되고 있는 것이 가장 큰 문제이다. IMF도 이러한 전방위적인 경제위기를 겪어본 적이 없기 때문에 현재의 대출제도(Toolkit) 역시 'Pandemic' 상황과는 다소 동떨어진 느낌이 있다.

IMF는 4월 6일 이사회에서 우선 기존의 긴급자금지원제도인 RCF/RFI의 연간 및 누적한도를 6개월 한시적으로 현재의 50%, 100%에서 각각 100%, 150%로 확대하여 약 100개국에 긴급 유동성자금 공급을 지원하기로 결정하였다[20]. IMF의 전체적인 대출여력이 약 1조 달러에 육박하기 때문에 일반재원(GRA)을 통해 RFI(Rapid Financing Instrument)로 지원하는 것은 그 자체로 큰 문제가 아니다. 하지만 이중 저소득국을 대상으로 하는 RCF(Rapid Credit Facility)는 PRGT라고 하는 별도의 재원을 통해 지원하는 금리 제로수준의 양허성 자금이고 이 자금의 재원은 한정되어 있다. 긴급한 추가 출연이 이루어지지 못하면 이번에 인상한 한도에 맞춰 대출이 진행될 경우 잔여 재원 약 84억불은 조만간 소진될 전망이다. 하지만 IMF는 우선 긴급한 소요를 먼저 충당하고 그와 동시에 재원확충 노력도 병행하기로 했다[21]. 일단 죽어가는 사람들을 살리는 것이 급선무라는 판단에서이다.

---

20) IMF는 추가적 조치로서 20.7.13일 GRA(일반재원), 양허성자금(PRGT)의 쿼터 대비 연간 대출한도를 2021년 4월까지 한시적으로 각각 현행 145 → 245%, 현행 100 → 150%로 확대하는 방안을 의결하였다. 이는 RCF/RFI 자금의 대출이 많아짐에 따라 추가적 대출한도가 빠르게 소진되고 있는 점을 감안한 조치이다. 즉 현재의 위기 상황 속에서 긴급대출이 마무리 되더라도 추가적인 프로그램 대출 지원이 필요하다는 점을 인정한 셈이다. 이에 따라 한시적이지만 IMF의 프로그램을 수반한 연간 대출(UCT) 한도가 GRA는 최소 100%, PRGT는 최소 50%씩 늘어나는 셈이다. 아울러 IMF 이사회는 20.9.28일 RCF/RFI의 연간 및 누적한도 확대 방안을 2021년 4월 6일까지 6개월간 추가 연장하는데 합의하였다.

21) IMF는 20.7월말 현재 영국, 프랑스, 일본 등으로부터 추가적인 PRGT 대출재원 약 146억 SDR을 확보해서 PRGT 재원의 소진에 대한 우려를 해소시켰다

< 재택근무 이후 IMF의 원격 화상회의 모습>

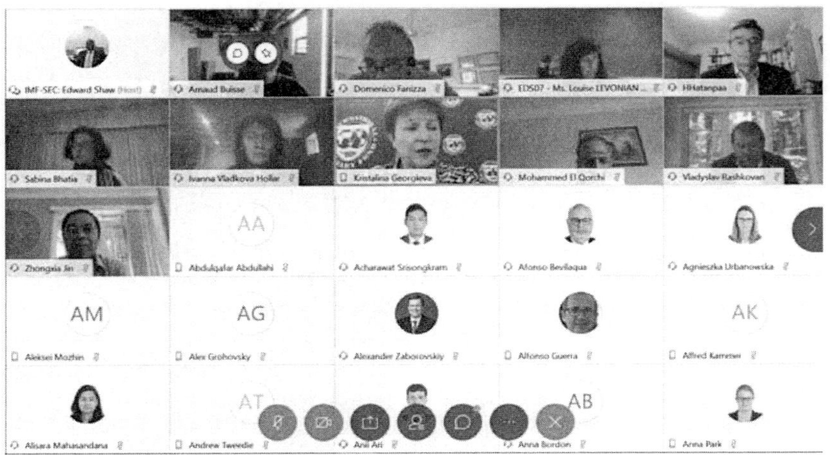

둘째로 IMF는 저소득국들의 IMF에 대한 대출금 상환을 일시적으로 유예하는 방안을 추진했다. CCRT(The Catastrophe Containment and Relief Trust)라는 양허성 기금은 전염병이나 자연재해 등으로 피해를 입은 저소득국가들에 대해 한시적으로 적용하는 예외적 tool이고 기금의 여력도 약 2억불에 불과했다. 따라서 팬데믹처럼 동시 다발적인 글로벌 유동성 위기 속에서는 기금을 이용한 지원에 한계가 있기 마련이다. 사실 IMF의 대출금은 모든 채권 중에서도 선순위에 속하는 특성이 있고 IMF의 일반협정문에도 IMF의 대출상환 면제는 불가능한 것으로 되어있다. 아무리 어려운 국가라 할지라도 최소한 IMF의 대출금만은 꼭 갚도록 명문화해 둔 것이다. 그러나 앞에서 설명한 것처럼 IMF 총재는 현재 상황에서 저소득국이 가용 재원을 한 푼이라도 더 COVID-19 대응에 쓸 수 있도록 지원하는 것이 절실하다고 판단하고 영국, 일본, 네덜란드 등으로부터 긴급히 CCRT에 대한 재원보충 동의를 받아냈다. 이를 기반으로 4월 13일 이사회에서 이 기금의 한도 내에서 1차적으로 25개 저소득

국의 IMF에 대한 대출금을 향후 6개월간 CCRT재원을 통해 상환(탕감)해 주는 방안을 통과시켰다. 이후의 재원은 추가적인 재원보충 활동을 통해 충당하더라도 우선적으로 긴급상황에 맞게 신속 처리키로 의결한 것이다. 재원부족의 위험성을 알면서도 이런 결정이 가능했던 것은 역시 게오르기에바의 결단력 덕분이라고 평가할 수 있다.

셋째, 지난 2017년 이래 수차례의 논의 과정을 통해 이견을 좁혔지만 결국은 합의에 이르지 못했던 신규 대출제도인 '단기유동성대출제도(SLL: Short-term Liquidity Line)' 방안이 2020년 봄 총회 IMFC 회의 전날인 4.15일 이사회에서 가결되었다. IMF는 회원국이 유동성 위기에 직면하기 이전이라도 예방적인 차원에서 인출한도를 약정해 놓고 필요시 자금을 인출할 수 있는 PLL(Precautionary Liquidity Line), FCL(Flexible Credit line)과 같은 예방적 대출제도가 있다. 시중은행의 Credit Line이나 미 연준과 각국 중앙은행이 체결한 통화스왑과 유사한 성격이다. 다만 이 제도들은 경제적 성과 검증을 거친 상대적으로 우량한 국가들에 한정하여 기존 대출제도의 한도를 넘어선 약정이 가능하도록 한 제도이기 때문에 절차도 까다롭고 회원국의 선호도 그리 높지 않은 형편이었다. 현재 상대적으로 검증의 정도가 약한 PLL은 모로코, 이보다 우량한 국가를 대상으로 하는 FCL은 멕시코와 콜롬비아가 약정을 맺고 있다. PLL, FCL과 비교시 SLL은 약정 한도를 기존 대기성 차관(SBA)의 연간 한도인 쿼터의 145%로 제한하는 대신, 매년 약정을 연장(revolving)하면서 필요시마다 IMF로부터 자금을 인출할 수 있도록 허용하고 있다. 중앙은행간의 통화스왑 약정을 대체하는 효과를 도모하고 있지만 인출한도가 작다는 한계도 있다. 1997년 동아시아 금융위기를 겪으면서 우리나라를 비롯해 아세안 국가들에게 남아 있는 '낙인효과'를 방지하기 위해 해당국의 요청 이전에 IMF가 회원국에게 이 대출제도를 이용하도록 먼저 권고하고, 재무당국이 아닌 중앙은행의 서명만으로도 협정체결이 가능하도록 한 이유도 '낙인효과'를 최소화하려고 했기 때문이다. 2008년 글로벌 금융위기시 우리나라는 미 연방준비은행과 약 300억불의 통화스왑을 체결한 적이 있고, 이번 코로나 사태 때도 한국을 비롯해 호주, 뉴질랜드, 멕시코 등 약 8개국이 미 연준과 통화스왑을 체결하여 외환시장의 변동성을 신속히 진정시킬 수 있었다. 영국, 일본, 스위스, ECB 등 리저브 통화를 쓰는 국가들은 이미 미 연준과 무제한의 통화스왑이 체결되어 있기도 하다. 하지만 경제 펀더멘탈이 나쁘지 않다고 해서 모든 나라가 미 연준과 통화스왑을 체결할 수 있는 것은 아니다. 미국의 국제 정치경제적 전략적인 이해와도 부합해야 한다. COVID-19으로 인해 2개월 사이 신흥국으로부터 약 1,000억불 상당의 외화자금이 유출되었는데 IMF의 SLL은 이런 국가들에게 미 연준을 대신해서 달러 유동성 문제를 해결해 줄 수 있는 보완장치가 될 수 있다. 이 제도가 예방적인 성격을 가지고 있다는 점은 이미 위기가 상당히 진행 중인 현재의 시점과 딱 들어맞지 않는 측면이 있는 것도 사실이다. 하지만 찬밥 더운밥을 가릴 상황이 아니었다. 일단 제도 개선을 먼저 추진하고 문제점이 발견된다면 추후에 보완해도 늦지 않다는 판단이 작용했다. SLL 관철에도 역시 게오르기에바 총재의 뚝심이 작용했고, 위기상황을 충분히 활용하여 그간 이 제도의 도입을 반대해 온 미국, 독일, 스위스 등의 합의를 이끌어 냈다[22].

---

22) 미국, 독일, 스위스 등은 SLL의 실효성 문제를 꾸준히 제기해 왔었는데, SLL 도입 후 6개월이 지난 9월말까지 SLL을 신청한 국가가 하나도 없다는 사실은 이 제도 설계의

마지막으로 IMF가 고려할 수 있는 수단이 하나 더 있다. IMF가 발행하는 특별인출권(SDR)의 일반배분이 바로 그것이다. IMF는 세계의 중앙은행은 아니지만 필요시 회원국들의 동의를 얻어 SDR을 발행해서 전세계에 유동성을 공급할 수 있다. 한 나라의 중앙은행이 통화공급을 늘려 금융시장을 안정시키는 것과 같은 효과를 기대할 수 있으며, 지금처럼 거의 모든 신흥국과 저소득국이 유동성 위험에 직면한 상황에 부합하는 방법일 수도 있다. 사실 글로벌 금융위기시인 2009년에도 IMF는 1,827억 SDR을 발행하여 회원국들의 쿼터에 맞게 배분했으며, 선진국은 받은 SDR의 일부를 저소득국 지원에 활용되는 PRGT 재원으로 재분배하기도 했다. 많은 IMF의 신흥국들이 이번에도 SDR의 일반배분을 요구하고 있으나, IMF에서 사실상의 거부권을 가지고 있는 미국의 므누신 재무장관은 2020년 3월 26일 IMFC회의에서 이에 대한 반대 의사를 분명히 밝혔다. 미국의 입장도 이해되는 측면이 있다. 미국은 이번 사태를 맞아 지난 글로벌 금융위기 당시에는 몇 개월간의 협상을 걸쳐 성사된 통화스왑을 위기 초기에 전격적으로 체결하여 달러 유동성을 공급하였고, 우리나라도 이의 혜택을 받았다. 주요국에 대한 유동성 공급은 전파효과(spillover)를 거쳐 다른 신흥국에도 긍정적인 영향을 미칠 수 있기 때문에 굳이 SDR의 일반배분까지 할 필요는 없다는 것이다. 그리고 SDR은 IMF의 대출금 상환 목적이 아니라면 결국 달러 등 러저브 커런시와 교환해야 하기 때문에 현재처럼 동시 다발적인 유동성 위기시에는 오히려 달러 수요를 가중시킬 우려도 있다. 그리고 SDR을 배분받은

한계점을 보여주고 있다.

국가가 이를 효율적으로 사용하도록 담보할 장치도 없다. 일부 국가가 배분받은 SDR을 중국의 대출금 상환 등에 사용한다면 이는 미국의 대중국 견제라는 전략적 이해와 부합하지 않을 수도 있다. 결정적으로 현재는 2008년 이후 많은 선진국 중앙은행들의 마이너스 금리, 양적 확대(QE) 등으로 인해 전 세계에 유동성이 넘쳐나고 있는 상황이다. 일시적인 달러 유동성 공급 부족을 해결하기 위해 또 막대한 유동성을 공급할 경우 향후 글로벌 금융시장의 취약성에 더욱 악영향을 끼칠 소지도 있기 때문에 이를 우려한 측면도 있을 것이다. 하지만 COVID-19 사태가 장기화된다면 미국도 결국에는 SDR 일반배분에 찬성할 가능성을 배제할 수 없다. 그만큼 현재 세계경제는 심각한 위기상황 속에 놓여 있다고 해도 과언이 아니다.

10. Covid-19과 Safeguard 논쟁

앞서 설명한 것처럼 전염병(Pandemic)으로 인한 글로벌 경제위기는 이번이 처음이어서 IMF의 자금지원 toolkit도 그에 적합하게 구성되어 있었다고 보기 어렵다. 게오르기예바 총재는 신속한 유동성 지원을 위해 허리케인, 지진 등 기존의 자연재해 피해용 긴급자금지원 용도인 RCF/RFI 의 지급 한도를 일시적으로 쿼터의 50%에서 100%로 늘리면서 피해국들의 IMF 자금지원 신청을 독려하는 모양새까지 갖추었다. 그런데 처음에는 절박한 사정에 놓인 피해 국가와 피해 시민들의 생명을 구하기 위해 목소리를 높이던 이사들도 긴급지원 건수가 급격히 증가하면서 조금씩 제정신을 차리기 시작했다. 기존의 절차를 간소화하고 검증 과정을 생략하면서 신속히 지원된 자금이 원래 목적대로 사용되지 않고 위정자들의 호주머니 속으로 사라지거나, 친인척 기업이나 기타 부패고리로 누수되지 말라는 법이 없기 때문이다. 실제로 2015년 에볼라 전염병에 직면한 시에라리온에 대한 지원금의 사용내역이 중복 기재되거나 업무와 무관한 사람의 급여로 전용된 사례 등 개도국 지원금의 불법전용 사례는 무수히 많다. 이처럼 많은 저소득국가의 지배구조(governance)가 취약하기 때문에 통상적인 IMF 프로그램에는 지배구조 개선을 이행조건 (Conditionality)으로 부과하거나 투명성 제고의 이행(예: 정부조달 수혜자 공개제도 등)을 자금승인 전 사전 조치(prior actions)로 요구하는 경우가 드물지 않다. 그런데 RCF/RFI는 기본적으로 소규모 자금을 이행조건을 부과하지 않고 신속히 지원하려는 것이 최초 제도 설계의 목적이기 때문에 혼란이 생긴 것이다.

3월 26일 키르기즈 공화국에 대한 지원을 시작으로 4월 중순까지 21개국 50억 SDR로 그 규모가 급증한 상황 속에서 미국, 캐나다, 독일, 노르딕, 네덜란드 등을 중심으로 긴급지원 자금의 사용처 공개 약속과 이에 대한 적절한 모니터링 장치의 마련 등 일관된 안정장치(safeguard)의 도입을 요구하는 목소리가 거세졌다. 같은 맥락에서 '국제투명성 기구(IT)'를 비롯한 NGO들도 저소득국의 취약한 지배구조 하에서 백지수표식의 지원이 잘못 유용될 가능성을 지적하면서 IMF의 대책을 촉구하였다. IMF는 여기에 대해서 구체적인 지침(guidance)을 제정하지 않는 대신에 회원국들이 제출하는 자금지원 신청서(Letter of Intent)를 검토할 때 국가 감사원이나 독립적인 제3자의 사후적 회계검증 실시, 대규모 조달자금의 수혜자 및 사용내역 공개 등 기본적인 안정장치 마련을 요구하기 시작하였고, 점차 모든 자금신청 국가들이 이러한 IMF의 요구를 수용하기 시작하였다.

결과적으로 올바른 방향으로 새로운 관행이 정착되었으나 이런 결과가 아무런 논란없이 손쉽게 이루어진 것은 아니었다. 우리 이사실의 호주 이사를 비롯해서 브라질, 영국, 프랑스 등 일부 국가들은 차입국가들을 대변해서 safeguard의 필요성을 인정하면서도 원래 RCF/RFI의 조건에 포함되지 않았던 새로운 안전장치를 요구할 경우 신속한 자금지원이 지연되고 조직역량이 부족한 일부 저소득국가들이 차별대우를 받을 수 있다고 주장했기 때문이다. 호주의 경우에는 우리 이사실 소속국가인 파푸아 뉴기니(PGN)에 대한 IMF의 신속한 자금지원을 계속 촉구해 왔는데, 사실 PGN 국민들을 걱정해서라기보다는 IMF의 유동성 자금 지원을 통해 호주 투자기업들에 대한 PNG의 채무금 상환을 원활하게 하기 위한 목적이 강했다. 그러면서도 겉으로는 인도주의자인 척하는 것이 속보이기도 했지만 대놓고 비판을 할 수는 없는 노릇이었다. 이사실 소속 국가들에 대한 IMF의 자금 지원을 측면에서 도와주는 것이 IMF 이사들의 주된 역할이기도 했기 때문이다. 그러나 IMF 회원국 중 채권자 그룹에 속하는 우리 정부의 시각은 조금 달랐고, 이를 이사회 논의과정에 반영하고 싶었다. 개인적으로도 safeguard의 정착은 지원을 방해하는 것이 아니라 IMF의 자금이 적절히 사용되는 것을 보장해 주는 최소한의 안정장치라고 생각했다. 따라서 호주 이사와 긴장이 고조되지 않는 선에서 필자가 참석한 이사회 논의과정에서 safeguard의 필요성을 지지하고 회원국들의 좋은 관행(best practice)을 칭찬해 줌으로써 긴급지원 자금에 대한 safeguard 강화 목소리에 힘을 보탰다.

IMF는 COVID-19에 대한 회원국들의 대응을 지원하기 위해 발간한 재정관련 특집 연재물[23)]에서 긴급지원 자금의 적절한 사용을 보장하기 위해서 가장 중요한 3대 요소로 재정투명성, 공공 책임성 및 제도의 정당성을 꼽았다. 재정투명성의 핵심은 국회 등 책임기관을 통해 승인을 받고 사후 보고를 하는 시스템의 확립이다. 우리나라의 제도를 빌려서 설명하자면 추경예산 편성, 국회 상임위 보고 등 공개적인 절차를 거치거나 국회가 사전 승인한 재정관리 시스템의 틀 안에서 행정부의 명령을 처리하는 방법 등이 그 예이다. 국회 보고내용에는 위기 대처를 위

23) Keeping the Receipts: Transparency, Accountability, and Legitimacy in Emergency Responses, IMF (2005. 4), Special Series on Fiscal Policies to respond to covid-19, www.imf.org

한 구체적인 수단과 비용조달 방법, 국가채무에 미치는 영향 등이 포함되어야 한다. 독일의 사례처럼 자금지원 내역과 수혜자를 투명하게 공개해서 시민단체, 언론의 검증을 받도록 하는 것도 좋은 관행이다. 물론 제3의 국제 회계법인의 검증을 받을 수도 있지만 저소득국가에게는 여기에 소요되는 비용조차 부담스러운 것이 현실이다. 콜롬비아처럼 COVID-19 관련 특별기금을 만들어 자금의 원천과 사용내역을 보다 투명하게 밝히는 방법도 있다. 남아공에서는 COVID-19과 관련된 해외원조 자금을 관리하기 위해 '재건개발기금'을 설립했는데 유사한 취지이다. 호주나 프랑스는 중앙은행이나 국책은행의 보증 등 비현금성 지원내역도 웹사이트 등에 상세히 공개하기도 하고 별도의 민관합동 검증위원회를 설치해서 공공지원 자금의 유용을 막기도 한다.

〈 IMF 이사회의 Safeguard 관련 주요 발언 ('20.5.21) 〉

이사들은 긴급지원 자금과 관련된 재정투명성 및 지배구조의 강화, 반부패 방지의 중요성에 대해 대부분 지지하는 발언을 하였다. 다만, 방점이 서로 다를 뿐이었다. 영국, 사우디, 브라질, 러시아, 터키, 멕시코 등 비둘기파는 차입국들의 입장을 고려하여 같은 상황에 처한 국가간 공평한 대우(even-handedness), 신속한 지원의 필요성과 자금유용 방지간의 균형유지의 중요성, 조직역량 등 국가별 상황에 따라 다른 접근이 필요하다는 점 등을 강조한 반면, 독일, 미국, 영국, 캐나다, 베네룩스 3국, 일본, 핀란드 등 매파는 아무리 긴급한 자금지원이라도 최소한의 safeguards는 일관되게 적용해야 하고, 이를 통해 지원된 자금의 올바른 사용을 담보할 수 있다는 점 등을 강조하였다. 다만 양쪽 모두 조직역량 등 국가상황을 감안하여 안정장치를 적용해야 하고, 긴급자금 지원 이후에도 이행조건부 프로그램 및 역량강화 사업 등을 통해 저소득국가의 지배구조 문제와 적절한 자금집행 문제를 계속적으로 지원할 필요가 있다는 점 등을 강조하였다. 그 밖에 빠른 시일 내에 국가별 적용내용을 Policy tracker 형태로 IMF 웹사이트에 공개해서 시민단체 등 외부와 공유하거나, IMF 스태프에게 적용되는 가이드라인(staff guidance note)을 이사들에게도 공유해서 회원국간 공평하게 적용될 수 있도록 하자는 의견, 지배구조뿐만 아니라 긴급자금 지원의 결과에 대해 2020년이 지나기 전에 종합적인 cross-country 분석이나 fact sheet review 등을 할 필요가 있다는 의견 등이 제시되었다.

물론 전통적 의미에서 IMF의 Safeguard는 거버넌스 문제만을 다루지는 않는다. 특히 쿼터 기준 한도보다 높은 차입을 요구하는 프로그램의 경우 이사회의 사전적인 의견을 구하고 채무의 지속가능성 여부에 관해 보다 엄격한 검증을 하는 등 특별절차(EA[24]): Exceptional Access Framework)가 적용된다. 앞서 설명한 것처럼 IMF는 코로나 사태를 맞아 연간 대출한도를 높이는 등 일련의 조치를 취했지만 중요한 Safeguard 중의 하나인 누적한도와 EA를 완화하지는 않았다. 이와 함께 IMF 이사회는 GRA나 PRGT별 단독 대출만 아니라 두 개의 대출을 병행하는 Blended 대출에 있어서도 최소한 GRA의 EA를 유지함으로써 IMF의 위험관리 체제가 손상되지 않도록 주의를 기울였다.

---

24) Exceptional Access 절차는 GRA는 2002년, PRGT는 2009년부터 적용되어 왔는데, i)회원국들이 극히 예외적인 국제수지 유동성 문제에 직면해 있고, ii)프로그램을 통해 국제수지 문제를 극복하고 IMF의 대출금을 상환할 수 있으며, iii)회원국이 채무조정이 불가능한 채무를 과다하게 짊어짐으로써 대출 원리금 상환문제를 겪지 않도록 해야 한다는 세 가지 조건을 만족시키는 경우에 한하여 예외적으로 높인 수준의 대출(EA)을 허용한다는 원칙이다. PRGT이 경우는 상기 조건에 추가하여 한정된 PRGT 재원을 신청 국가들 간에 균등하게 할당해야 한다는 목표가 포함되어 있다.

11. IMF가 글로벌 최종 대부자 (lender of last resort)인가?

IMF 이사회에서 이사들이 코로나 사태와 같은 글로벌 경제위기시에 IMF가 최종 대부자(lender of last resort) 역할을 해야 한다는 발언을 종종 한다. 최종대부자란 각국의 중앙은행처럼 법률이 보장하고 있는 발권력을 이용해서 경제위기시에 유동성을 공급하고 시장을 안정시키는 최후의 보루 역할을 의미한다. 현재 선진국 중앙은행의 마이너스 금리 정책이나 양적확대 등 각종 유동성 공급정책은 사실 법적인 한계가 없다고 해도 과언이 아니다. 미국처럼 의회의 권한이 강한 나라에서도 미 연준(Fed)이 어떤 수단(facility)을 통해 어떤 자산을 매입하고, 어떤 나라와 통화스왑을 체결할 것인지 사전에 통제하기 어렵다[25].

IMF는 달러, 유로화, 위안화 등 5개 주요통화의 바스켓으로 구성된 특별인출권(SDR)[26]이란 유사 통화가 있고 회원국 85%의 동의를 얻으면 SDR을 창출 및 배분할 수 있다. 실제로 가장 최근에는 2008년 글로벌 금융위기를 맞아 2009년 8, 9월 약 1,826억 SDR(약 2,500억 달러)을 배분(일반배분: 1,612억, 특별배분: 215억)한 사례가 있다. 85%의 의미는

---

25) 이 이슈는 2008~10년 글로벌 금융위기시에도 미국의 정치적 쟁점으로 부각된 문제 중의 하나이다. 다만 의회의 통제를 강화하면 Fed의 신속한 대응을 기대하기 어렵고, 사후적인 책임문제도 발생하기 때문에 정치권에서는 불편해 하면서도 의도적으로 방기하고 있는 측면이 있다. 중앙은행의 독립성 보장과 국가기관의 민주적 통제 필요성간의 긴장 관계라는 측면에서 이 문제는 앞으로도 많은 국가에서 정치 쟁점화될 여지가 있다.

26) IMF의 특별인출권(SDR) 제도는 미국의 경상수지 적자 지속으로 미 달러화에 대한 금태환의 신뢰도가 저하되면서 새로운 준비자산의 성격으로 1969년 도입되었다.

미국의 찬성 여부를 묻는 것이다. 미국은 IMF 설립 이후부터 줄곧 15% 이상의 투표권을 유지해 왔고 이를 통해 사실상 주요 의사결정에 비토권을 행사해 왔다. 그런 미국이 가장 싫어하는 표현이 IMF가 세계경제의 최종 대부자란 말이다. 미국은 세계경제 및 금융의 중심지이고 달러의 헤게모니를 놓치지 않기 위해 신경을 많이 쓰고 있다. 막대한 정부부채에도 불구하고 위기 때마다 안전자산인 미국 달러와 재무성 채권에 대한 수요 폭증은 국제경제에서 미국의 주도권을 뒷받침하는 중요한 요소이다. 그런데 COVID-19 사태에서도 명확히 드러났듯이 현재 세계경제에 있어서 사실상의 최종대부자 역할을 하는 곳은 미국 Fed이고 미국은 그러한 위상을 계속 유지하려고 한다. 미국의 Fed는 이미 COVID-19 이전부터 유럽중앙은행(ECB,) 영국, 일본, 스위스, 캐나다 등 주요 선진국 중앙은행과 무제한의 통화스왑을 체결하고 있었고[27]), 이번 위기 시 신흥국이 달러 유동성 부족으로 곤란을 겪자 한국, 브라질, 호주 등 9개 주요국 중앙은행과 약 4,500억불의 통화스왑을 체결하여 글로벌 달러 공급을 늘려주었다.

최종 대부자 논쟁은 새삼스러운 것은 아니며 이미 1945년 당시 IMF의 설립시기부터 시작되었다고 봐야 할 것이다. 당시 제2차 세계대전

---

27) 'taper tantrum'이후 2013년 10월31일 미 연준이 이들 5개 나라 중앙은행과 종전의 일시적인 통화스왑을 영구, 무제한 형태의 통화스왑으로 전환한 것은 글로벌 달러공급 시스템에 있어서 상당히 의미있는 변화이다. 일례로 이후 일본 중앙은행은 인도, 인도네시아, 필리핀, 싱가포르, 태국, 말레이시아 등과 양자 통화스왑의 체결 또는 확대를 추진했는데, 일본이 미 연준으로부터 무제한 달러를 공급받을 수 있게 되었기 때문에 이들 중앙은행이 일본 중앙은행과 통화스왑 체결 시 약정된 달러의 공급은 일본의 외환보유고 수준과 무관하게 담보될 수 있기 때문이다. 미 연준과 무제한 통화스왑을 체결한 나머지 4개 중앙은행도 각 지역의 다른 중앙은행들에게 유사한 backsotp을 제공하기 때문에(예: ECB와 덴마크, 크로아티아, 불가리아 중앙은행과의 통화스왑) 이런 식으로 글로벌 달러 유동성의 공급 네트워크가 확대되고 있는 것이다.

이후 금본위 브레튼우즈 국제통화시스템을 구축하면서 영국의 케인즈와 미국의 화이트는 이의 안정성을 뒷받침할 수 있는 국제기구의 설립을 구상하였다. 케인즈가 제2차 세계대전 이후 더욱 공고해진 달러 헤게모니를 견제하기 위해 사실상 세계 중앙은행의 설립을 주장한 반면, 미국의 화이트는 이를 반대하여 현재와 같이 다소 기능이 제한된 형태의 IMF가 설립된 것이다. IMF의 소재지가 미 재무성과 불과 5분 거리인 워싱턴 DC에 위치하고 있는 것도 이와 전혀 무관한 사실로 볼 수 없다.

미국이 IMF의 SDR 일반배분을 반대하는 이유를 공식적으로 설명한 적은 없지만 몇 가지 이유를 찾아보면 다음과 같다. 가장 중요한 이유는 앞서 설명한 달러 헤게모니 유지와 사실상 세계 경제의 최종대부자 역할을 하고 있는 Fed의 위상 유지이다. 둘째, 지나친 국제 유동성 공급에 대한 미국의 우려이다. COVID-19이전에도 2008년 금융위기 및 2010년 유럽의 재정위기 극복 과정에서 전 세계적으로 유동성 공급이 확대된 상태이고 그로 인해 기업의 부채가 역대 최고수준으로 증가하는 등 금융취약성이 높아진 것도 경계할 부분이다. 금번 코로나 위기시에도 Fed는 전례가 없을 정도로 신속하게 달러 유동성을 공급했고, 그 결과 글로벌 금융시장이 빠른 시일 내에 안정화되었기 때문에 이미 충분한 진정 역할을 했다고 자평할 수 있다. 금융시장과 실물시장간의 괴리가 역사상 가장 높은 수준에 도달하고 있는 현 상황에서 Fed로서는 더 이상의 통제할 수 없는 유동성 증가에 부담을 느낄 수 있다. 셋째, SDR의 호환성 문제이다. IMF는 통상 대출자금 지원을 SDR기준으로 하기 때문에 SDR은 IMF의 대출금을 상환하는 데는 유용하다. 하지만 유동성이 부족한 저소득국들은 배분받은 SDR을 달러 등 리저브 커런시와 재차 교환해야 하기 때문에 이 과정에서 추가적 달러수요 확대를 유발할 수도 있다. 일부 국가만 위기상황이라면 긴급한 달러 교환이 큰 문제가 되지 않을 수도 있다. 실제로 2009년에는 SDR 일반배분 후 그 해 9월~12월중 SDR을 달러로 교환하거나 IMF 대출자금 상환에 사용한 국가가 30%에 불과했다. 하지만 전염병으로 전 세계 모든 신흥국이 어려움을 겪고 있는 현재 상황에서 일반배분이 이루어진다면 달러교환 수요는 당시보다 훨씬 많을 것으로 예측된다. 넷째, 미국의 글로벌 대외 전략과 부합되지 않는다. 미국은 자신들의 외교정책과 어긋나는 국가들과는 거리낌 없이 외교단절을 하거나 테러지원국, 인신매매국이란 명분으로 독자적인 경제제재를 가하는 경우가 많고 실제 이들 국가에 대한 IMF나 세계은행의 지원시에도 반대표를 던지는 경우가 드물지 않다. IMF가 SDR을 일반배분하게 되면 이란, 예맨, 베네수엘라 등에도 배분되고 일부 저소득국은 배분받은 SDR을 중국의 대출금 상환에 이용하거나 부패한 위정자들의 외화벌이 수단으로 악용할 여지도 있다. 미국 달러화를 대신하여 여타 통화의 국제 유통이 확산되는 것도 미국으로서는 달가운 일이 아니다. 마지막으로 SDR 창출과 교환의 증가는 국제금융시스템에서 IMF의 위상과 역할이 제고되는 결과로 이어진다. SDR 순보유국은 IMF로부터 이자를 수취하고 순사용국은 수수료를 부담하는 등 끊임없이 IMF와 업무의 연관성을 맺을 수밖에 없다. WTO, WHO, IMF, 세계은행 등 기존 국제기구의 역할 확대에 회의적인 트럼프 정부로서는 IMF의 역할이 커질 가능성에 대해서도 부정적일 것이다.

Fed는 이번 COVID-19 사태를 맞아 2008년과 비교해도 손색이 없을 정도로 신속하고 과감한 시장개입을 했다. 동시에 위기 초기부터 영국, 프랑스, 중국, 브라질을 비롯한 신흥국가들이 요구한[28] IMF의 SDR 일반 배분은 효과가 없다며 부정적인 입장을 분명히 표명하였다. 2020년 말까지 백신이나 치료제가 개발되고 글로벌 경기가 되살아난다면 이 논란은 이번에는 그냥 스쳐지나갈 것이다. 2020년 7월말 기준으로 전 세계 금융시장은 COVID-19 이전 수준을 회복했을 뿐만 아니라 과다한 유동성으로 인해 실물경제와의 괴리가 벌어지는 버블수준까지 치닫고 있기 때문이다. 하지만 앞으로도 글로벌 금융위기시마다 Fed와 IMF를 둘러싼 최종대부자 논쟁은 계속될 것이다. 우리가 분명히 명심해야 할 점은, 이는 단순한 논리의 대결만이 아니라는 점이다. 정치경제외교상의 전략과 각국의 국익이 밀접하게 연계된 문제이다. 모든 나라에게 마찬가지겠지만 대외전략은 순진한 휴머니즘에 의존하기 보다는 매순간마다 치열한 고민을 통해 국익에 유리한 전략적 선택을 해야 한다는 점을 잊지 말아야 한다.

---

28) 영국, 프랑스의 SDR 일반배분 요구는 인도적인 입장에서 저소득국 지원을 선도하겠다는 표면상의 이유도 있겠지만 아프리카 등 과거 식민지 국가들에 대한 헤게모니 유지를 위한 전략적인 이해관계가 내재되어 있다고 볼 수 있다. 반면 중국은 달러화의 헤게모니를 약화시키는 것이 전략적 이익에 부합하기 때문에 SDR 일반배분은 언제나 찬성이다(만약 과거처럼 SDR의 바스켓 내에 위완화가 포함되지 않았더라면 상황이 조금 달라졌을 수도 있다).

12. 위기시 FCL의 적극적 사용

IMF에는 예방적(preventive) 프로그램이라는 것들이 있다. FCL (Flexible Credit Line)과 PLL(Precautionary Liquidity Line), 그리고 COVID-19 발생 이후 도입한 SLL(Short-term Liquidity Line) 등이 바로 그것이다. 1997년 동아시아 금융위기 이후 IMF 프로그램은 한국 등 동아시아 국가들의 유동성 부족문제 해결에 많은 도움을 준 반면 대규모 도산 및 대량실업 등으로 IMF 프로그램에 대한 부정적 낙인효과(Stigma Effect)를 낳았다. 지금도 우리 국민이나 언론들은 'IMF = 경제위기'라는 인식에서 벗어나지 못한 상태이다. "IMF때보다 자금난이 심각하다"라는 식의 표현은 문법에 맞지는 않지만 그만큼 IMF 프로그램이 개입된 당시의 위기를 되풀이되지 않아야 할 심각한 상황으로 인식하고 있다는 방증이다. 그런데 동 아시아 금융위기 이후 이러한 낙인효과를 없애기 위해 이행조건을 수반한 전통적인 IMF의 대출제도 이외에 글로벌 금융안전망(GFSN)의 하나로서 예방적 프로그램의 도입 필요성에 관한 논의가 꾸준히 지속되어 왔다[29]. 그러다가 역대급 글로벌 금융위기가 불어 닥친 2009년과 2010년에 FCL과 PLL 제도가 IMF 이사회를 통과하였다.

일반적으로 경제체질이 허약해진 국가들이 IMF에 요청하는 구제금융과 달리 FCL은 튼튼한 거시경제 시스템을 보유했다고 인정받은 국가들

29) 동아시아 금융위기가 진행 중이었던 1999년 4월에도 예방적 성격의 프로그램인 CLL(Contingent Credit Liability)이 도입되었으나 자격요건이 까다롭고 자금 인출시 이사회의 승인을 재차 거처야 하는 조건 등으로 인해 신청국가가 없자 2003년 폐지되었다.

만이 신청 자격을 가진다. 즉, 지속가능한 대외포지션, 민간중심의 자유로운 자본계정, 건전한 재정시스템, 안정적인 물가 및 시장중심적 환율제도, 건전한 금융부문 등 경제전반의 기본체질이 튼튼하고 그간 경제정책의 성과가 뛰어났다는 점(long track record)이 입증되어야 한다. 2009년 멕시코가 최초로 신청한 이래 지금까지 콜롬비아, 폴란드 등 3개 국가가 FCL을 이용하였고, 이중 폴란드는 2017년 FCL을 졸업했다. FCL이 여타 프로그램 대출과 다른 가장 큰 특징은 대출한도가 무제한이라는 점이다. 통상 IMF 프로그램은 일반재원 대출 중 중장기 프로그램인 EFF(Extended Fund Facility)의 경우에도 누적한도가 3~5년에 거쳐 쿼터의 435%인데 비해 FCL의 규모는 통상 600%에서 1,000%까지 이른다. 과거에는 1,000%라는 제한이 있었지만 현재는 필요성만 입증된다면 무제한 사용이 가능하다. 은행의 신용라인(Credit Line)처럼 필요시 언제나 당겨 쓸 수 있는 마이너스 통장을 확보하는 셈이다. 따라서 이사회 승인과 함께 대출한도를 확보해 둔 후 실제 자금 필요시에는 이사회 승인없이 인출이 가능하다. 현재까지 예방적 프로그램을 통해 실제로 자금이 인출된 경우는 거의 없었다[30]. 이 대출한도는 언제나 인출이 가능하다는 특징 덕택에 외환보유고에 준하는 가치를 인정받고 있고, 그로 인해 외환시장의 안전장치(backstop)로서 높은 국가신용등급과 외화자금 조달시 유리한 금리를 적용받는 데 일조해 왔다. 수수료도 인출 전까지는 0.15~0.6%로 낮은 편이다. 즉, 적은 비용으로 최악의 위기상황(extreme tail risk)에 대비할 수 있도록 해주는 유용한 장치이고, 그래

30) FCL보다 자격요건이 조금 낮지만 그래도 상대적으로 경제성과가 훌륭한 국가들이 신청할 수 있는 예방적 프로그램이 PLL인데, 지금까지 유일한 신청국가인 모로코가 2020년 4월 COVID-19 발생으로 IMF로부터 승인받은 대출한도 30억불 전액을 인출하였다.

서 글로벌 금융안전망(GFSN)의 일부로서 기능해 왔던 것이다. 아시아 국가들은 치앙마이 이니셔티브에 의해 다자간 통화스왑을 체결하여 꼬리위험(tail risk)에 대비하고 있는데, FCL 체결 국가들은 지역 통화스왑 협정(RFA)에 가입하는 대신에 IMF의 예방적 프로그램으로 금융안전망을 보강하고 있는 셈이다.

IMF 이사들은 상기 예방적 프로그램에 대해 그동안 몇 가지 문제점을 지적해 왔다. 우선 프로그램의 이용국가가 너무 적다는 점이다. 이용국가들의 만족도는 높지만 신규로 신청하려는 국가는 거의 없었다. 가장 큰 이유는 예방적 프로그램은 경제성과가 뛰어난 국가들을 대상으로 하는데, 이들은 위기 이전에 수수료를 지불하면서까지 IMF에 구원의 손길을 내미는 것을 꺼려한다. IMF에 자금지원을 요청하는 것 자체가 시장에 잘못된 시그널을 줄 수도 있다고 걱정하기 때문이다. 사실 지금까지 이 제도를 이용해 온 국가들도 외국인 투자에 대한 의존도가 매우 높거나 자본시장의 발달정도가 충분하지 못한 나라들뿐이었다. 둘째로 한번 이용을 하면 대출 한도만큼 외환보유고를 쌓을 필요가 없기 때문에 IMF란 안전장치(backstop)에 길들여져서 졸업하기를 싫어한다는 점이다. 멕시코와 콜롬비아가 10년 가까이 졸업하지 않는 것도 마찬가지 이유에서이다. 셋째로 IMF의 자금운용 관리상의 비효율성이다. 지금 당장 자금 인출이 없더라도 그 금액만큼 다른 용도의 대출재원으로 활용할 수 없기 때문이다. 예방 프로그램의 신청국들이 처음에는 일시적(temporary)인 예방장치의 필요성을 강조하면서 여건이 개선되면 바로 졸업하겠다고 장담하고 있지만 그런 약속이 이행된 적이 거의 없기 때문이다. 예방 프로그램의 대상이 상대적으로 여건이 괜찮은 국가들이기 때문에 많은 재원이 여기에 묶이면 그만큼 더 어려운 국가들에게 돌아갈 수 있는 몫이 줄어들 여지도 있는 것이다.

그런데, COVID-19이 발생하면서 중남미 국가들을 중심으로 위기예방제도를 긴급 시장대응용 프로그램으로 활용하려는 수요가 급증했다. IMF는 5월 28일 페루에 24개월간 쿼터 600%의 FCL, 5월 29일에는 칠레에 24개월간 쿼터 1,000%의 FCL을 각각 신규 승인했다. 달러로 환산하면 각각 110억불, 237억불에 상당하는 금액이다. COVID-19 사태 이후 2020년 5월말까지 IMF가 저소득국가들에 지원한 긴급지원자금(RCF/RFI)이 60개국 230억불이란 점을 감안하면 FCL의 규모가 갖는 의미를 짐작할 수 있다. 특히, 과거와 달라진 점은 예방적 성격이란 당초 제도의 취지와 달리 페루와 칠레가 조만간 실제 자금을 인출할 가능성이 결코 작지 않다는 점이다[31]. 위기시란 점을 이용하여 원래의 예방적 성격과는 조금 다른 목적으로 전용되고 있다고 비판할 수도 있다. 왜냐하면 실제 자금인출이 일어나면 IMF의 가용재원이 대폭 감소할 뿐만 아니라 페루와 칠레가 IMF의 '자금지원플랜(FTP: Financial Transactions Plan)'국가에서 제외되기 때문이다. FTP는 교환성 있는 자국 통화나 리저브 커런시, SDR 등으로 IMF에 대출재원을 공급하는 약 40개국(한국 포함)으로 구성되어 있는데, FCL 프로그램 국가가 IMF에서 실제로 자금

---

31) 콜롬비아의 경우도 2020년 5월 이사회에서 기존 FCL(쿼터의 384%, 약 108억불)을 2년간 추가 연장하는 신청안을 통과시켰으나, 불과 4개월 후인 9.25일 이사회에서 FCL의 규모를 확대(쿼터의 600%, 약 169억불)하는 방안을 이사회에 신청하면서, 이중 50억불(쿼터의 180%)은 조만간 자금을 실제로 인출할 계획이라는 점을 분명히 했다. 이 경우 FCL 프로그램 국가가 자금을 인출하는 최초의 사례가 된다.

지원을 받는 순간 이들은 FTP의 구성에서 빠져버리는 것이다. 이에 따라 IMF가 이용할 수 있는 가용재원의 풀도 줄어드는 결과를 초래한다. 그리고 현재까지 FCL 이용국가가 모두 중남미에 집중되어 있다는 점도 우려를 자아낸다. 중남미 전역으로 위기가 전염되면 상호연계성(Interconnectedness)에 의해 IMF로부터 동시 다발적 자금인출이 일어날 가능성을 배제할 수 없기 때문이다. FCL은 이행조건과 같은 사후 프로그램이 결부되어 있지 않기 때문에 일단 자금인출이 일어나고 나면 구조개혁이나 거시경제정책과 관련하여 IMF가 관여할 여지가 거의 없다는 점도 단점으로 작용할 수 있다.

FCL의 적극적 사용은 IMF가 COVID-19 발생시 팬데믹에 적합한 toolkit을 보유하고 있지 못했기 때문에 생긴 현상이라고도 볼 수 있다. 그러다 보니 당초 제도의 설립취지와 무관하게 RCF/RFI, FCL 등 현재 가용한 모든 수단을 임기응변식으로 사용할 수밖에 없었기 때문이다. 좋게 보면 신속한 대응이었고 다소 시니컬하게 비판하자면 다소 허겁지겁한 대응이었다. 그러나 금번 위기가 예상보다 장기화된다면 toolkit 개선에 관한 본격적인 논의가 필요하다고 생각된다[32]. 안타까운 일이지만 현재 IMF 내에는 그런 식견을 가진 인물이 없다. 데이비드 립튼도 떠났

32) IMF는 팬데믹 발생 후 6개월이나 지난 9월 25일이 되서야 이사회에서 팬데믹 상황에 적합한 대출 전략에 대하여 본격적으로 논의를 시작하였다. 스태프는 새로운 한시적 대출제도의 설립(예: Pandemic Support Facility)을 포함한 네 가지의 옵션을 제시했는데, 주된 논의의 초점은 불확실한 요소가 여전히 많기 때문에 구조개혁처럼 장기간을 요구하는 이행조건은 가급적 후순위로 미루고, 자금인출은 초기로 당기며(front-loading), 상환기간은 길게 연장해 주자는 내용이다. 새로운 내용을 고안했다기보다는 기존 대출제도를 팬데믹 상황에 맞게 탄력적으로 운영하자는 취지이지만, 비판적 시각에서 보자면 대출조건을 느슨하게 완화한 측면이 강하다. 역시 게오르기예바의 관심은 더 많은 자금을 이를 필요로 하는 회원국들이 보다 쉽게 접근할 수 있도록 하는 데 초점을 맞추고 있다.

고 세계은행 전문가인 게오르기예바 총재에게 기대를 걸기에는 한계가 있다.

13. COVID-19과 Additionality 논쟁

IMF는 COVID-19으로 유동성 위기에 직면한 국가들을 신속하게 지원하기 위해 지진, 에볼라 등 긴급재난용 신속 지원 프로그램인 RCF/RFI를 동원했다. 하지만 이 프로그램은 지금과 같은 대규모 경제위기를 전제로 설립된 제도가 아니어서 연간 한도가 쿼터의 50%에 불과했고, 이는 lock-down으로 인해 외환의 공급이 끊긴 많은 저소득국가들을 지원하기에는 턱없이 부족한 규모였다.

IMF는 4.9일 이사회를 열고 이 프로그램의 한도를 한시적(6개월)으로 현재 연간 쿼터의 50%, 누적 100%에서 각각 100%, 150%로 인상하는 안을 통과시켰다. 그런데 많은 국가들이 IMF의 또 다른 대출한도에 부딪히면서 'Additionality' 논쟁이 불거졌다. 개발금융 분야에서 Additionality란 통상 민간의 투자자금을 구축하지 않고 공공분야의 자금지원이 마중물(촉매) 역할을 할 경우에만 자금지원의 명분이 있다는 의미이다. IMF 보고서에서는 이를 '촉매적 역할(catalytic role)'이라고 표현한다. IMF가 프로그램을 통해 자금을 지원한다는 의미는 그 국가가 IMF가 제시한 이행조건에 따라 거시금융정책 조정 및 구조개혁 등을 통해 정상적인 성장경로로 복귀할 수 있다는 것을 인정했다는 것이고, 이를 근거로 하여 다른 개발금융기관이나 양자 양허성 자금이 하나의 패키지 형태로 따라붙는 구조를 지칭하는 것이다. 그런데 이번 논의에서 Additionality는 그런 뜻이 아니라 말 그대로 사전적 의미에서의 '추가적'이란 의미로 쓰였다.

IMF는 차입국의 프로그램 이행을 독려하고 IMF의 촉매적 역할을 충실히 수행하기 위해 회원국별 대출의 연간한도 및 누적한도를 설정하고 있다. 만약 이를 초과할 경우 보다 엄격한 심사를 거쳐 추가적인 대출의 가능여부를 결정하도록 하는 내부 프로세스를 유지하고 있다("10. COVID-19과 Safeguard 논쟁" 참조). 저소득국에 지원하는 PRGT 대출은 연간 쿼터의 100%, 누적 300%, 일반재원(GRA)은 연간 쿼터의 145%, 누적 435%로 한도를 제한하는 것이 현재의 기준이다. 그런데, 예를 들어 RCF(PRGT의 일종) 자금을 신청한 국가가 지난 12개월간 PRGT형태의 자금인출 금액이 이미 쿼터의 80% 수준이라면 이번 COVID-19에 의해 부족한 유동성 자금이 쿼터의 100%에 육박해도 연간 한도 규정에 의해 쿼터의 20%(100% - 80%)밖에 자금지원을 받을 수 없다는 뜻이다. 그런데 현재와 같은 긴급 상황하에서 기존 대출 때문에 지원을 받지 못한다는 것은 부당하다고 생각하는 이사들도 있었다. 따라서 이들은 긴급지원 자금(RCF/RFI)에 대해서만은 통상적인 연간한도(Annual Access) 및 누적한도(Cumulative Access)의 적용을 배제하여 "완전히 추가적(Additional)인" 지원이 가능하도록 해야 하다고 주장하는 것이다.

< 종전 IMF 대출자금의 누적 및 연간 한도 >

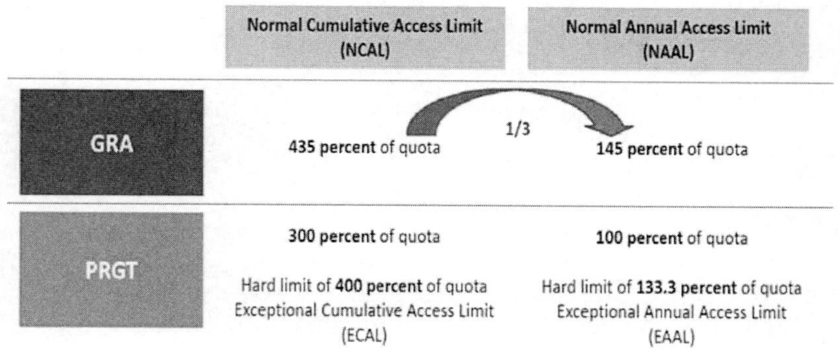

	Normal Cumulative Access Limit (NCAL)	Normal Annual Access Limit (NAAL)
GRA	**435 percent** of quota	**145 percent** of quota
PRGT	**300 percent** of quota Hard limit of **400 percent** of quota Exceptional Cumulative Access Limit (ECAL)	**100 percent** of quota Hard limit of **133.3 percent** of quota Exceptional Annual Access Limit (EAAL)

이와 관련하여 IMF 이사회는 6월2일 연간한도 및 누적한도 상향여부에 대한 비공식 논의를 했다. Additionality가 인도적인 차원에서 일견 당연한 것처럼 보일 수도 있으나 이는 많은 숙고를 필요로 하는 과제이다. 우선 이미 IMF의 지원을 받고 있는 국가와 현재까지 전혀 지원을 받지 않은 국가간의 형평성 문제이다. IMF의 재원이 무제한이라면 대출상환 능력이 있고 IMF 프로그램에 따라 경제회복 가능성만 있다면 Additionality가 적용되어도 무방할 수 있다. 하지만 실제로 IMF의 대출가용재원은 최대 1조 달러라는 한계가 있다. 또한 이미 지속불가능한 채무의 원리금 상환으로 고전하고 있는 저소득국들에게 무조건은 대출금을 많이 지원하는 것이 능사가 아닐 수도 있다. 이와는 반대의 논리로 현재의 코로나 위기는 1930년대 대공황 위기에 육박할 정도로 상황이 심각한데 IMF가 회원국이 필요로 하는 유동성을 적기에 공급하지 못한다면 외부효과(spillover effect)로 인해 피해를 입는 주변국이 늘어나고 결국에는 IMF가 지원해야 할 대출금액의 총액이 급증할 위험성이 있다는 주장이다. RCF/RFI는 기껏해야 연간 한도가 100%인데, 아르헨티

나의 쿼터 1,200%, 대규모 프로그램과 비교 시 쿼터면에서도 그렇고 이들 저소득국가의 기본적으로 작은 쿼터를 감안하면 절대 규모면에서도 비교할 수 없을 정도로 작다는 점도 고려할 필요가 있다. 2020년 5월말까지 60개국에 지원한 긴급지원 자금의 규모가 1조불 대비 약 2.3%(230억불)인데 비해 아르헨티나 1개 국가의 프로그램 규모가 약 570억불이라는 점을 간과하기 어렵다.

이러한 이유에서 이번 논의에서 모든 이사들이 'Additionality' 관련 논쟁은 회피하면서도 연간한도의 상향 조정에 동의했다. 문제는 그 범위인데 여기서는 의견이 갈렸다. 독일, 노르딕 등 매파는 일반재원의 경우에는 현재의 연간한도인 쿼터 145%를 195%로 50%p선에서 제한적으로 인상할 것을 주장한 반면 대부분의 이사들은 경제위기의 심각성을 고려해서 향후 1년간 한시적으로 100%p 인상한 245%로 상향 조정할 것일 주장하였고 이대로 관철되었다. 저소득국에게 거의 무이자로 지원해 주는 PRGT의 경우에는 재원조달의 한계가 있어 이 보다 인상 폭이 작을 수밖에 없었는데 현재의 연간한도 100%를 50%p 인상한 150% 선으로 조정하기로 했다. 독일, 노르딕, 미국 등은 PRGT에 대한 채권국들의 예상 기여금에 상응하는 만큼만의 인상이 불가피하다고 주장한데 반해, 주로 채무국들은 일반재원과의 형평성 문제를 거론하면서 100%p 인상이 필요하다고 주장했다. 채무국들의 주장은 PRGT에 대한 추가적인 재원확보 노력을 필요로 하는 것이어서 우선 당장은 50%p만 인상하는 방안이 통과되었다.

< IMF 긴급지원 자금(RCF/RFI)의 지역별 분포 >

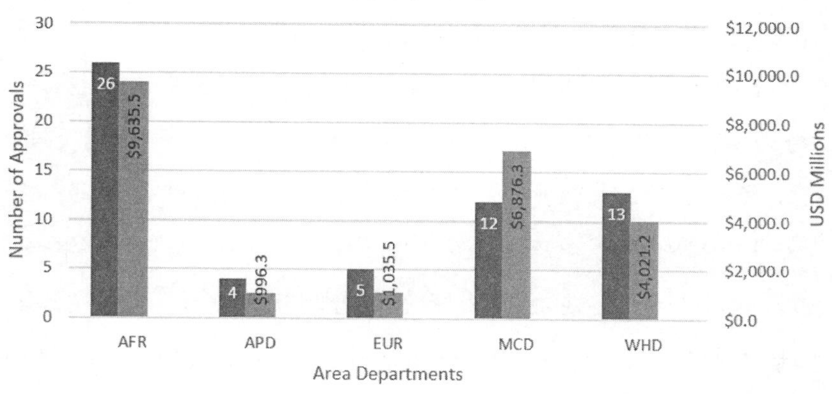

한편 누적한도 인상에 대해서는 프랑스, 영국, 일부 저소득국 이사들을 제외하곤 대부분의 이사들이 현재의 한도를 유지하자는 신중한 접근의 필요성을 강조했다. IMF가 자금을 지원할 때 촉매적 역할이 중요하고 IMF의 대출은 채무 구조조정이 어려운 선순위 채무이기 때문에 이 금액이 지나치게 커지면 다른 국제기구의 지원이나 양자적 지원을 구축(crowding-out)하고 향후 채무재조정이 필요할 경우 이를 어렵게 하는 단점 등이 부각되었기 때문이다. 아르헨티나의 사례에서 알 수 있듯이 누적 한도가 있다고 해서 그 이상의 지원이 불가능한 것은 전혀 아니다. 다만 보다 엄격한 잣대를 가지고 심사하는 추가 절차(Exceptional Access Procedure)를 거쳐야 한다는 것뿐이다. 따라서 이번 논의에서는 차입국의 채무지속가능성 유지나 IMF 재원의 적절한 위험관리를 위해서 기존의 누적한도 심사절차는 유지하는 것이 바람직하다는데 대부분 동

의하였다. COVID-19 사태 이후 주요 선진국 중 영국, 프랑스는 SDR의 일반배분이나 IMF의 인도적이고 선제적 지원을 주장하는 데 있어서 제일 적극적이었는데, 이들 나라의 국제정치경제적 이해관계도 고려할 필요가 있다. 이들 이사가 다른 이사들보다 특별히 인도주의자이기 때문은 아닐 것이다. 사실 IMF의 긴급자금 지원은 위 표에서 확인할 수 있듯이 아프리카 대륙에 집중되어 있다. 과거 아프리카 식민지를 양분했던 영국, 프랑스는 과거사에 대한 도덕적 채무도 있지만 현재도 각종 양자적 지원을 통해 아프리카 각국과 긴밀한 외교적 관계를 유지하고 있다. 따라서 글로벌 경제위기가 닥치면 아프리카 국가들의 영국, 프랑스에 대한 지원요청은 급속히 증가한다. IMF가 많이 지원해 주면 줄수록 영국, 프랑스의 개별적 부담은 줄어드는 것이다. 아프리카 저소득국에 대한 지원도 물론 중요하다. 하지만 IMF가 아프리카 지역개발 금융기구는 아니기 때문에 어느 정도 지역적인 균형도 맞출 필요가 있다. 속내가 가려진 인도주의적 논변에 휘말릴 필요가 없는 이유이기도 하다.

IMF와 세계경제 이야기

Ⅲ. 포스트 COVID-19 시대의 과제

14. 코로나 경제위기의 속성과 회복 전망

15. 저소득국의 Sovereign Debt 이슈

16. 팬데믹으로 인한 불평등 증가

17. 신흥국 및 프론티어 금융시장의 COVID-19 영향

18. 고위험 신용시장(Risky Credit Market) 현황

19. COVID 사태로 본 세계화의 역주행

20. 팬데믹과 2020 ESR

14. 코로나 경제위기의 속성과 회복 전망

2020년 1~2월만 하더라도 중국, 한국 및 동아시아에 한정된 지역 문제로 치부될 뻔했던 코로나 사태는 이태리 롬바르디 및 미국으로의 전파가 확산되면서 세계는 그야말로 '패닉'에 빠져들었다. WTI 원유가격이 역사상 처음으로 (-)를 기록하였고, 신흥국으로부터의 자금이탈도 불과 한 달 사이에 800억불에 육박했다. 미 연준을 비롯한 각국 중앙은행 및 재정당국의 대응은 2008년 글로벌 금융위기와 비교해도 매우 신속하고 대규모였지만 허둥지둥하는 모습을 감출 수는 없었다. 세계 곳곳에서 '모든 것을 다 동원하겠다(whatever it takes)'는 정책당국자들의 의지가 표명되었고, 신속한 정책대응에 따라 금융시장도 처참한 실물경제의 피해와는 동떨어질 정도로 바쁜 시간 내에 COVID-19 이전 수준을 회복했다. 문제는 상반기가 지난 7월 초순의 시점에서 볼 때 여전히 이 경제위기의 실체가 무엇인지에 대해 논란이 많다는 점이다. 아는 것(knowns)보다 모르는 것(unknowns)이 많았다. 아무도 겪어 본 적이 없는 전대미문(crisis like no other)의 위기였기 때문이다.

IMF는 3월부터 6월말까지 72개국에 255억불[33] 상당의 긴급자금 지원을 하는 등 세계경제 위기의 해결사로서 매우 적극적인 활약을 펼쳐왔지만, IMF의 세계경제 전망이 지나치게 비관적이라는 지적도 있었다. IMF는 2020년 4월 금년 세계경제 성장에 대한 전망을 지난 1월에 비해

---

33) 긴급지원 자금(RCF/RFI)에 기존 프로그램의 확대 및 FCL 지원까지 합산할 경우 이 기간 중 IMF의 총 지원금액은 77개국 약 850억불에 이른다.

무려 6.2%p나 낮춘 -2.9%로 하향 조정한 후, 6월에는 그보다 다시 2%p 낮춘 -4.9%로 전망했다. 대공황 이후 최악의 경제침체라고 일컬어진 2009년 글로벌 금융위기 당시에도 실제로 세계경제가 -0.6% 정도만 수축한 것을 생각하면 예측대로 실현될 경우 이번 위기는 금세기 최악의 경제위기라고 해도 과언이 아닌 것이다. IMF는 2008년 당시에 2009년 세계경제를 -1.3%로 전망했었는데 실제 성과(-0.6%)는 그보다 나았고, 필자는 이번에도 그러길 기대해 본다[34]. 그런데 IMF의 이러한 비관적 전망은 6월 이사회 논의과정에서도 지배적이었는데, 그 이유를 다음과 같이 생각해 볼 수 있다. 우선 섣부른 낙관론보다는 IMF가 비관적 시나리오를 제시하면서 최악의 상황을 대비한 각국의 적극적인 정책대응을 주문하는 것이 커뮤니케이션 효과 면에서 바람직하다는 내부 인식이 있는 듯하다. 결과적으로 비관적 시나리오가 실현된다면 IMF의 전망이 엄중하고 정확했다는 증거이고, 그보다 나은 성과가 실현된다면 IMF가 각국에 적극적 정책대응을 주문한 결과라고 주장할 수 있다. 둘째로 위기시에는 IMF의 존재가치가 급상승하기 때문에 위기의식을 조장하는 측면도 없지 않는 것 같다. 평소에는 아무도 관심을 가지지 않다가 위기가 오면 IMF의 경제분석과 총재의 발언 하나하나에 언론의 관심이 집중될뿐더러 IMF로부터 자금을 지원받으려는 국가들도 증가하기 마련이다. 2013년 이후 코로나 이전까지는 세계경제가 호조를 보여 IMF의 자금에 대한 수요도 적었다. 은행과 마찬가지로 대출을 받으려는 국가가 없으면 IMF의 이익도 줄고, 그 존재가치도 줄어들기 마련이다. 수명이 다한 국제기구는 인원 감축, 급여 삭감 등 구조조정의 대상이 되기 쉽

[34] 2020년 IMF가 마지막으로 발표하는 10월 세계경제전망(WEO)에서는 금년도 세계경제전망을 -4.5%로 소폭 상향 조정했다.

다. 마지막으로 위기를 조장하여 IMF의 재원이 부족할 수 있다는 점을 내세우면 IMF의 쿼터 증액을 달성하기 용이해진다. 2010년에 2배의 쿼터 증액을 일구어낸 제14차 쿼터 리뷰(GRQ)도 글로벌 금융위기라는 특수상황 하에서 어렵게 탄생한 것이다. 현재 트럼프 행정부는 IMF의 유용성을 그다지 인정하지 않는 편인데 비토권을 가진 제1대 주주를 움직이기 위해서는 세계 경제위기의 발생과 같은 특별한 조건이 갖추어져야 한다. 뉴욕 월가의 투자은행들은 미국 대선의 주요 자금줄인데 경제위기가 월가까지 전파되는 것을 미국 정치권에서는 용납할 리 없다. IMF는 이런 분위기에 편승하여 자본도 늘리고 조직 규모도 키울 수 있다. 물론 IMF의 자금지원과 정책 조언에 의존하는 신흥국 및 저소득국 입장에서는 세계경제 위기 시 IMF으로부터의 자금 지원이 최후의 보루와 같이 중요한 역할을 한다는 점을 부인할 사람은 없을 것이다.

IMF는 2020년 7월7일 노벨경제학상 수상자인 폴 크루그먼 교수를 초빙해서 "팬데믹과 경제회복(Toward the recovery from the pandemic)"이란 주제로 강연을 들었는데, 그의 생각은 IMF 스태프들의 시각과는 사뭇 달랐다. 그는 현재의 위기는 전대미문의 상황으로 모델링 자체가 매우 어렵지만 과거 역사를 좋은 귀감으로 삼을 수 있다고 지적하면서, 급속한 회복(V형)이 가능한 위기와 그렇지 못한 위기는 그 기반에 깔려있는 불균형의 존재여부에 달려있는데, 이번 경우는 내부로부터 곪아서 발생한 위기가 아니라 전염병이라는 외부충격으로 발생한 것이기 때문에 바이러스를 통제할 수 있게 되면 회복속도는 매우 빠를 수 있다는 것이다.

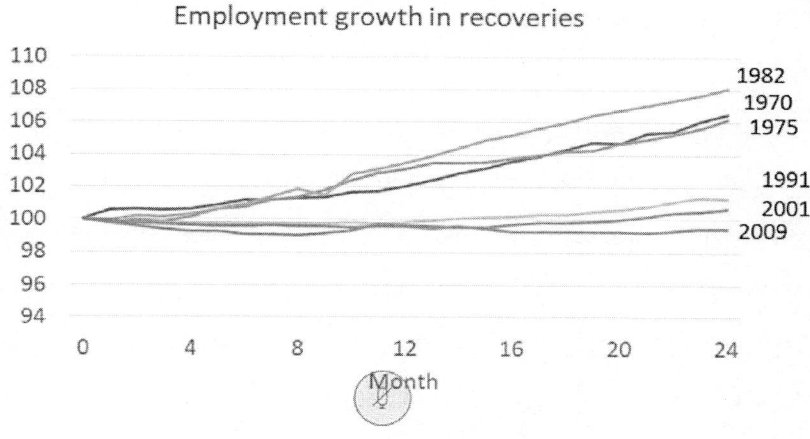

즉 위 그림에서 아래 그룹 중 2009년의 위기는 모기지 채권의 심각한 팽창, 2001년은 IT 거품 등 내부의 불균형이 곪아 터진 형태이기 때문에 회복속도가 늦었지만, 위 그룹은 인플레이션을 통제하기 위해 금리를 급격히 인상하여 발생한 일시적인 침체로서 완화적 통화 및 재정 정책으로 신속히 위기를 극복할 수 있었다는 설명이다. 그리고 그는 이번 위기는 그 성격상 위 그룹에 속한다는 내용이다. 물론 크루그먼은 몇 가지 전제(big if)를 설정했다. 우선 정책대응에 대한 가정이다. 지난 3개월간 Lockdown으로 인한 충격을 완화해 온 정책은 실업급여 지원의 확대, 중소기업 금융지원 등인데 그 속성상 장기적으로 지원을 연장하기 쉽지 않기 때문에 위기가 지속될 경우 급격한 재정절벽이 올 수 있다는 점이다. 둘째는 노동시장의 조정기간이 길어져서 구조적인 변화를 촉발시키는 문제이다. 이를테면 기존 일터가 아예 문을 닫아 일시적 실업자들이 장기 실업자로 전환되고 이들이 재고용되려면 새로운 일자리 창출과 함께 다른 직업훈련을 거쳐야 하는 경우이다. 따라서 바이러스에 대한 통제가 늦어지면 늦어질수록 현재 위기의 V형 회복 가능성은 점점 낮아질 수 있다는 의미이다.

크루그먼은 본인의 희망과 달리 실제로 채권시장의 낮은 수익률 추세는 현재 경제위기의 회복이 그다지 빠르지 않을 것으로 전망하고 있다고 설명했다. 따라서 2009년 위기 당시 정책당국자들의 오산으로 재정건전성 조치로 급회전하여 회복을 지연시킨 실패를 교훈삼아 이번에는 이를 되풀이하지 않아야 한다고 지적한다. 이번 위기로 불평등 및 사회적 소요 확산 우려에 대한 스태프의 질문에 대해, 그는 다행인 것은 금번 위기로 저소득층이나 비공식 분야에서 일하는 계층의 피해가 훨씬 컸지만 전염병에 의한 불가피한 충격이라는 점에서 이들의 수용 가능성은 상대적으로 양호했다는 점이다. 그러나 회복이 지연될수록 사회적 혼란과 소요가 촉발될 가능성은 증가하기 때문에 향후 개인 채무재조정이나 재분배 정책의 강화가 필요하다는 점을 강조했다.

IMF는 팬데믹 이전에도 기업의 부채가 역사상 최고 수준까지 증가한 점을 취약 포인트로 강조해 왔는데, 크루그먼은 2008~9년의 모기지 채권 수준과 비교한다면 그렇게 우려할만한 상황은 아니라고 평가했다. 다만, 이미 마이너스 금리 등 비전통적 정책을 사용하는 국가가 늘고 있는 상황을 감안할 때 추가적인 위기 발생 시 충격을 완화할 완충장치나 정책여력이 축소된 점은 걱정해야 할 부분으로 인정했다. 한편 그는 본질적으로 적어도 미국 등 선진국의 경우에는 아무리 국가부채 수준이 높다고 해도 이를 걱정해서 재정건전성 정책으로 급회전하는 것은 현재의 상황과는 부합하지 않는 것으로 평가했다. 과거의 사례들을 보면 정부의 적극적 대응으로 오히려 중장기적인 GDP대비 국가채무 수준이 축소된 경우도 많기 때문이라는 것이다. 물론 이는 확대된 재정이 낙후된 공공투자 확대 등 효율적으로 사용되는 것을 전제로 함은 물론이다.

크루그먼의 시각은 비관 일색인 IMF의 전망과 비교할 때 다소 안도감을 주는 측면이 있다. 하지만 여러 전제가 깔려있는 전망이기 때문에 조심해서 해석할 필요가 있다. 그래도 몇 가지 시사점을 찾을 수 있다. 먼저 노동시장의 구조적인 조정이 최소화되도록 적극적인 대응 및 세심한 정책설계가 필요하다고 강조한 부분은 새겨들을 필요가 있다. 둘째 그의 전망은 기본적으로 달러를 무제한 발권할 수 있는 미국경제를 기준으로 한 것이기 때문에 정책대응 여력에 한계가 있는 신흥국들에게 그대로 적용할 수 있는 내용은 아니다. 신흥국의 부채증가 문제는 위기 이후 세계경제의 뇌관으로 작용할 수도 있기 때문에 이들에게 미국처럼 무제한의 재정 및 통화정책을 권고할 수는 없다. 마지막으로 중요한 것은 모든 모델이 정부의 정책대응을 설명변수에 이미 포함하고 있듯이 우리가 어떻게 대응을 하느냐에 따라 결과도 얼마든지 달라질 수 있다고 하는 점이다. 앞으로 크루그먼 교수가 팬데믹 상황에 적합한 경제전망 모델을 개발하는 날을 기대해 본다.

15. 저소득국의 Sovereign Debt 이슈

코로나 발생 후 2020년 상반기 동안 전 세계는 약 11조 달러에 육박하는 재정을 투입하였다. 바이러스의 전파를 막고 실업자의 임금손실을 보전하면서 기업들의 파산을 막기 위해 내린 불가피한 조치였다. 하지만 이로 인해 2020년 전 세계 공공채무는 GDP대비 100%를 초과할 것으로 전망되는데 이는 역사상 최고수준이다. 코로나 시작 이전부터 상당수 국가들의 공공채무가 증가 추세였던 점도 공공채무 증가에 기여했다. 과다한 부채는 추가적인 투자를 저해하고 재정여력을 채무 원리금 상환에 집중하도록 만들기 때문에 경제회복에도 부정적 영향을 끼친다. 따라서 Sovereign Debt 이슈는 post-코로나 시대 글로벌 경제의 최대 복병이 될 전망이다.

IMF가 약 40개국을 샘플 분석한 결과 정부의 예산이 직접투입(조세감면 포함)된 비중과 대출, 보증 등 세입세출 외 지원간의 비중이 50:50정도로 거의 비슷하게 파악되었다. IMF는 어떤 유형의 지원이 더 바람직하다고 예단하고 있지는 않다. 각국이 처한 상황에 따라 적절히 판단할 문제이기 때문이다[35]. 그보다는 팬데믹 상황 이후의 향후 경로가 여전히 불확실하다는 점이 걱정거리이다. 현재 IMF의 입장은 다소 '온정주의적'이다. Sovereign Debt 해결을 위해 다분히 채권자들의 희생을 강조하는 뉘앙스이다. 공적 채무탕감 문제는 파리클럽의 고유 영역임에도 불구하고 post-코로나 시대에 전방위적인 채무 탕감이나 채무재조정이 불가피할 것이라는 점을 여러 차례 시사해 왔다. 민간 채권자의 동참도 계속 강조하고 있다. 또한 이번 사태가 빈곤층의 소득 감소로 불평등 증가에 미치는 영향을 우려하면서, 각국이 너무 빠르게 긴급지원을 거두고 다시 재정건전화로 선회하는 것은 바람직하지 않다고 조언하고 있다. 심지어 WTO 보조금 규정 위반 여부와 관계없이 전략기업들에 대한 국가의 직접적인 재정투입과 국유화의 불가피성도 거리낌없이 주장하고 있다. 사실 글로벌 금융위기 당시에도 시티은행이나 AIG 등 글로벌 금융기관에 대한 국가재정의 직접 투입은 논란거리였다. 비금융 기업에 대한 정부의 구제는 더욱 민감해서 아주 예외적으로만 이루어져야 하는 것인데, 지금의 코로나 상황은 기존의 사고방식을 안전히 허물도록 강요하고 있다고 해도 과언이 아니다.

그런데 이런 온정주의적인 정책처방이 중장기적으로 신흥국들에 이로

35) 참고로 우리나라는 GDP 대비 3.1% vs. 11.5% 정도로 직접 예산투입보다는 대출, 보증 등 'below the line' 지원 규모가 많았다.

울지는 좀 더 지켜볼 문제다. 물론 이번 사태가 일부 신흥국들의 정책 실패에 기인한 것이 아니라 전 세계적인 외부충격에 의한 것이기 때문에 이들에게 책임을 물을 수 없다는 주장은 어느 정도 공감이 가는 부분이다. 하지만 주요 채권 국가들도 많은 피해를 입고 있는 상황 속에서 일방적인 채무탕감 주장은 결국 채권국가 납세자들의 희생을 강요하는 것이다. 현재 선진국에서도 국가로부터 적절한 지원을 받지 못하는 소외계층이 많은 상황 속에서, 이들이 빈곤국에 대한 채무탕감을 전폭적으로 지지할지 의문이다. 사실 독일, 네덜란드, 우리나라를 비롯해서 그동안 재정건전성을 유지해 온 국가들은 이번 사태를 맞아 재정여력이 충분하다는 점이 큰 자랑거리였다. '햇빛이 쨍쨍할 때 지붕을 수선해 두어야 한다'는 격언처럼 이번 사태를 회고할 때 강조되어야 할 중요한 정책교훈이기도 하다. 반면 전격적인 채무탕감은 전통적인 채무국가들의 재정건전화 노력을 해태시키는 도덕적 해이를 불러올 가능성이 높다. 그리고 공적 채무를 탕감하고 남은 여유 재원이 민간 투자기관의 채무를 탕감하는데 사용된다면 이건 공평하지 않은 처사이기도 하다[36]. 민간 투자기관에 대해서도 채무탕감에 동참(PSI: Private Sector Involvement)할 것을 요구할 수는 있지만 개인 투자자와 주주의 이익을 보호해야 하는 민간투자기관에게 전방위적인 채무탕감을 요구할 경우

---

36) 2010~2014년 사이 그리스의 채무 구조조정 과정에서 채권기관들은 현가(NPV) 기준으로 약 65%의 채무원리금 탕감(haircut)에 동의하였다. EU(EFSF), ECB, IMF는 그리스 정부의 나머지 채무원리금 상환을 지원하기 약 2,267억 유로를 대출하였는데, 그 결과 종전에는 그리스 채무의 60%이상이 민간소유였던 것이 채무 구조조정 이후 80%이상 공공채무로 전환되었다. 채무 원리금 상환이외에 그리스 정부의 가용재원으로 돌아간 몫은 전체 지원금의 11%에 불과했기 때문에, 이 지원금의 대부분은 민간 채권자에 대한 원리금 상환에 사용된 셈이다. 물론 원리금 탕감으로 일부 손실을 입기는 했지만 결국 이 과정에서 최대의 피해자는 민간 투자자가 아닌 그리스의 납세자라고 밖에 볼 수 없다. 잘못된 정책을 편 정부를 선택한 결과이다.

그 실현 가능성은 그다지 높지 않다.

사실 게오르기예바 총재는 회원국들이 IMF 재원을 더 쓰라고 찾아다니면서 홍보하는 편인데, IMF의 대출금은 최선순위 자금이기 때문에 채무탕감이나 채무재조정의 대상이 되지 않는다. IMF로부터 대출금이 많으면 많을수록 자발적인 채무 구조조정이 어렵게 된다는 뜻이다. 독일, 노르딕 이사실에서 이러한 부분을 계속 지적하고 있으나 '착한 사마리아인'을 표방하는 총재가 어느 정도 공감하고 있는지는 미지수이다. 선량한 정책이 반드시 선량한 결과를 가져오지 않는다는 점을 이번에도 확인하게 될까 봐 조금 두렵다.

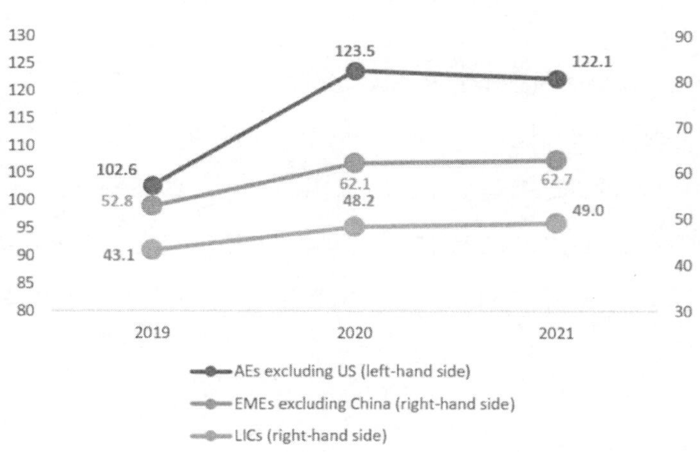

그나마 다행인 것은 금번 위기로 인해 투자수요는 감소하고 위기를

대비한 저축은 증가할 것이기 때문에 금리 상승압박은 적은 편이다. 경기 불확실성으로 인해 기대 인플레이션도 낮기 때문에 당분간 중앙은행들이 금리를 올릴 가능성도 희박하다. IMF는 경기가 예측한대로 회복된다면 저금리로 덕택에 2021년부터는 공공채무의 수준이 다시 안정화될 것으로 전망하고 있다. 관건은 성장률을 올릴 것이다. 이러한 관점에서 IMF의 2020년 Fiscal Monitor 가을 호는 공공투자(public investment)의 중요성을 강조하고 있다. 경기의 불확실성이 높고 명목금리가 제로에 수렴하는 상황일수록 재정투자의 승수(fiscal multiplier)가 높기 때문에 불필요한 세금 감면이나 지출의 억제로 확보한 재원을 재정승수가 높은 공공투자에 투입해야 한다는 주장이다. 공공채무의 지속가능성은 'r(이자율) - g(성장률)'의 경로에 따라 움직이는데, 'g'를 높여서 채무과다국들이 중장기적으로 지속가능한 성장경로로 진입할 수 있도록 유도해야 한다는 조언인 것이다.

IMF는 스스로 자립하기 어려운 저소득국에 대한 조치로서 G20가 2020년 상반기에 취한 일시적인 채무유예(DSSI)의 시한을 연장하고 필요시에는 과거 '저소득국 채무탕감 제안(HIPC Debt Relief Initiative)'과 같은 특단의 조치도 필요하다고 주장한다. 가끔은 여기가 IMF인지 양허성자금의 지원을 주된 임무로 하는 세계은행인지 헷갈릴 때가 있다.

16. 팬데믹으로 인한 불평등 증가

IMF는 2020년 6월 2일 “대 봉쇄(Great Lockdown)가 어떻게 사람들을 살렸는가? (How great lockdown saved lives?)”란 블로그 기고를 통해 뉴질랜드나 베트남 등의 신속한 외부 국경(항공) 차단과 재택근무(stay-at-home) 명령이 불가피하게 단기적인 경제적 손실을 초래하긴 했지만 그렇지 않은 경우에 비해 감염자 및 사망자 수를 90%~98% 가량 감소시켰다고 주장했다. 틀린 주장은 아니지만 그동안 IMF총재가 외치고 다닌 정책 방향이기도 했기 때문에 스스로를 합리화하는 느낌도 있다. 조금 비판적으로 보자면 통계학에서 흔히 얘기하는 선택적 오류(selective bias)에 해당할 수 있다. 예로 든 베트남과 뉴질랜드는 결과적으로 감염 및 사망률이 가장 낮은 나라였기 때문에 두 나라를 지목해서 분석하면 정책의 효과가 있었다는 결과가 도출될 수밖에 없는 것이다. Lockdown을 한 모든 나라가 동일한 효과를 거둔 것은 아니며(미국이 대표적인 예), Lockdown이 불가피했다고 하더라도 그로부터 파생된 경제적 피해는 상상을 초월하는 것이었다. 특히 안정적인 직장이 있거나 보유 자산이 있는 기득권층에 비해서 비공식분야 종사자 등 취약계층이 입은 피해가 상대적으로 컸다. 주식시장, 원자재 가격 상승으로 포스트-코로나 시대에는 K자형의 불평등이 증가할 수 있다는 주장도 있다[37]. IMF는 앞선 블로그 발표 이후 팬데믹이 초래한 불평등과 직종별 편차를 연구한 Working Paper[38]를 추가로 발표하였다.

---

37) 이강국, “팬데믹 이후의 경제와 거시경제학”, 한겨레(20.8.25) 오피니언

38) IMF Working Paper (2020), Who will bear the brunt of lockdown policies? Evidence

이 연구는 원격 재택근무가 가능한 집단과 그것이 곤란한 집단이 받은 영향을 국가간 횡단면으로 비교분석한 내용이다. 특히, 노동력 집단의 특성을 나이, 학력, 성, 고용상태, 소득 등으로 나누어 분석했다. 이 연구에서는 우선 35개 선진국, 신흥국 국가들의 공개 데이터와 서베이 결과를 활용해 직업 및 개인별 "원격근무 가능성(Tele-workability: 이하 TW)" 이란 지표를 구성했다. 샘플의 기술적 분석내용을 살펴보면 우선 직업(occupation) 중에서 경비, 건설노동, 거리청소 등 단순 직업의 TW가 가장 낮고, 기계 및 의료 생산 직종이 그 다음, 매니저, 전문적, 공무원 등이 가장 높게 나타났다. 이를 국가간 비교할 경우 같은 직종이라도 터키, 칠레, 멕시코, 에콰도르, 페루 등 신흥국은 가장 낮고, 선진국 중에서도 이태리와 그리스는 상대적으로 낮은 반면, 디지털 경제가 발달한 싱가포르, 핀란드 등이 가장 높은 것으로 나타났다.

---

from Tele-Workability measures across countries.

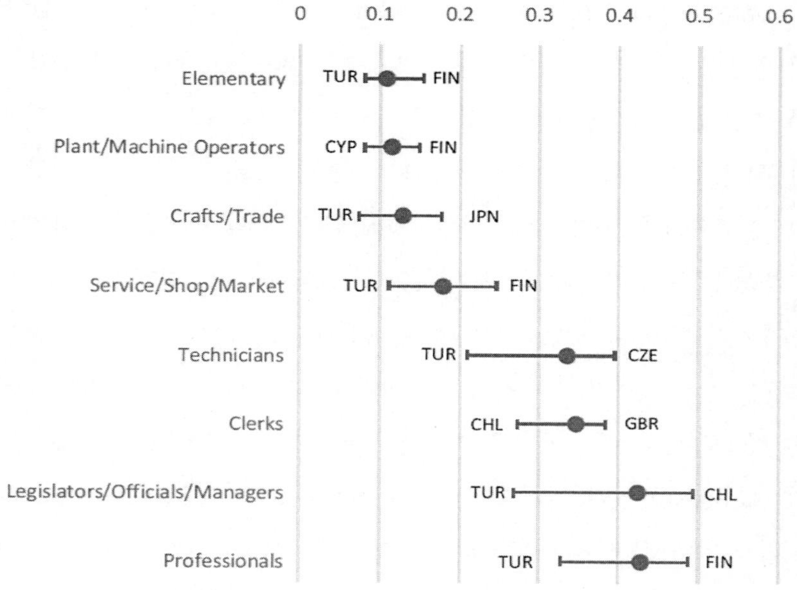

이를 업종(sectors)별로 살펴볼 경우 외식업, 운송, 숙박, 헬스 및 사회서비스 등 긴밀한 인적 접촉이 필요한 서비스업과 제조업의 경우 TW의 수치가 낮았다. 반면, 정보통신업, 금융, 보험, 법률, 과학연구 등 디지털 기술의 활용도가 높은 직종일수록 TW의 수치가 높고, 직업별 TW와 마찬가지로 같은 업종이라도 국가별 차이가 뚜렷했다.

IMF는 원격근무 가능성(TW)이 어떤 근로자 특성에 의해 영향을 받는지를 규명하기 위해 성, 나이, 학력, 고용형태, 이주민, 소득분포 등을 설명변수로 선정하여 회귀분석한 후 그 인과관계를 살펴보았다. 성별 분석결과 평균적으로 직업의 특성(건설, 생산직)상 남성이 여성보다 원격근무 가능성이 낮았고, 따라서 원격근무로 인해 여성이 받는 영향이 남성보다 작았다. 공공, 간호, 교육 분야에서 여성 종사자의 수가 많았기 때문이다. 연령의 경우 나이가 많을수록 원격근무 가능성이 높았지만, 여기에는 국가별 차이가 있었다. 즉, 한국, 싱가포르, 일본 등 아시아 국가나 카자흐스탄, 에콰도르 등 신흥국의 경우는 오히려 연령과 TW와의 관계가 마이너스로 나왔기 때문이다. 학력의 경우에는 당연히 고학력일수록 원격근무 가능성이 높았다. 고용형태 분석결과는 임시직의 원격근무 가능성이 낮았고, 이들은 유급휴가, 실업수당 등 사회안전망의 보호를 받지 못하기 때문에 실업과 소득감소의 위험에 가장 크게 노출된 것으로 나타났다. 회사규모 분석 시 중소기업의 디지털 기술 활용도가 대기업보다 낮기 때문에 TW도 낮게 나타났다. 이민자의 경우는 비숙련 직업에 종사하는 경우가 많기 때문에 TW가 낮았고, 소득분포상 하위계층의 원격근무 가능성이 현저히 낮아 사회적 거리두기 정책이 이들 계층이 감내하기 어려운 부정적 분배효과를 야기한다는 점을 확인해 주었다.

이번 분석결과는 향후 안정화 단계 또는 2차 바이러스 확산시(Second Wave) 기존 사회적 거리두기 정책의 신중한 적용을 요구하고 있다. 즉 이번 분석이 COVID-19 사태로 직격탄을 맞은 외식업, 숙박, 교통, 소매 분야의 원격근무 가능성이 가장 떨어진다는 점을 재확인해 주었기 때문이다. 이 샘플 노동자의 약 15%인 95백만명이 이러한 특성을 가지고 있었고, 이들은 원격근무가 어렵기 때문에 사회적 거리두기 시행으로 해고나 무급휴직 등의 위험에 노출되어 있었다. 이들은 주로 어리고, 고졸 이하의 저학력을 보유하며, 임시직이거나 자영업에 종사하고 있다. 고용된 경우도 주로 중소기업 취업자이다. 대기업과 중소기업의 임금격차를 감안하면 임금수준이 가장 낮은 계층의 위험이 가장 높은 것으로 나타난 것이다.

코로나 이후에 온라인 위주의 소비행태가 심화될 경우 디지털 경제의 분배적 효과는 디지털 디바이드(불평등)를 심화시킬 것이다. 정부차원의 디지털 교육 확산과 함께 취약 계층에 대한 사회안전망의 확대가 무엇보다 절실한 시점이다.

17. 신흥국 및 프론티어[39] 금융시장의 COVID-19 영향

COVID-19의 영향으로 2020년 1월 21일부터 3월 중순까지 신흥국 금융 자산의 약 3.5%에 해당하는 1,000억불 가량의 자본유출이 발생했다[40]. 글로벌 금융위기 이후 선진국의 낮은 금리와 완화적 통화정책으로 인해 그동안 선진국의 많은 자금이 높은 수익률을 좇아 신흥국으로 대거 이동한 것은 자명한 사실이다. 그 결과 신흥국은 주식과 채권시장의 투자자를 다변화시킬 수 있었고 이 자금은 신흥국의 신용 팽창과 경제성장에 기여했다. 1997년 동아시아 금융위기를 겪으면서 많은 신흥국들이 이제는 이런 핫머니의 속성을 어느 정도 이해하고 충분히 대비하고 있다고 생각했지만 정작 팬데믹 상황 속에서는 속수무책이라는 점을 재확인할 수밖에 없었다. IMF의 2020년 5월 글로벌금융안정보고서(GFSR) Chapter 3에선 동 원인을 좀 더 심도있게 분석하고자 했다.

현재 신흥국을 향한 포트폴리오 투자금액은 규모면에서 국경간 대출금액과 거의 비슷한 수준까지 성장했다. 동시에 신흥국 시장의 총부채는 2007년 GDP의 75%에서 최근 100%까지 증가했고, 특히 중국은 기업채

---

39) 프론티어 시장에 대한 통일된 개념은 아직 확립되지 않았지만 통상 full-fledged 신흥국 시장에 비해 규모가 작고(small), 유동성이 부족하고(less liquid), 투자하기 어려운(less investable) 시장을 지칭한다(예: 케냐, 모리셔스, 가나, 잠비아 등).

40) 비거주자의 신흥국 시장(EMDE)으로부터의 자금유출 규모는 2020년 3월 한 달 동안만 830억불에 육박했는데 글로벌 금융위기 당시인 2008년 비거주자의 이들 국가에 대한 주식투자 규모가 약 5,000억불이었는데 비해 2020년에는 약 3.5조불로 증가한 것도 그 한 원인이 되었다.

무의 증가로 총부채가 같은 기간 GDP의 140%에서 250%까지 급증한 상태이다. 특히, 신흥국 정부채권 중 현지통화 채권의 발행이 급증했고, 이는 외화채권 발행 시 발생하는 환위험을 어느 정도 차단할 수 있을 것이라는 가정 하에 이루어졌다. 하지만 실제 결과는 달랐다. 현지통화 채권에 대한 비거주자의 투자 비중이 증가함에 따라 팬데믹으로 글로벌 금융시장의 경색이 심화되자 결국 비거주자는 신흥국에 대한 투자자금을 처분해서 안전자산으로 이동시켰고 이에 따라 신흥국의 외환시장은 급격한 환율상승과 달러화 부족에 노출되었기 때문이다.

이 보고서에서 IMF는 2018년부터 도입된 Capital-flow-at-risk란 분석틀을 통해 Forward-looking 시각에서 신흥국의 자본유입 및 유출의 원인을 다각도로 탐구해 보았다. 분석결과 채권시장에 대한 강한 자본유입은 글로벌 금융조건의 영향을 크게 받은 반면, 약한 자본유입은 국내적 요인의 영향을 더 많이 받는 것으로 나타났다. 즉, 미국 정부채 금리가 하락하거나, 약한 달러 환경 하에서는 신흥국 채권으로의 자본유입이 증가하지만, 이런 우호적인 글로벌 금융환경이 없다면 신흥국의 경제 펀더멘탈이 강하더라도 그 자체로 해외 자본을 끌어당기는 '유인 효과(pull effect)'는 작다는 뜻이다. 다만, 부정적 글로벌 환경 속에서도 신흥국 중 경제 펀더멘탈이 강한 국가의 자본유출은 상대적으로 최소화되었다. 따라서 현재의 COVID-19 환경이 지속된다면 당분간 신흥국으로서의 채권자본 유입은 크지 않을 것이란 전망에 이르게 된다[41]. 채권과 달리

41) 2020년 4월 중순이후 신흥국 채권 투자자금이 순유출에서 순유입으로 다시 전환되었지만 이는 미 연준 등 선진국 중앙은행의 적극적인 시장개입에 기인한 것이기 때문에 위 분석의 내용과 일치한다.

주식시장의 경우는 글로벌 요인에 의한 자본 흐름의 영향이 상대적으로 작은 반면, 경제 펀더멘탈이 좋을 경우 유인효과가 채권보다는 큰 것으로 나타났다. 한편 이번 COVID-19과 같은 동시다발적 자본유출 상황에서는 신흥국 주식시장이 채권시장보다 글로벌 금융환경에 더 부정적인 반응을 보인 것으로 확인되었다. 채권 중에서 국내통화 표시 채권은 외환보유고 대비 단기외채 비율이나 성장률 전망 등 국내적 요인에 대한 민감도가 외화표시 채권보다 높았다. 물론 자본시장이 발달될수록 표시통화와 관계없이 외부충격에 대한 자본의 부정적 흐름이 전반적으로 완화되었다. 글로벌 금융시장의 조건에 대해서는 글로벌 투자자들이 주로 투자하는 외화표시 채권의 민감도가 더 높은 것으로 나타났다.

앞서 언급한 것처럼 비거주자의 신흥국 국내 채권시장 투자는 해외차입에 비해 차입비용 감소, 만기불일치 해소 등 장점이 있지만 글로벌 충격을 국내시장에 전달하고 변동성을 높이는 매개체로 작용하는 단점이 있다. 거시 펀더멘털이 튼튼할수록 현지통화 표시 채권의 금리가 낮은 것은 당연한 상식이지만 금리가 외채의 총규모보다는 외환보유고에 대한 민감도가 높다는 것을 발견한 점은 시사하는 바가 있다. 한편 국내채권에 대한 외국인 투자자 비중이 외환보유고의 40%를 초과하면 변동성이 15% 증가하는 반면, 국내 자본시장이 심화될 수로 변동성을 상쇄하는 효과가 있는 것으로 나타났다. 나이지리아, 이집트 같은 일부 프론티어 시장의 경우 국내채권의 외국인 투자비중이 신흥국과 유사할 정도로 높은데, 금번 COVID-19 사태로 인해 발생한 이들 시장의 자본유출, 스프레드 확대, 환율변동성 등은 신흥국이 받은 충격을 훨씬 뛰어넘은 수준이었다. 그만큼 제도적 환경과 자본시장 심화 정도가 상대적으로 낙후되었다는 증거이다. IMF는 이번 COVID-19 사태의 교훈 중의 하나로 일부 프로티어 시장의 제도적 기반과 자본시장의 심화정도를 신흥국 수준으로 향상시킬 수 있다면 국내통화 표시 채권수익률의 변동성을 30% 정도 완화시킬 수 있다고 주장한다. 이를 통해 글로벌 금융시장 경색 시 이탈하는 자본의 규모도 대폭 축소시킬 수 있다는 말이다.

현 상황에 대한 IMF의 정책대응 조언은 국가별 발전단계와 처해진 여건에 따라 다르다. 외환보유고가 충분하면서 변동환율제도가 정착되었고 자본시장이 심화된 국가의 경우 환율이 1차적으로 충격흡수 기능을 해야 한다는 것은 자명하다. 다만, 정부와 기업의 외화부채가 많은 경우 자본유출과 함께 통화가치가 급격히 하락하도록 방치하는 것보다는 필요한 최소 범위 내에서 외환시장에 개입하거나 자본흐름 통제수단(CFM)을 활용하는 것도 함께 고려해야 한다고 설명한다. IMF는 달러 페그제를 유지하는 원유 수출국가 등에 대해 필요시 자본유출 억제를 위해 금리인상도 고려해야 한다고 말하지만, 현재와 같이 심각한 경기침체 상황에 어울리지 않는 교과서 같은 처방일 뿐이다. IMF는 향후 프론티어 시장에서 비거주자 포트폴리오 자금의 급격한 유입을 방지하기 위해 단계적인 자본 자유화를 추진하거나 세금, 예치금 부과 등 시장친화적인 규제수단도 강구할 필요가 있다고 언급하고 있는데, 이는 위기가 어느 정도 극복된 이후의 상황에 적용될 수 있는 조언으로 보인다. 이번 분석은 신흥국 및 프론티어 시장의 자본유출입 원인을 Capital-flow-at-risk 라는 분석틀로 좀 더 구체적으로 규명하고자 했다는 점에서 의의가 있는 정도로 이해하면 좋을 것 같다.

18. 고위험 신용시장(Risky Credit Market) 현황

2008년 글로벌 금융위기 이후 각국 중앙은행들의 저금리를 바탕으로 기업 신용시장은 위험할 정도로 팽창해 왔다. 특히, 고위험 채권(High-yield bond), Leveraged loan, private debt 등 그 중에서도 리스크가 높은 부문의 신용팽창이 우려를 낳고 있다. COVID-19 사태로 이 자산들은 일시적으로 급격한 가격하락을 겪은 이후 반등에 성공했지만, 앞으로도 예의 주시해야 할 분야이다. IMF의 2020년 5월 글로벌금융안정보고서(GFSR) Chapter 2는 이 시장에 주목했다.

IMF의 분석에 따르면 Leverage loan 대출 잔액 5조달러 중 약 80%가 신흥국 시장에서 발생했고, 2008년 서브프라임 사태를 촉발시켰던 대출자산담보부채권(CLO)도 글로벌 금융위기 이후 2배나 증가했다. 고위험 채권의 잔액도 2019년말 2.5조달러에 이르는데 이는 주로 북미, 유럽 등 선진국 시장에서 급성장했다. 또한 Private debt(사모채권) 규모도 약 1조달러에 육박했는데, 유동성 위험에도 불구하고 시장가격 평가(mark-to-market) 등의 규제를 회피하고 고수익을 추구할 수 있는 장점 때문에 급성장할 수 있었다고 평가했다. 은행들은 장기보유를 회피해서 고위험 신용으로 인한 은행시스템의 위험은 과거보다 줄었는데, 이 시장이 비은행금융권으로 확산되면서 위험전달 체계가 더 복잡해지고 불투명해진 것이 문제이다. 미국의 고위험 채권시장에서는 Mutual fund와 ETF가 중심적 역할을 한 반면, CLO 투자는 보험회사, 자산관리회사, 헤지펀드 등이 주된 투자자였다. 은행들도 글로벌 CLO 자산의 약 1/3

을 보유하고 있는데, 주로 위험성이 낮은 선순위(AAA) tranche 위주로 투자하고 있다. 한편 전 세계 은행보유 CLO의 1/3을 일본은행이 독식하고 있는 점은 특이하다.

글로벌 금융위기와 다른 점은 은행이 투자하고 있는 CLO나 사모채권은 장기투자(locked-in capital) 형태이고 시장평가 대상도 아니기 때문에 고위험 신용신장의 충격으로 은행이 위험 증폭자(risk amplifier)로 작용할 위험성은 낮아졌다는 것이다. 반면에 차입자들의 낮은 신용상태, 허술한 인수기준, 완화된 투자자 보호장치, 투자자 집중도 등으로 인한 취약성(vulnerability)은 여전히 높은 상태이다. 특히, 낮은 수익전망과 이자보상율 등 재무기초가 허약한 중소기업들의 위험 신용시장을 통한 차입 증가로 경기하강시 완충장치(buffer)가 얇아진 점도 주목할 부분이다. 이 중에서 투기등급인 B급 신용의 급격한 팽창이 특히 우려된다. 다행인 것은 CLO의 자본금 및 메자닌 등을 통한 버퍼가 글로벌 금융위기 당시보다는 확충되어 AAA tranche에 투자한 은행 등의 위험성을 다소 완화시키고 있다. 글로벌 금융위기 당시 문제가 되었던 파생상품 투자나, 레포 거래, Total-return swap 등의 사용이 줄어든 점도 다행이다. IMF는 종합적으로 볼 때 은행들의 레버리지는 글로벌 금융위기 당시보다 상당부분 개선되었다고 평가하고 있다. 특히 2020년 글로벌금융안정보고서(GFSR) 가을 호에서는 29개국 350개 은행을 대상으로 Grobal Stress Test를 시행해 봤는데, 기본가정(WEO 전망) 하에서 은행의 자본비율이(CET1)의 전년 대비 약 4.5% 하락하지만 BIS기준을 훨씬 상회하는 등 현재 은행의 자본금 수준이 위기를 대응하기 부족하지 않다는 점을 계량적으로 확인하기도 했다. 문제는 은행과 비은행 금융기관과의 상호연관성 (interconnected)인데, 2013년 이후 은행의 이들 기관에 대한 대출은 약 1.4조 달러로 약 두 배 증가했다. IMF는 시나리오 분석을 통해 경기후퇴 시 CLO 투자기관, 헤지펀드, Mutual Fund와 ETF 순으로 손실의 정도가 크지만, 은행의 직접적 손실은 상대적으로 낮을 것으로 예상했다. 다만, 이들 상호간의 연관성에 의한 2차 효과를 모델에 포함시키지 못한 점은 아쉬운 부분이다. 총체적 경기부진 시 은행의 대기업 대출이나 투자적격등급 상품에 대한 투자까지 부정적 영향을 받기 때문에 이에 대한 충분한 대비도 필요하다.

COVID-19 발생 후 미 연준은 고위험 신용시장의 안정을 위해 투기등급으로 떨어진 채권, 고위험 CLO, 고위험 채권에 투자하는 ETF 자산까지 매입하고 중소기업 중 부채가 세후 순이익의 4배를 초과하지 않는 기업의 고위험 채권을 인수하는 등 과거에는 상상하기 어려운 정도의 전방위적인 개입으로 빠른 시간 내에 시장을 안정시켰다. 유럽 중앙은행도 마찬가지였다. 물론 여전히 투자등급과 투기등급 자산 간의 스프레드는 큰 폭의 갭을 나타내고 있지만, 일시적인 유동성 부족문제를 해소하기 위해 은행들이 투기등급 기업에 대한 신용을 지원하고 규제당국도 은행의 자본과 유동성에 대한 규제를 일시적으로 완화해 주고 있다. IMF는 이번 사태로 단기간 내에 자산가격이 글로벌 금융위기시의 2/3 수준까지 하락한 점은 그동안 누적되어 온 고위험 신용시장의 취약성이 촉발시킨 측면이 크다고 평가하고 있다. 레버리지 증가, 완화된 투자자 보호장치, 낮은 신용등급 자산의 증가 등이 그 예이다. 이번 사태가 진정 되는대로 각국 중앙은행과 금융 규제당국은 상기 취약성의 연결고리를 재점검할 필요가 있다. 특히, 비은행금융기관의 고위험 신용시장 투자에 대해 어떤 건전성 조치를 도입할 필요가 있는지 고민해야 한다. 시스템 리스크에 대한 보다 체계적인 접근과 이를 모니터링하기 위한 데이터 확보에도 신경을 써야 한다. 우리나라에 대한 IMF의 금융부문 평가(FSAP)시에도 지적되었지만 글로벌 기업 및 글로벌 금융간의 복잡한 연결 채널을 촘촘하게 모니터링할 수 있는 시스템을 구축해야 한다. 보다 강화된 국제적 공조가 절실한 시점이다.

19. COVID-19 사태로 본 세계화의 역주행

2020년 COVID-19 사태는 그동안 효율성만을 추구하던 세계화(globalization)와 그 과정에서 구축해 온 글로벌 공급망(global supply chain)의 기반이 안전성 면에서 얼마나 취약한지를 여실히 증명해 주었다. 미국의 외교전문지 'Foreign Affairs' 20.3.16일 인터넷 판[42]에서는 이를 정확하게 지적하고 있다.

세계화가 추구한 효율성은 각 분야별 비교우위에 따라 노동의 전문화를 가속화시키면서 가장 효율적인 단 한 지역에서 특정 물품을 생산하는 것을 이상적인 가치로 보았다. 애플의 CEO 팀 쿡도 '재고의 비축은 기본적으로 죄악이다'라는 말로 기업이윤의 극대화를 추구했다. 많은 생산부품이 아직까지 임금이 낮고 생산성이 높은 중국, 베트남 등에서 독점 공급되는 체제로 운영되고 있다. 이런 독점체제가 물론 아시아에만 국한된 것은 아니지만 한 부품의 공급에 차질이 생기면 타 지역에서 대체재를 구하기 어려운 점이 글로화의 한계라는 것은 자명하다. 세계의 공장인 중국과의 관계가 악화되면 부품 수입에 차질이 생겨 주변국은 항상 그 눈치를 봐야 하고 COVID-19처럼 중국에서 발생한 전염병으로 인해 중국산 핵심 부품의 생산이 중단되면 우리나라 현대차도 생산을 중단할 수밖에 없는 지경에 이른다.

특히, 모든 나라가 다급한 나머지 타국에 미칠 피해 따위는 고려할 여

---

42) Foreign Affairs(20.3.16), "Will the Coronavirus end the Globalization as we know it?", by Henry Farrell and Abraham Newman.

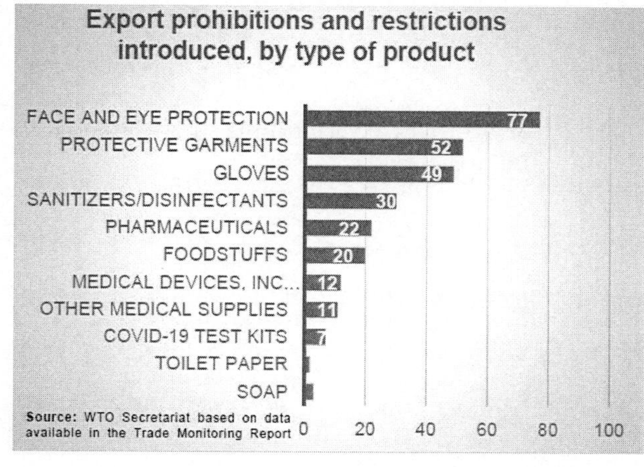

유도 없이 기하급수적으로 늘어나는 국내 감염을 제어하기 위해 검진 키트, 치료약, 각종 의료장비 등에 대해 전면적으로 수출을 금지한 것은 우리 모두가 익히 잘 알고 있는 사실이다(옆 표 참조). 우리나라가 국내생산 마스크의 해외 수출물량을 제한한 것도 같은 맥락이다. 글로화로 심화된 상호의존성(interconnectedness) 이 전염성이 강한 COVID-19 한 방으로 그 취약성을 전면에 노출시켰고 국가뿐만 아니라 기업도 무방비 상태가 되었다. 문제는 이러한 외부의 위협이 이번 한 번으로 그치지는 않을 것이란 점이다. 2차 세계대전 후 유럽을 통합하는데 긴요한 역할을 한 '국경간 이동자유의 보장(솅겐협약)'도 이번 사태엔 무용지물이 되었다. 들어오는 외국인도 나가는 내국인도 다 차단했다. 감염자가 하루 9,000명에 육박하자 미국도 매일 트럼프 대통령이 기자회견을 하면서 대책을 쏟아냈지만 혼란만 가중시켰다. 미국은 2020년 8월말 기준 하루 확진자 수가 4~5만명 수준까지 증가했다(11월말에는 20만명으로 증가).

이제 행정학에서 말하는 유휴시설(redundancy)이나 경영학의 슬랙(slack)이 필요한지 신중히 생각해 봐야 할 시점이다. 비용이 들더라도 위기시를 대비하여 비상 의약품을 비축하거나 부품의 공급처를 분산하여 한 곳에서 문제가 생기더라도 다른 곳에서 수입할 수 있는 백업 체제를 갖추는 것을 말한다. 위험을 제대로 회피하려면 생산기지도 여러 국가로 분산해서 설치해야 하는데, 그럴 경우 상품의 균일한 품질관리를 위해 추가적인 인력이 필요하고 비용도 더 소요된다. 성장과 이윤에만 집착해 안전성을 등한시한 실수를 이제야 깨닫게 된 것이다. 네트워크화가 가중되면 국가도 기업도 'Just-in-time'을 최선으로 여기는 글로벌 가치사슬에 개입할 수 없을 것이라는 신념이 이번 사태로 인해 산산이 부서져 버렸다. 반도체를 가동시키는 회로기판(PCB)과 배터리를 포함한 전원부, 본체와 화면을 이어주는 힌지 등 작지만 중요한 중국산 부품공급의 차질로 2020년 2월 전 세계의 노트북 생산량이 50%나 감소하고 스마트폰 생산도 2분기 12% 줄어들 것으로 전망되었다. 위기 시에는 개인이든 국가든 사악한 본능에 충실해지는 법이다. 전 세계 마스크 생산량의 50%를 차지하는 중국은 마스크의 수출을 금지시켰고, 러시아와 터키는 순환기계 의학장비의 수출을 막았다. 유럽연합의 단일시장(single market) 시스템을 자랑하던 독일과 프랑스의 행동도 별반 다르지 않았다. 가장 늦게 바이러스를 접한 미국은 각국이 이미 수출을 금지한 약품과 장비를 구하지 못해 한동안 법석이었다. 또한 이를 만회하기 위해 독일 등 여러 다국적 제약회사의 백신을 독점수입 계약해서 각국 정부를 곤혹스럽게 만들고 있다.

미국의 보수주의자들은 이번 기회를 이용해 해외로 이전한 생산기지를 미국으로 다시 유인(re-shore)해야 한다는 반글로벌화 전략을 강화하고 있다. 반면에 바이러스의 진원지인 중국은 이태리 등 곤란을 겪고 있는 국가에 자비를 베풀 듯 마스크와 의학장비를 나눠주면서 글로벌화의 리더임을 자처하고 있다. 바이러스의 주범이 마치 구원자 역할을 하고 있는 셈이다. 알리바바의 창시자 마윈도 검진 키트 50만개를 미국에 기증했다. 그런데, 이렇게 세계화가 역주행하는 것을 보고만 있어야 할까? 우리나라는 개방경제와 수출중심의 산업 육성을 통해 압축 성장을 이루어 왔기 때문에 규칙에 입각한 다자체제(rule-based multilateralism)의 중요성을 누구보다 잘 알고 있다. 미국은 WTO체제가 무역이슈를 해결할 수 없다고 단정하고 USMCA 체결 등 소규모 그룹핑을 통해 자신에게 유리한 새로운 통상규범을 강요하고 있다. 다행히 2020년 하반기 우리나라의 수출은 반도체, 자동차를 중심으로 일부 회복했지만 전 세계교역량은 약 10.2% 감소할 전망이다. 하지만 미국이 글로벌 공공재인 다자간 무역시스템을 포기하고, 글로벌 리더의 역할을 중국에게 빼앗긴다면 아이러니하게도 포스트 COVID-19의 최종 승자는 중국이 될 수도 있다. 우리나라는 미중 사이에서 어떤 선택을 해야 할 것인가? WTO의 전면 개혁과 함께 우리나라가 추구해야 할 대외통상전략도 다시 고민해봐야 할 시점이다.

20. 팬데믹과 2020 ESR

IMF가 회원국별 대외부문의 균형여부를 진단하는 2020 ESR(External Sector Report)이 2020년 7월 중순 이사실에 회람되었다. 코로나 발생 직전인 2019년은 경상수지 흑자와 적자의 절대액을 합한 글로벌 불균형이 전년도에 비해 0.2%p 축소된 GDP 대비 2.9%로 집계되었다. 다행히 한국은 반도체 가격 하락 등으로 경상수지 흑자폭이 전년도 4.5%에서 2019년 3.6%로 축소되면서 중장기적 펀더멘털에서 벗어나지 않은 것으로 진단받았다[43]. 하지만 정작 모두가 궁금하게 생각했던 점은 코로나 이후 글로벌 대외균형의 모습이 어떻게 변화했고, 앞으로 어떤 식으로 전개될지에 관한 것이었다.

스태프는 아직 데이터 수집에 한계가 있다는 점을 인정했지만 2020년 상반기의 가장 큰 특징으로 교역량의 감소를 언급했다. 상반기 5개월간 전년대비 약 20% 감소했기 때문이다. 그리고 이 수치는 글로벌 금융위기시 첫 5개월보다 더 큰 폭의 감소란 점이 충격적이다[44]. 다만 상대적으로 빠르게 회복국면에 진입한 중국은 이 중 예외에 속한다. 교역량 감소는 상당부분 경제활동 축소와 수요 감소, 가치사슬 붕괴 등에 기인

---

43) 2019 ESR에서는 우리나라 대외부문이 '펀더멘털보다 조금 강한(moderately stronger than the level consistent with medium term fundamentals and desirable policies)' 편이어서 환율도 저평가되었다는 평가를 받았는데 2020 ESR 평가에서는 'broadly in line with'로 평가받은 것이다.

44) IMF는 6월 WEO에서 2020년 전 기간중 글로벌 교역량은 약 12% 감소하는 것으로 전망했다.

하는데, 여행 제한으로 인해 서비스 분야의 감소는 그 폭이 제조업 보다 훨씬 클 전망이다. 특히 글로벌 금융위기 이후 교역량 회복이 예상보다 부진했던 이유 중의 하나였던 보호무역주의 기조가 이번에도 재현될 경우 현재의 데이터가 제시하는 전망보다 실제 교역량 회복이 더딜 수 있다고 지적한 점은 주목할 만한 부분이다.

2020년 3월 글로벌 금융시장의 경색으로 신흥국을 중심으로 절대액 면에서 글로벌 금융위기시 보다 큰 폭의 자금유출이 있었지만 각국 중앙은행의 과감한 개입으로 5월경에는 상당수 신흥국들이 국제금융시장에 대한 접근성을 회복할 수 있었다. IMF 스태프의 분석에 따르면 글로벌 금융시장의 경색과 변동성 확대가 자금유출의 가장 큰 원인이었지만, 개별국가의 특성과 조건이 충격을 확대시키나 축소시키는 역할을 간과할 수 없다. 즉, 개별국의 수입 중에서 큰 비중을 차지하는 천연자원(예: 원유) 수출국 중 관련 원자재 가격의 하락이 20% 이상인 경우 누적 자금유출이 50%이상 더 컸고, 반대로 위기 전 경상수지 흑자폭이 크고 외환보유고가 풍부하며 미 연준과 스왑라인이 체결된 경우 자금유출의 규모가 작았다. 그 밖에 관광업 의존비율이 매우 높거나 코로나 바이러스 확산속도가 높은 국가도 그렇지 않은 국가들에 비해 보다 급속한 자금유출 상황에 직면했다는 것을 데이터로 확인할 수 있었다.

스태프는 코로나 이후 2020년 글로벌 경상수지 불균형이 계속 축소될 것으로 전망했다. 실제로 2020년 초기 4개월간 글로벌 무역수지의 합계가 0에 수렴했는데, 원유 수출국들의 경상수지 흑자가 감소하고 상당수 신흥국들의 무역수지 적자 폭도 감소한 것으로 나타났다. 사우디는 경상수지가 큰 폭(GDP의 10%)으로 감소해 연간 4.9% 적자를 기록할 것으로 전망되었지만 미국, 중국, 유로존의 경우 그 조정 폭이 크지 않은 것(GDP의 0.5% 이내)으로 추정되었다. 그 결과 2020년 글로벌 경상수지 불균형(흑자와 적자의 합계)은 전년대비 GDP의 1/3%p 정도 감소할 것으로 전망되었다. 이는 2009년 글로벌 금융위기시 감소 폭인 1.4%p에 비해서는 작은 편이다. 이미 코로나 발생 전부터 글로벌 불균형이 추세적으로 감소하고 있었고 적극적인 재정정책에 힘입어 당시보다 경상수지 적자국의 투자 감소폭이 그리 크지 않을 것으로 예상되기 때문이다. 하지만 전 세계적인 GDP 감소와 1인당 소득의 하락이 진행되고 있는 상황 속에서 약간의 글로벌 불균형 감소가 의미있는 진전으로 보기는 어렵다. 그보다 우려스러운 것은 그동안 세계경제의 효율성과 신흥국의 성장을 견인해 왔던 글로벌 가치사슬과 국가간 경제통합의 동력이 점차 약화되고 있다는 점이다. 이미 2008년부터 글로벌 가치사슬에 대한 각국의 참여비율은 조금씩 감소하고 있었는데[45], 코로나 사태이후 약간의 효율성을 포기하더라도 의약품을 비롯한 필수물품에 대한 자국생산의 비중을 높여야 한다는 목소리가 커지고 있기 때문이다. 5월 기준으로 120개국에서 순 무역규제가 시행되었고, 이중 20%가 약품과 의료장비 관련이다. 앞으로 신흥국에 대한 선진국의 직접투자(FDI)마저 감

---

[45] 국제결제은행(BIS)의 신현송 박사의 분석에 따르면 세계 무역량은 1980년대, 1990년대에는 세계 GDP의 2배 이상으로 성장했지만 이미 2011년부터 감소추세로 전환되었다고 한다. 특히 2008년 글로벌 금융위기 이후 은행 정상화 과정에서 무역에 대한 각국의 금융지원이 축소된 영향이 컸다는 것이다. 글로벌 가치사슬(GVC)은 지역간의 거리도 멀고 복잡한 거래단계로 인해 많은 위험을 수반하는데 금융지원이 축소되면 무역량도 자연스럽게 감소한다는 뜻이다. 이는 세계 무역량의 회복을 위해서는 WTO를 중심으로 한 통상분야의 국제적인 공조와 함께 각국의 적극적인 무역금융 지원 정책이 필요하다는 점을 시사하는 것이기도 하다(Shin, Hyun Song, "What is behind the recent slowdown?", Bank of International Settlement, Berlin 14 May 2019).

소하게 된다면 양자간의 경제력 격차도 더 벌어질 것이다.

IMF는 이번 ESR에서 관세/비관세 조치, 양자간 무역제한 조치가 무역수지 불균형 해소에 도움이 되지 않기 때문에 자제해야 한다는 메시지를 전파했다. 아울러 환율에 근거한 상계관세 조치계획의 부당성을 강조하고 이러한 조치가 실행되지 않아야 한다는 점을 강하게 지적했다. 관련 부분은 ESR 보고서에는 처음 반영된 내용으로 미 상무부의 환율관련 상계관세조치 도입 자체를 반대하고 있는 우리나라의 입장으로서는 매우 반가운 지적이다[46].

46) 필자도 2019년 무역이슈 관련 이사회 논의 과정 등에서 미국의 상계관세조치 계획의 부당성을 강하게 제기했는데, 이번 ESR 보고서에 우리의 노력이 반영된 점은 고무적이다.

IV. 주요국에 대한 IMF의 평가

21. 흔들리는 독일 경제

독일은 더 이상 우리나라의 경제모델이 될 수 없을까? 독일의 IMF 연례협의(Article Four) 결과를 논의하는 2019년 이사회 안건에는 우리의 고정관념과는 다소 배치되는 분석들을 많이 담고 있다. 1990년대 말 '유럽의 병자'라며 손가락질 받던 독일은 그 이후 하르츠 개혁 등을 거치면서 유로존과 세계경제의 성장동력으로 재부상하였고 여전히 그 존재감을 과시하고 있다. 독일경제 하면 '사회민주주의 경제', 마이스터 제도를 근간으로 하는 강력한 직업훈련제도, 지속가능하면서도 포용적인 복지정책, 자동차/기계/화학 등 첨단 제조업에서의 압도적인 기술력 우위 등을 떠 올릴 수 있다. 대학교육에도 무상교육을 실시하는 등 비스마르크 이래 가장 선도적인 인적자본 양성제도를 구축한 것을 가장 큰 자랑의 하나로 여기고 있다. 2018년부터 2019년 상반기 독일은 수차례의 분기 마이너스(-) 성장을 겪기도 했지만 여전히 건실한 재정과 강력한 수출 경쟁력에 힘입은 경상수지 흑자국으로 주변국들의 선망의 대상이다.

IMF 보고서는 그런 독일의 불평등(inequality)이 유럽의 중간 수준에도 미치지 못하고 지속적으로 나빠지고 있다고 지적했다. 특히, 수년간 누적된 경상수지 흑자가 가족중심 비상장기업의 기업저축으로 이어졌고, 소수의 기업가족이 부의 증가의 대부분을 독식하는 형태로 이어지고 있다는 점을 문제시한 것이다. 우리는 독일하면 '평등'이 '수월성'보다 우선시되는 국가로만 알고 있었는데, 그간 수출주도 중심의 독일성장의 이면에는 이런 부작용이 도사리고 있었나 보다. 특히, 낮은 실질이자율에도 불구하고 독일의 지속적인 투자부진을 성장 침체의 한 원인으로 지목한 것이 이채롭다. 이에 대해서는 두 가지의 해석이 가능하다. 첫째, 글로벌 불균형 축소를 주요 목표중의 하나로 여기는 IMF의 입장에서는 GDP의 7~8%에 육박하는 경상수지 흑자 규모는 과다하기 때문에 독일에게 소비나 투자의 확대를 권고하는 것은 당연하다. 둘째, 독일은 IMF의 분석상 현재도 Output갭이 (+), 즉 경제활동이 잠재GDP를 초과하고 있기 때문에 중장기적으로 잠재GDP를 확대시킬 필요가 있고, 이를 위해서는 교육과 사회간접자본에 대해 현재보다 더 적극적인 투자가 필요하다는 점을 지적하고 있는 것이다. 이는 중장기적인 처방이고 독일뿐만 아니라 현재 많은 선진국들에게도 타당한 내용이다.

독일 이사는 IMF의 지적에 대해 가족중심의 강소기업은 독일경제의 근간이라는 점을 강조하면서, 독일은 이미 대규모의 공공투자를 계획하고 있다는 점도 설명했다. 독일기업의 저축이 통계상 높게 잡히는 이유는 독일의 해외투자가 많기 때문으로 이는 부정적으로 볼 필요가 전혀 없다고 항변하였는데, 이는 가계가 미래를 위해 소비 대신 저축을 선택하는 것과는 성격이 다르다고 주장했다. 경상수지 흑자국들의 해외투자가 많은 것은 사실 새삼스러운 발견은 아니다. 일본도 마찬가지이다. 여유가 있을 때 해외투자를 확대해 두면 향후 수출이 감소해도 배당소득 수입 등으로 이를 보전할 수 있기 때문이다.

독일경제의 구조는 수출중심의 우리나라 경제와도 공통점이 있다. 그간 독일의 노동소득 분배가 상대적으로 부진했던 것도 그러한 공통 요인에 기인하는 것으로 추정해 볼 수 있다. 고임금은 수출의 가격 경쟁력을 저해하는 요인으로 작용하기 때문에 기업의 입장에서는 저렴한 임금노동력을 찾아 생산설비를 이동시키기 마련인데, 독일기업의 적극적인 해외투자가 독일 국내의 임금상승을 억제시키고 노동조합의 결속력을 약화시킨 요인으로 작용한 것이다. 다만 최근에는 경기활황 및 노동수요 확대로 고용증가와 함께 노동소득 분배도 다소 증가했고, 이는 향후 민간소비의 확대로 이어질 것이다. IMF는 독일에게 노동생산성 향상에 상응하는 임금의 인상을 권고하고 있는데, 임금상승이 소비와 생산에 긍정적인 영향을 미칠 수 있다는 점을 인정하고 있는 것이다.

IMF 보고서가 원전폐기와 함께 신재생에너지에 초점을 맞춘 독일 에너지 정책의 불확실성이 현재 주요 리스크 중의 하나라고 지적하고 있는데 반해, 독일 이사는 현재 독일의 에너지 정책은 아무 문제없이 순조롭게 이행되고 있으며 이는 기후변화에 대한 적절한 대응방향이라고 강변하였다.

독일은 재정건전성을 신성시하여 헌법과 법률 등에서 구조적 재정수지 적자가 GDP의 0.35%를 넘지 못하도록 하는 'Debt braker'제도를 도입하였고, 이는 각 주(Bund)와 기초단체(Municipality)에도 적용된다. 유로화를 도입하면서 마스트리히트 조약에서 유로존 국가의 국가채무가 GDP의 60%를 넘지 않도록 한 규정은 2010~12년 유럽 전역이 재정위기를 겪으면서 거의 사문화되었으나 독일은 여전히 60%에 근접한 재정건전성을 유지하고 있다. 주와 기초단체가 공공투자에서 차지하는 비중이 작지 않은데, 이 재정준칙을 지키기 위해 그간 공공투자에 다소 소홀했던 점도 사실이다. 독일이 유로화 도입이후에도 높은 수출을 유지할 수 있었던 것은 그동안 유로화의 환율이 독일 수출경쟁력에 불리하게 작용하지 않았다는 증거이다. 그에 반해 기본적인 경제체력이 약한 그리스, 포르투갈, 이태리 등 남부 유럽국가들은 환율을 통한 대외불균형 조정 기능을 상실하면서 경기를 부양하기 위해 더 많은 재정수지 적자를 감수해야 했다. 이제는 독일이 좀 더 선도적으로 저축보다는 투자에 앞장서야 할 시점이다. 유럽통합의 목표 중의 하나가 회원국 간의 경제격차 수렴(convergence)인데 현재와 같이 회원국 간 양극화가 심해지면 또 다른 형태의 브렉시트 요구가 없을 것이란 보장도 없다.

한편 독일은 COVID-19에 직면해서 대규모 경제위기시에는 채무제한 규정이 적용되지 않는 점을 십분 활용해 GDP의 30%[47]가 넘는 대대적인 재정대응에 나섰다. 그만큼 이번 위기상황을 심각하게 바라보고 있으며 오히려 위기를 극복하면서 향후 포스트 코로나 시대에 대비한 재도약의 기회로 삼으려 하고 있다. 이런 전략은 그동안 허리띠를 졸라맨 덕택에 가능했다고도 볼 수 있다.

---

47) COVID-19에 대한 독일의 재정대응을 i)직접 예산투입(above the line), ii)자산매입, 대출 등 준 예산투입(below the line), iii)대출보증 및 기타 우발채무 등으로 구분할 경우 그 규모는 각각 GDP 대비 4.4%, 6.2%, 23.4%에 육박한다. 그간 재정건전성의 중요성을 강조해온 독일로서는 매우 과감한 결단이라고 밖에 평가할 수 없다.

22. 유럽 복지국가들의 개혁

우리나라에서 흔한 '복지국가vs재정건전성 논쟁'에서 우리나라의 GDP나 재정규모에 비해 복지지출이 OECD 평균에 한참 미치지 못한다는 지적이 많다. OECD는 기본적으로 선진국 모임이고 많은 회원국이 유럽의 복지국가들이기 때문에 계산을 해보면 당연히 나올 수밖에 없는 결과인지도 모르겠다. 아무튼 IMF도 최근까지 국가채무가 GDP대비 40% 이하였던 우리나라의 재정은 매우 건전하기 때문에 글로벌 불균형 해소와 우리나라의 중장기적 사회안전망 확충 등을 위해 보다 적극적인 재정투자를 할 필요가 있다는 정책권고를 하고 있다.

반면에, 이미 GDP대비 국가채무가 100%를 초과하는 프랑스, 포르투갈 등 유럽의 많은 국가들의 재정여력은 제한적이기 때문에 IMF는 이들 국가들에게 복지지출의 확대 보다는 구조개혁 등의 정책권고에 초점을 맞추고 있다. 2019년 7월 22일 개최된 이사회에서는 프랑스에 대한 IMF의 연례협의(Article IV) 결과를 논의하였는데, 프랑스 정부에서 계획하고 있는 두 가지 복지제도의 개혁이 눈길을 끈다. 연금제도(Pension System)와 실업급여 개혁이 바로 그것이다.

우리나라의 현재 국민연금 제도는 낮은 소득대체율 때문에 사회안전망으로서의 기능이 제한적인데다가 급격한 고령화로 인한 지급부담 급증으로 그 지속가능성에 대해서도 우려가 제기되고 있다. 반면 프랑스 정부는 시장소득 기준으로는 유럽국가 중에서 소득불평등이 가장 심한 국가지만 정부의 적극적인 재분배 정책으로 결과적으로는 유럽에서 불평등도가 낮은 편에 속하는데, 그동안 넉넉한 연금제도도 정부의 재분배 정책에 기여하였다[48]. 그러나 넉넉한 복지제도가 사회불평등 해소에는 기여했지만 GDP의 100%가 넘는 국가채무의 취약성을 감안할 경우 현재의 연금제도는 지속가능하지 않고 고통분담을 수반한 개혁이 불가피한 점을 인정한 것이다. 이에 마크롱 정부는 2025년까지 현재 42개로 분할되어 있는 공공 및 민간연금을 단일 소득개념으로 통합시키고 연금 개시 연령도 순차적으로 상향시키는 개혁안을 추진하고 있다. 이 개혁안이 그대로 추진될 경우 상대적으로 유리했던 공공부문 종사자의 고통분담 몫이 커서 많은 반발이 예상되지만, 연금제도의 지속가능성을 높이기 위해서 어느 정도의 개혁은 불가피해 보인다[49].

우리나라의 현재 실업자 지원제도는 근로자와 사용자의 기여금을 재원으로 하는 실업보험을 근간으로 하고 있기 때문에 이에 가입하지 못한 비공식 노동자, 특수고용자, 기타 장기실업자에 대한 지원은 사각지대에 놓여있다. 정부도 이러한 문제점을 해결하기 위해 국가 재정으로 지원하는 실업부조 제도의 도입을 목표로 고용촉진장려금 등을 통해 이를 단계적으로 추진하고 있다. 반면 프랑스에서는 그동안 방만하게 운영되었던 실업보험과 실업부조 제도가 사회안전망으로서는 큰 역할을 해 왔

---

48) 프랑스의 빈곤율은 8%로서 독일의 10%, 이태리의 14% 보다 낮으며 지니계수(가처분소득 기준)도 0.3으로 유럽평균보다 불평등도가 낮다. 이는 적극적인 재분배정책의 시행으로 시장소득 불평등도를 44%이상 낮추었기 때문인데, 이 비율(재분배 기여율)은 OECD 평균인 36%보다 월등히 높다.

49) 이 개혁법안은 2020년 3월 3일 의회에 상정된 반대결의안이 부결됨으로써 사실상 의회를 통과하였다.

지만 장기 실업자 및 단기 계약노동자의 확산이라는 부작용을 유발하고 있다고 판단하고 이에 대한 개혁을 추진하고 있다. 구체적으로 살펴보면 고소득자에 대해 실업 6개월 이후 지급되는 지원금의 30% 감축, 최소 보험료 납부기간을 종전 28개월 중 4개월에서 24개월 중 6개월로 강화, 초단기 계약 비정규직을 과다하게 고용하는 업체에 대한 보험료 부담 강화 등이 그 주된 내용이다. 또한 새로운 실업지원 제도는 직업능력 훈련제도와의 의무적 연계를 강화하여 실업자들이 실질적으로 새로운 직장을 구할 수 있도록 적극적 고용서비스 기능의 강화도 도모하고 있다.

물론 행복한 고민을 하는 복지국가도 있다. 덴마크는 낮은 인플레이션 상황 속에서도 잠재GDP 보다는 높은 성장(아웃풋 갭+)을 장기간 지속해 오고 있다. 경기 활황이 지속되다 보니 노동시장에 원활한 인력 공급을 지원하기 위해 IMF는 기존 복지제도에 노동시장 참여 인센티브를 강화하라는 정책권고를 하고 있다. 즉 우리나라의 근로장려금(EITC)과 같이 근로 시 발생하는 인센티브가 기존의 실업지원금 수준보다 떨어지지 않도록 제도의 수정을 권고하는 것이다. 그런데 대표적 복지국가인 덴마크의 국가채무는 GDP 대비 35%로서 우리나라보다도 한참 낮다. OECD에서 최고로 재정이 건전한 국가이다. 높은 조세부담률이 기여한 측면도 있겠지만 재정을 효율적으로 쓰고 있다는 증거이기도 하다. 덴마크와 네덜란드는 유연안전망(flexicurity)를 통해 고용계약과 해고는 유연하게 허용하면서 실업자에 대한 충분한 보상과 효과적인 직업훈련을 통해 재취업을 촉진하는 것으로 유명하다. 특히, 중소기업 인력에 대해 장기간 역량개발 훈련비를 지원하고 그 사이 결원에 대한 대체인력

인건비까지 지급하는 'Job Rotation'은 잘 알려져 있다. 현장에서 훈련하면서 실력을 쌓아 취업 가능성을 높이려는 취지인데 중소기업 저숙련 노동자들의 취업 증진에 기여한 것으로 평가받고 있다. IMF도 각국이 처한 여건에 적합한 맞춤형 정책권고를 추구하는 것처럼 우리의 복지제도 개혁도 평균과의 비교보다는 우리의 정책여건과 환경에 부합하는 방향으로 고민하는 것이 바람직해 보인다.

23. IMF가 미국을 평가하다(?)

최근 IMF의 위상은 과거와는 많이 달라졌다. 회원국에 국제수지 유동성 문제가 발생하면 여전히 IMF가 진두지휘에 나서서 자금지원을 독려하고 프로그램 국가의 경제회복과 구조개혁을 지원한다는 점에서는 과거와 큰 차이가 없다. 하지만 신흥개도국들의 위상이 커지고 2008년 글로벌 금융위기와 함께 G20라는 글로벌 경제금융협력체제가 발족함에 따라 과거에 비해 IMF의 존재감이 떨어진 것도 부인하기 어려운 사실이다.

IMF는 미국이 원하는 방식에 따라 설립[50]되었고 미국의 수도인 워싱턴 DC에 주소를 두고 있다. 미 재무성과는 불과 5~10분 거리이다. 미국은 IMF에서 16.5%라는 최대 투표권을 보유하고 있는 동시에 유일하게 거부권을 행사할 수 있는 국가이다. 재무적으로 중요한 의사결정은 투표권 85% 이상의 찬성을 요구하도록 협정문을 만들었기 때문이다. 미국은 IMF를 마치 자국이 설립한 사설 연구소처럼 이용한다는 말이 있다. 미 재무성의 환율평가보고서가 IMF의 보고서(ESR)를 많이 인용하고 있는 것도 그러한 예 중의 하나이다. 미국의 입김이 세기 때문에 IMF가 각 회원국의 경제를 평가하는 스태프 리포트에도 미국의 시각이 반영될

---

50) 제2차 세계대전 이후 영국의 케인즈는 세계중앙은행을 창설하고 새로운 국제통화(방코르)를 발행하여 달러화를 견제하려고 하였으나, 결국에는 미국의 화이트가 주장한 대로 회원국의 출자를 기반으로 하는 연합국 안정기금 설립방안으로 결정되었다. IMF는 이 결정의 산출물이고 기본적으로 국제수지 불균형의 책임을 적자국에게 지움으로써 채권국인 미국의 입장을 대변하고 있다.

가능성이 있다. 이란처럼 미국의 적대국의 자금요청은 여러 가지 이유로 이사회 안건으로 상정되는 것 자체가 차단되기도 한다.

그러나 최근에는 미국의 영향력이 점차 약해져서 IMF의 진로나 정책결정 방향을 미국이 압도적으로 좌지우지하는 상황까지는 아닌 것이다. 최근 IMF는 G20의 사무국 역할도 종종 수행하는데, G20의 주요 의사결정은 G20 정상회의 또는 G20 재무장관회의에서 결정되기 때문에 미국의 영향력이 제한적이라는 점도 전혀 무관한 것 같지는 않다. 미국의 IMF에 대한 관심도 점차 감소하고 있다. 뜻대로 조종이 되지 않으니 미국 입장에서는 효용가치가 떨어지는 것이다. 특히 트럼프 행정부 이후 미국이 다자주의 원칙에서 점차 멀어지고 일방적 관세부과, 군사지원 감축 등 근육의 과시를 통해 이익을 얻는 양자협상 전략에 집중함에 따라 다주주의 원칙을 중시하는 IMF의 기본철학과 충돌하는 상황이 발생하고 있다. 이제는 IMF도 미국의 잘못된 행보에 대해 거침없는 비판의 목소리를 내고 있다.

2019년 6월 21일 미국 연례협의(Article IV) 결과에 대한 이사회 논의에서 미국경제에 대한 비판일색인 보고서에 대해 영국 이사 리아크(Ms. Riach)는 IMF가 미국에 대해서 다른 나라와 비교 시 지나치게 비판적인 것 같다는 동정론까지 폈을 정도였다. 현재 미국은 무소불위의 세계경제 최고 강자로서 그 힘을 자기 멋대로 과시하고 있다. WTO 체제를 무력화시키고 중국 등 대미 흑자국에 대해서는 상계관세를 부과하여 미국 상품을 수입하도록 종용하고, 조세삭감 등 팽창적 재정정책, 완화적인 통화정책 구현 시에도 이 정책들이 타국에 미치는 영향(spillover effect) 따위는 신경도 쓰지 않는다. 미국이 이렇게 자기 멋대로의 정책을 펼칠 수 있는 것은 국제금융시장에서 미국 달러화가 지니는 압도적인 위상에 기인한 측면이 크다. 미 중앙은행이 얼마든지 달러화를 발권할 수 있고, 달러화에 대한 수요는 국제금융 위기시마다 증폭되기 때문에 국가채무 증가나 통화가치 하락 등에 대해 별다른 걱정없이 마음껏 돈을 뿌릴 수 있는 것이다. 자기는 이렇게 하면서 다른 개도국에 대해서는 시장개방, 구조개혁, 변동환율제 도입 등 경제교과서에 나오는 표준화된 정책권고로 압박하는 것을 보고 있으면 얄밉기까지 하다.

이런 미국 경제도 자세히 들여다보면 내부적으로 보면 많이 곪아있다. 미국은 트럼프 대통령의 적극적 재정정책에 힘입어 2017~18년 잠재 GDP 보다 높은 성장을 시현했지만 기업들의 부채는 역사상 최고 수준이며, 상업대출의 연체비율(non-performing loans)도 점차 증가하고 있다. 대학생 학자금의 대출 잔액은 우리나라 GDP에 맞먹는 1.5조 달러에 이르고, 부를 물려받지 못한 대학생들은 취업 초년생부터 빚에 허덕이고 있다. 자유로운 계층이동의 상징이던 미국에서 계층 간 이동 사다리가 끊어진 지 오래이다. 2008년 금융위기 이후 한때 강화되었던 금융규제도 슬며시 점차 완화되고 있다. 역사상 가장 오래 지속되는 저금리 상황속에서 기업과 가계의 누적된 부채로 인해 경기호황에도 불구하고 잠재적인 금융취약성은 불거지고 있는 것이다.

특히, 미국경제의 양극화 확대는 큰 문제이다. 지난 3년간 미국인의 잠재수명은 계속 하락해 왔고, 갤럽 설문조사에 따르면 값비싼 의료비로 인해 미국인의 30%가 아파도 병원에 가지 않는다고 한다. 특히, 풍요의 상징인 미국에서 전체 인구의 13.9%인 45백만명이 빈곤선 아래 있다는 것은 놀라운 사실이다. 1940년대에는 약 90%의 젊은이들이 부모세대보다 소득이 증가했지만 그 가능성은 현재는 50%대로 떨어졌다. 지역간의 이동성도 현저히 낮아져서 2018년에 전체 인구의 10%만이 타 지역으로 이동했다. 그러다 보니 지역간 불평등이 심화되고 노동의 효율적인 재배치가 이루어지지 못하고 있다.

그나마 다행인 것은 최근 미 연준의 제롬 파월 의장이 금리정책 결정시 주변국에 대한 파급효과(spillover effect)를 중요한 고려사항 중의 하나라고 언급한 점이다. 과거 미 중앙은행은 미국 경제만을 중심으로 금리 수준을 결정해 왔는데, 미국경제의 영향력이 워낙 크다 보니 그 결정에 따라 세계 금융시장이 요동을 치고 실물경제도 큰 영향을 받았기 때문이다.

1년이 지난 2020년 7월말에도 미국에 대한 IMF의 연례협의 결과 논의가 있었다. 특히 코로나 바이러스와 lock-down이 남긴 상처로 인해 1년 전과는 여러 가지 면에서 차이가 있었다. IMF는 코로나 대응으로 인해 2020년에 미국의 국가채무가 GDP대비 32.7%p이상 급증(19년 108.7% → 20년 141.4%)할 것으로 전망했다. 그럼에도 불구하고 IMF는 미국에게 아직도 재정여력이 남아 있으니 경제회복을 위해 추가적인 재정지출을 권고하고 있다. 권고하는 규모도 상당한데 2023년까지 미국 GDP의 10.5%에 해당하는 지출을 권고하고 있는 것이다. 물론 아웃풋 갭이 당분간 마이너스이고 낮은 금리로 인해 경제성장과 함께 미래의 채무상환 부담이 줄어들 것이라는 낙관적인 전망이 배경에 깔려있지만,

글로벌 기축통화인 달러화의 특성상 세계경제가 현재의 침체를 벗어나기 위해서는 미국의 적극적인 역할에 기댈 수밖에 없다는 IMF의 절박한 호소라고 느껴지기도 한다. IMF는 코로나 이후 경제회복 시기가 미국의 불충분한 의료보험제도, 교육 기회의 불평등, 탄소 과다배출, 미흡한 인프라 투자 등 구조적 문제를 한꺼번에 해결할 수 있는 절호의 기회라고 강변하고 있다. 세계경제 회복을 위해 미국의 일방적인 무역제한 조치를 비판하고 규칙에 입각한(rule-based) 다자 시스템으로 복귀할 것을 촉구하고 있는 점도 작년 보고서와 차이가 없다.

24. 중국을 향한 IMF의 충고

IMF 협정문에 의하면 회원국은 IMF와 통상 1년에 한 번씩 연례협의(Article IV consultation)를 갖는다. 이 보고서를 작성하기 위해 해당국을 담당하는 미션팀은 통상 두 차례의 현지방문(staff visit, Article IV mission)을 통해 정부 및 민간의 여러 기관과 수차례 면담을 갖고 업데이트된 통계 등 각종 자료를 수집한 후 이사회에 상정할 보고서를 작성한다. 이 보고서는 'Staff Report for the (2019) Article IV Consultation'이라고 하는데, 그 외에 'Selected Issues' paper라는 것도 같이 제공되는 경우가 많다. 해당국이 직면하고 있는 중장기 구조적 문제를 분석한 자료로서 이 중 훌륭한 것들은 이사회 논의 이후 내용을 보완해서 IMF Working paper형태로 발간되기도 한다.

2019년 중국관련 이슈보고서에서는 1)중국 경상수지 감소의 원인, 영향 및 전망, 2)중국의 가계부채, 3)기업신용의 배분 개선, 4)미-중간 무역정책의 전이효과 등을 분석하였는데 이 주제들이 현재 중국이 시급하게 해결해야 할 당면과제라는 점을 암시하고 있다[51]. 7월 31일 이사회에서도 중국 보고서에 관한 열띤 논쟁이 있었다. 그런데, 중국 관련 과거 보고서도 그랬고 이번 보고서의 경우도 중국당국은 보고서의 대외공개를 거부했다. IMF 보고서나 이사회 이사들의 비판은 구속력이 없기

---

51) 보고서의 원제목: 1)The Drivers, Implications and Outlook For China's Shrinking Current Account Surplus, 2) Household Indebtedness in China, 3)Improving the Allocation of Corporate Credit in China, 4)The Spillover Effects of the U.S-China Policies

때문에 귓등으로 흘려들으면 그만이다. 물론 회원국은 보고서 일부 내용의 정치적 또는 시장 민감성 등을 이유로 보고서 공개 자체를 거부할 권한이 있지만 그렇게까지 보안에 신경쓰는 이유가 무엇인지 궁금하다. 중국이 현재 IMF로부터 자금지원을 받는 프로그램 국가도 아니기 때문에 IMF가 권고하는 개혁정책을 이행해야 할 의무도 없기 때문이다. 많은 이사들은 중국의 이러한 태도를 비판하고 있지만 역시 일당독재 사회주의 체제의 어쩔 수 없는 한계인가 보다. 사실 IMF의 보고서와 이사회 논의는 글로벌 공공재라고 해도 무방하다. 회원국 정부 관계자뿐만 아니라 학계, 시민단체, 국제사회가 관심을 가지고 있고 이를 바탕으로 보다 구체적인 정책방안을 연구하기 위한 훌륭한 기초소재가 될 수 있다. 그런데 공개되지 않고 서랍 속에서 뒹굴게 된다면 IMF팀이 그동안 들인 노력이 물거품이 되기 때문에 안타까울 뿐이다. 그럼에도 불구하고 이러한 과정이 전혀 무익하다고까지 폄훼할 필요는 없다고 생각한다.

그 효용성은 두 가지 측면에서 찾을 수 있다. 첫째, IMF의 가장 중요한 기능 중의 하나가 세계경제 감시(Surveilance)로서, 일 년에 두 차례 세계경제전망(World Economic Outlook)을 발표하는데, 개별국가에 대한 연례협의 결과는 전체적인 top-down식 전망을 보완하는 bottom-up 세부자료로서 중요한 역할을 한다. 두 번째는 앞서 미국 재무성이 IMF를 사설연구소인양 활용한다고 표현한 것처럼 중국에 대한 IMF의 평가는 다른 회원국이 중국경제를 이해하는데 있어서 매우 중요한 자료로서 그 가치가 있다. 중국처럼 무역, 투자 규모가 크고 세계경제에서 차지하는 비중이 큰 나라의 실상을 제대로 파악하지 못한다면 향후 중국과의 통상이나 경제협력 등 여러 이슈를 다루는 데 있어서 곤란을 겪을 수도 있다. 일반 대중에게 공개되지 않더라도 적어도 각 회원국은 이 자료를 입수해서 심도있게 분석할 수 있기 때문이다.

이번 보고서는 우선 중국의 변화를 칭찬하고 있다. 사실 중국은 과거 성장 일변도의 경제구조에서 탈피해서 고품질 경제로 전환하기 위해 많은 개혁을 추진해 왔고, 그 결과로 2008년 GDP의 10%에 육박했던 경상수지 흑자도 2018년에는 0.4%로 거의 균형수준에 근접하고 있다. 최근에는 수출 못지않게 내수 시장의 육성을 중시하면서 기업 및 금융기관의 과도한 부채를 신속히 정리한 점도 높은 평가를 받았다. 더불어 경제 내외부의 균형조정(re-balancing), 금융 및 자본시장 개방, 무역규제 완화 등 앞으로 개선해야 할 사항이 여전히 많다는 점도 강조되었다. 특히, 많은 이사들이 최근 미-중간 무역분쟁이 양자적으로 해결될 경우(managed trade deal) 중국이 미국 제품을 추가로 구매하는 만큼 기존 대중 수출국들은 큰 손실을 입을 수밖에 없기 때문에 글로벌 시각에서는 바람직하지 않다는 점을 지적하였다. 아울러 중국의 높은 비관세 장벽(NTB), 강제 기술이전, 공기업(SOEs)을 통한 부당 보조금 지급, 지적재산권 침해 등 왜곡된 경제관행 및 제도를 개선하고, 무역분쟁은 다자적인 규칙에 입각해서 해결하는 것이 바람직하다는 점을 강조하였다[52].

또한 구조적인 측면에서 제조업에 비해 생산성이 낮은 서비스업에 대한 대외개방 확대 및 규제완화, 공기업에 대한 암묵적인 정부보증

52) 이 보고서는 미중간 managed deal로 인한 대중 수출감소액은 EU 610억불, 일본 540억불, 한국 460억불, ASEAN 450억불로 한국은 GDP의 2.1%, 싱가포로는 GDP의 3.8%에 해당하는 피해를 입을 것으로 추정하였다.

해소, GDP의 300%에 이르는 비금융 부문 부채(특히, 기업) 등을 조속히 해결해야 할 과제로 주목했다. 이사들은 비효율적인 투자 일변도의 경제 구조보다는 건전한 민간소비 위주의 경제구조로 전환해야 할 필요성을 언급하면서 현재의 높은 가계부채 감안시 정부가 교육, 실업급여 등 사회안전망 강화를 통해 민간의 소비여력을 확보해 주어야 한다고 지적했다. 이는 현재 우리나라의 '소득주도성장' 정책이 지향하는 방향과 크게 다르지 않은 내용이다. 하지만 IMF가 경상수지 흑자국에게 항상 저축보다는 소비와 투자를 많이 하라고 권고하는 것이 반드시 선의에 의한 것인지는 곰곰이 생각해 볼 문제이다. IMF입장에서는 글로벌 불균형 해소가 개별국가의 중장기 재정건전성 유지보다 더 중요한 목표이기 때문이다.

중국의 대외투자 전략인 'BRI(Belt & Road Initiative)'에 대한 우려도 많이 제기되었는데, 투자내용을 보다 투명하게 공개하고 수혜국 지원에 앞서 국제기준에 맞는 채무지속가능성 분석(DSA)이 선행되어야 한다는 점이 강조되었다. 트럼프의 미국 중심주의에 대항하면서 발전된 최근 중-러의 밀월관계를 반영하듯 러시아 이사가 과거 종이, 화약 등 많은 중국의 발명품들을 서양에서 무단으로 약탈해서 사용해온 점을 감안할 때 지적재산권 문제는 좀 더 큰 역사적 틀 안에서 봐야 한다고 중국에 대한 지지발언을 한 점은 흥미로웠다. 친중국 이란 이사도 중국이 그간 이룩한 성과를 감안할 때 보고서의 내용이 지나치게 비판적이란 점을 지적하고 IMF의 대중국 평가가 보다 균형적이어야 한다고 주장했다. 최근 중국 자금에 많이 의존하고 있는 아프리카 이사들의 발언도 비판보다는 중국의 지속적인 개혁을 응원한다는 부분에 방점이 찍혔다. IMF 내부에서도 눈에 띄게 커가는 중국의 영향력을 실감할 수 있는 장면이었다.

25. 그리스와 IMF의 악연(?)

2019년 11월 13일 열린 IMF와 그리스의 연례협의 결과보고서를 보면서 좀 의아한 생각이 들었다. 그리스가 IMF 쿼터의 52배에 해당하는 구제금융 프로그램(총 703억불)을 두 차례나 중단하면서 IMF 스태프들을 힘들게 한 것은 사실이지만 보고서는 한마디로 '그리스, 네놈들은 한마디로 구제불능이야'라는 느낌이 들 정도로 개혁의 부진을 비판한 내용 일색이다. 그리스 정부 입장에서는 얼굴이 화끈거릴만한 내용이다. 이 보고서는 외부에도 공개되는 내용이라 더욱 그렇다.

그리스가 IMF에 자금지원을 요청했던 2010년 당시 그리스 구제금융 협상을 이끌었던 IMF 스태프가 구제금융 과정에서 맺은 악연은 그가 승진과 전보를 거쳐 유럽국 국장[53]을 지내기까지 계속 누적되어 왔다. 쿼터 대비 대규모의 대출금을 고생하면서 어렵게 확보해 줬는데, 정작 그리스는 합의한 구조개혁 조건을 이 핑계, 저 핑계 대면서 회피하였고, 그 과정에서 두 번이나 프로그램이 중단됐다. 스태프들의 마음고생이 심했을 것은 짐작이 가고도 남는다. 그가 IMF를 떠나기 전에 그동안 자신이 요구해 왔던 구조개혁을 정당화하기 위해 다소 엄격하게 평가를 했다는 풍문도 있다. 이에 대해 그리스의 프살리도풀로스 대리이사는 그리스 정부의 입장을 밝히는 버프(buff)[54]에서 IMF 스태프의 평가를

53) 최근까지 IMF 유럽국(European Department) 국장을 지낸 Poul Thomsen은 덴마크인으로 2020년 7월말 유럽국장직을 마지막으로 IMF에서 퇴직했다.

54) IMF 이사회에서 안건별로 각 이사실이 발표하는 입장문을 gray라고 하는데 반해, 연례협의나 대출승인 등 개별 회원국 관련 안건에서 해당 이사가 자신의 입장을 개진하는

조목조목 반박했다. 필자와 별도로 가진 티타임에서 그는 IMF가 회원국이 신뢰할 수 있는 조언자('trusted advisor')이길 기대해 왔지만 그리스 정부의 입장과 지나치게 거리가 있는 개혁방안들을 강권해 온 점에 대해서 아쉬움을 털어놨다. 개인적으로 서로 사적인 유감은 없다고 했지만 그간 양측 사이의 감정의 골이 깊어지지 않았나 하는 느낌도 들었다.

그리스가 IMF의 구제금융을 받게 된 것은 2010년 당시 독일수상 메르켈과 오바마 미 행정부의 합작품이다. 사르코지 프랑스 대통령, ECB 및 상당수의 유럽국가들은 유럽의 문제를 IMF의 손을 빌려 해결하는 것은 유로화 도입과 ECB 시스템의 실패를 자인하는 셈이라고 기겁을 했지만[55], 유럽 재정지원의 칼자루를 쥐고 있는 독일의 버티기로 어쩔 수가 없었다. 독일은 더 나아가 그리스 정부채권에 투자한 각국 은행들이 채권원리금 삭감(haircut) 등의 고통분담을 해야 한다고 까지 주장했으나 2008년부터 리먼 사태로 인해 금융시장의 풍파를 겪은 오바마 행정부의 반대로 채무재조정 안은 부결되었다. 그 대신 그리스의 공공부문 개혁을 이행조건으로 하는 IMF의 개입을 전제로 유럽집행위원회, ECB, 그리고 IMF의 3자 협의체에 의한 그리스 경제의 정상화 프로그램이 결정된 것이다. 당시 IMF의 내부지침에 의하면 차입국의 부채가 중장기적으로 지속가능(sustainable)할 경우에만 채무재조정 없는 대출이 가능하

문서를 buff라고 한다.

55) 독일인 중에도 유럽연합의 연방주의적 통합을 지지하는 당시 쇼이블러 독일 재무장관은 유럽에 IMF와 유사한 EMF(European Monetary Fund)를 설립해 유럽 국가들이 자체적으로 문제를 해결하자는 안까지 제안했으나 유럽연합의 리스본 조약 체결(2007년 12월) 과정에서 유럽국가간 상호 채무보증 등 연방주의적 조항의 도입을 강력하게 반대했던 메르켈은 이를 받아들이지 않았다.

였는데 그리스에 대한 자금지원이 이 조건을 만족시키지 못한 상태에서 정치적으로 이루어진 결정이라는 내부 비판도 많았다[56].

이번 보고서에서 이견을 보인 부분은 위기 이후 산적한 금융권 부채 등 과거의 유산을 어떤 방식으로 고통분담하면서 신속히 해결하고 구조개혁을 밀어붙여 어떻게 하면 침체된 그리스의 성장동력을 제고할 수 있는가 하는 부분이었다. 급선무는 공무원을 비롯한 공공부문의 임금수준을 조정하고 공공투자를 확대해서 중장기 성장잠재력을 확보하는 것이다. 가뜩이나 조세회피가 높은 사회인데 비과세 구간이 타 유럽국가들보다 월등히 높아 재정의 흑자 기조를 유지하기가 쉽지 않다. 재정흑자가 지속되지 않으면 부채도 줄지 않고 재정의 구축효과로 인해 민간부문의 투자확대를 기대하기도 어렵게 된다. 다행인 것은 글로벌 저금리 상태가 지속되면서 과거보다 저렴한 금리로 국제금융시장에서 손쉽게 자금을 빌릴 수 있게 된 것이다. 그리스는 이를 이용해서 IMF에 남은 채무 90억불을 조기 상환하여 IMF가 요구하는 구조개혁안을 거부하기로 결정했다. 2020년 1월 7일 그리스의 키리아코스 마초타키스 총리는 워싱턴 DC의 IMF 본부를 직접 방문하였다. 그는 크리스탈리나 게오르기에바 IMF 총재를 직접 만나 채무를 조기상환하고 아테네에 있는 IMF 사무소를 폐쇄할 예정이라고 밝혔다. 2010년 IMF로부터 구제금융 지원을 받은 지 10년만의 일이다[57].

---

56) IMF 이사회 논의과정에서 브라질 이사는 그리스 구제금융 패키지는 그리스나 그리스 국민보다는 그리스 채권에 방만하게 투자한 유럽과 미국의 금융기관들은 구제하기 위한 것이라고 매우 직설적인 비판을 가하기도 하였다.

57) 유럽안정시스템(European Stability Mechanism)은 그리스의 대 IMF 채무 조기상환의 조건으로 상환금 확보를 위한 신규발행 채권(bond)의 금리가 IMF의 변동금리(당시 기준 약

그리스는 지금 승리의 기쁨을 만끽하고 있을지도 모르겠다. 하지만 과연 위기를 제대로 극복한 것이 맞는지 의문이다. 저금리 기조가 앞으로도 상당기간 지속되겠지만 이는 그리스에게 약보다는 독으로 작용할 가능성도 있다. 그리스가 유로화를 쓰게 되면서 위기시 ECB와 유럽의 선진국으로부터 다양한 지원할 받고 외화유동성 부족 문제를 고민할 필요가 없어졌지만, 전반적으로 낮은 산업경쟁력 문제를 해결할 수 있는 환율이란 조정 메커니즘을 박탈당한 점은 뼈아픈 부분이다. 현재 ECB가 결정하는 유로존 환율의 수준은 그리스가 감당하기에는 지나치게 고평가 되어 있다. IMF도 "대외부문평가(External Sector Assesment)'에서 그리스의 실질실효환율이 경제 펀더멘탈에 비해 2018년 기준 약 10% 정도 고평가되었다고 평가하였다. 대외 조정수단이 없는 상태에서 그리스의 경쟁력 문제를 해소할 수 있는 유일한 방안은 노동시장 개혁에 달려있다고 해도 과언이 아니다.

IMF도 그리스가 2010년 당시 대규모 경상수지 위기를 초래한 원인으로 생산성보다 훨씬 높은 고임금과 해고를 어렵게 하는 경직적인 노동시장 및 상품시장의 구조를 손꼽았다. 일례로 2001~2009년 사이 그리스의 단위당 명목 노동임금은 약 50% 상승했는데 이는 유로존 평균인 20% 보다 2배 이상 높다. 이를 해결하기 위해 구제금융 지원 이후 2012~2019년 사이 그리스는 최저임금을 약 22% 삭감하고 그 이후 임금을 동결해 왔는데 경직된 상품시장 구조로 인해 가격은 임금하락에

1.8%)보다 낮을 것을 요구한 바 있다.

걸맞게 떨어지지 않았다. 그만큼 경쟁력을 회복하는 것이 더디었고 국민들의 개혁성과 체감도가 떨어졌다. 그 결과는 높은 실업률로 이어졌는데 그리스의 장기실업률 60%, 청년실업률 40%는 유로존에서는 가장 높은 수준임은 물론이다. 산업간 인적 이동이 원활하기 위해서는 직업훈련에 대한 재정투자를 높이고 신산업 진출을 위한 규제장벽을 낮추어야 하는데 그리스는 기득권을 보호하면서 규제완화를 등한시했다. 이에 따른 구조적 실업률도 13%로서 선진국 평균 7.5%의 2배이다.

그리스는 구제금융 이후 그동안 방만히 운영해 왔던 재정지출의 효율성을 높이기 위해 노력해 왔으나 2018년부터 집권한 현 그리스 정부는 자영업, 농민, 청년 등의 연금 기여금을 다시 축소하고 공기업 및 민간의 임금 억제를 포기하는 등 다시 이전의 포퓰리즘 정책으로 회귀하고 있다. 국민들이 당장은 이를 반길지 모르겠지만 그리스가 오스만 투르크 제국으로부터 독립한 이후 지난 200년의 거의 절반을 경제위기와 함께한 나라라는 점을 감안한다면, 과연 지도자의 길은 무엇일까 하고 반문하게 된다.

26. 일본은 미래 골칫거리의 보고

일본은 우리나라와 '가깝고도 먼 나라'이다. 가까운 거리에 비해 정치적 친밀도는 멀어지고 있지만 경제사회 구조가 유사해서 일본의 현재는 한국의 미래를 가늠해 볼 수 있는 시금석과도 같은 나라이다. 가장 먼저 인구고령화가 떠오른다. 일본의 2018년 합계출산율은 약 1.4로 한국(1.0 수준)보다는 양호하지만 향후 40년간 인구수가 약 25% 감소될 전망이다. 생산가능인구(15-64세)가 노인들을 부양하는 '노인부양비율(dependency ratio)'도 같은 기간 동안 43.9에서 74.7로 급증한다.

최근에 물러난 일본 수상 아베는 우리나라와 많은 악연을 맺었지만 지난 7년간 아베노믹스에 대한 IMF의 평가는 그리 나쁘지 않다. 실업률은 감소하고 재정건전성도 그다지 악화되지 않았다. 특히, 일본 중앙은행이 주식시장에서 ETF를 매입하고 Yield Curve 통제[58]를 할 정도로 다양한 '비전통적(unconventional)' 통화정책을 통해 경기를 받쳐준 것이 큰 효과를 본 것이다. 그렇다고 앞으로의 전망이 밝기만 한 것은 아니다. 통화정책은 앞으로도 상당부분 완화적 기조를 이어가야 한다는 평가이지만 Yield Curve 통제를 통해 10년 만기 국채금리를 0% 대로 타겟팅하고 있기 때문에 금융기관, 특히 지방 중소은행의 수익률 악화가 우려되고 있다.

---

58) 전통적인 통화정책은 단기 정책금리를 조절하여 이를 통하여 장기 금리에도 간접적으로 영향이 미칠 것을 기대하는데 비해, 양적완화(QE)나 Yield Curve 통제 등 비전통적 방식은 경기침체 시 중앙은행이 정부의 장기채권 매입 등을 통해 장기금리가 상승하지 않도록 직접 개입하는 점에서 큰 차이가 있다.

2018년 기준 일본의 GDP 대비 공공채무의 비율은 238%(순채무는 154%)로서 선후진국을 불문하고 전 세계에서 최고수준이다. 아베 정부는 두 차례의 소비세 인상(2014년 5 → 8%, 2019년 8 → 10%)를 통해 조세수입 확대를 실현했지만 고령화 추세를 따라잡을 수 있을지 미지수이다. 앞으로 추가적인 세입확대 없이 늘어나는 연금, 건강보험 등 각종 복지정책의 수요를 어떻게 감당할 수 있을지가 고민거리이다. 일본국채 투자자의 90%가 일본 국민(기업 포함)이기 때문에 재원의 조달이 다소 용이하다고 볼 수도 있지만 일본정부의 경제정책에 대한 신뢰가 사라지는 순간 일본 국채에 대한 수요도 한순간에 사라질 수 있다. 금리 자체로는 수익 면에서 큰 매력이 없기 때문이다.

미래에도 지속가능한 경제를 운영하기 위해서는 현재 0.5%로 추정되는 잠재 경제성장률을 끌어 올리고 총요소생산성(TFP)을 높여야 한다. 일본 정부는 부족한 생산인구를 대체하기 위해 '로봇'도입 등 자동화에 심혈을 기울이고 있는데 IMF의 분석에 의하면 자동화를 통해 생산성이 향상되면 연령간의 소득불평등 문제가 다소 개선되는 효과가 있다. 물론 기술 및 교육에 대한 효과적 투자를 통해 혁신을 촉진해야 함은 물론이다. 일본 정부는 노동시장, 기업재배구조, 경쟁정책 등 일본경제 내의 구조개혁 필요성도 인지하고 있다. 노동시장의 임금격차를 해소하고 경제 활력을 제고하기 위해 '동일노동 동일임금'을 법제화하였으나 기준이 모호하고 위반 시 피고용인이 문제를 제기해야 검토절차가 시작되기 때문에 실효성은 의문이다. 부족한 노동공급 문제를 해소하기 위해 전문직 외국인 노동자에 대한 거주제한을 완화하고 있으나 일본어와 기술검증 시험을 통과해야 하는 등 여전히 절차가 까다롭다[59]. 기업간 상호

출자가 축소되었지만 일본중앙은행이 ETF에 직접 투자하면서 투자자들의 적극적인 기업지배구조 감시를 어렵게 할 우려도 제기된다. 상대적으로 낮은 외국인 직접투자(FDI)의 비중[60]을 제고하기 위해서는 비관세장벽 등 외국인 투자기업에게 불리한 각종 관행과 문화도 개선되어야 한다.

일본은 우리나라의 미래를 비춰주는 거울이다. 우리나라의 빠른 고령화, 저출산으로 인해 현재 20년 격차에도 불구하고 그 시련은 10년 이내에 닥칠 수도 있다. IMF 일본 보고서는 우리나라에게 어떤 시사점을 던지고 있을까? 우선 인구감소 및 고령화는 보다 선제적인 이민정책의 재검토를 촉구한다. 1.0대 또는 그 이하의 합계출산율은 한민족한테는 생존의 위협이다. 호주가 그랬던 것처럼 우리도 이민정책을 공식적으로 선언하되 어떠한 기준에 따라 어떤 사람들을 받아들일지 사회적 합의를 이끌어 내면서, 다민족 사회로의 변화에 대비해야 한다. 둘째, 중장기적인 재정관리의 틀을 새로 짜야 한다. 우리나라도 내국인의 국채투자가 높은 편(약 86%)이지만 아직까지는 개인투자가 활성화되지 않아서 안정적인 국채 수요기반이 유지될 수 있을지 장담할 수 없다. 전적으로 국채발행을 통해 복지수요를 감당하기 보다는 부가가치세 인상 등 세율인상과 세입기반 확대로 안정적인 세입여건을 확보해 나가는 것이 긴요하다. 통화정책에 있어서는 인플레이션 심리가 지나치게 낮아지지 않도록

---

59) 아베정부 기간(2012-2017년)중 외국인 노동자 비율은 1.1%에서 2.0%로 증가했는데 베트남, 중국, 필리핀인이 주류를 차지한다. IMF는 향후 이 비율이 1p% 증가할 경우 10년 후 실질 GDP가 1% 증가할 것으로 전망했다.

60) 일본의 2019년 GDP 대비 FDI 비중은 2.8%, FDI regulatory restrictiveness index도 G20 평균 수준으로 OECD 평균 보다 높다. 외국인 직접투자에 대한 규제가 많다는 의미이다.

선제적인 노력을 해야 한다. 일본의 경우 마이너스 금리정책을 포함한 비전통적 통화정책의 수단이 아직까지는 작동하고 있지만 지속가능할지는 아무도 장담할 수 없다. 일본 중앙은행의 전철을 그대로 따라가기보다는 제3의 길이 없는지 고민해야 한다.

V. 세계경제의 중장기 과제와 IMF의 관점

27. 잡아당기기 이론(Plucking Theory)과 COVID-19

노벨 경제학 수상자인 밀턴 프리드만은 '자연 성장률(natural rate)'을 중심으로 대칭성을 보이는 경기순환 이론을 부정하면서 실제 경기변동은 자본과 노동의 완전고용을 상한(ceiling)으로 하여 기타를 튕기듯 한 쪽 방향으로만 잡아당기는(Plucking) 효과에 의해 비대칭성을 보인다고 주장했다. 전자에 의하면 경기침체(bust)의 폭은 경기호황(boom)의 크기와 직접적인 비례관계에 놓인다. 반면에 후자가 맞는다면 경기호황의 크기는 당긴 만큼 경기침체의 크기에 따라 결정되지만 그 반대는 성립하지 않게 된다. 즉 대공황과 같이 경기침체가 심할수록 경기회복의 폭과 속도가 크고 빠르게 나타나지만 경기호황이 있었다고 해서 반드시 그 크기에 상응하는 만큼의 경제침체로 이어지지는 않는다는 것이다. 현재 상황이 잡아당기기 이론과 부합한다면 2008년 글로벌 금융위기 이후 10년 넘게 지속되어 온 최장기간의 경기호황[61]이 그다지 이해하기 어려운 문제가 아니라는 점을 시사한다. 1990년 미 저축대부조합 및 북유럽 3국의 위기 - 1997년 동아시아 금융위기 - 2008년 글로벌 금융위기 등 '10년 주기 세계경제 위기설'은 설 자리가 없어지고, 전세계 정책당국자가 서로 협력해서 잘 관리해 나간다면 앞으로도 경제침체(recession)가 없는 기간이 장기간 이어질 수 있다는 주장이었다. 물론 2020년 연초부터 전 세계를 강타한 팬데믹과 역대급 경제침체가 발생하

61) 미국 비영리연구기관인 '미국경제연구소(NBER)에 따르면 2019년 10월 현재 미국의 경기호황은 125개월째로 역대 최장기간의 호황기였던 1990년대의 장기호황 국면(120개월)의 기록을 넘어섰다.

기 불과 수개월 전의 논의였다는 점을 감안할 필요가 있다. 그 사이 세상이 완전히 변해 버렸기 때문이다.

2019년 10월 IMF의 세계경제전망보고서(World Economic Outlook)에서는 Box 1.4에서 위의 잡아당기기 이론을 인용하고 있다. 전통적인 경기이론에 따라 경기상승과 하락을 평균해서 그 중간지점을 잠재GDP로 계산할 경우 현재 상당수 선진국이 잠재GDP보다 많은 생산을 하는 경기과열 상태이기 때문에 인플레이션이 발생해야 하는데 현재 대부분의 나라는 오히려 저물가 현상으로 곤란을 겪고 있다는 것이다. 특히, 임금의 하방경직성으로 인해 경기침체의 폭은 잠재GDP 대비 큰 폭으로 하락할 수 있기 때문에 경기순환 수치를 평균해서 잠재GDP를 계산할 경우 상대적으로 낮은 잠재 GDP가 계산되는데, 이를 토대로 경기가 제대로 회복하기도 전에 성급하게 경기과열을 진단(아웃풋 갭 +)하는 오류를 범할 수 있다는 점을 경계하는 뜻이 숨어있기도 하다.

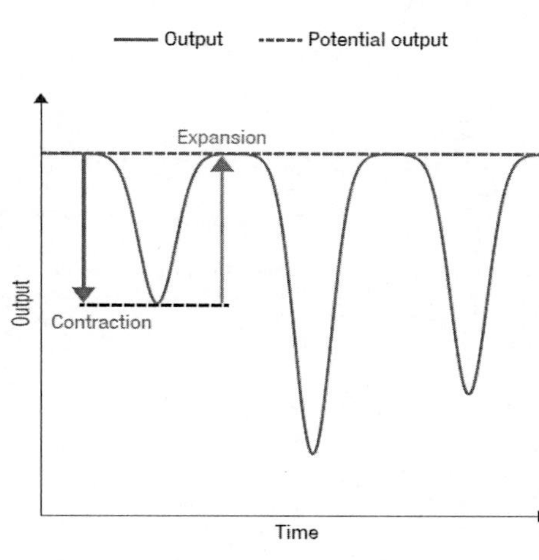

IMF의 실증분석 결과는 명쾌하지 않다. 선진국의 경우 일반적으로 경기하락시의 실업률 증가와 경기상승기의 실업률 하락간의 상계관계가 확인된 반면 미국은 상관계수가 0.52로 낮게 나왔다. 이는 산업구조 변화에 따른 구조적 실업률을 반영한 결과이다. 경기상승 이후 경기가 하락한 경우에는 아예 상관관계가 존재하지 않는 것으로 나와 경기가 대칭적으로 움직이지 않는다는 것을 보여줬다. IMF는 잡아당기기 이론에 의할 경우 선진국의 구조적 재정흑자가 실제보다 높을 가능성이 있고, 따라서 재정긴축의 필요성이 감소한다고 해석했다. 더 높은 실질 GDP 달성을 위해 적극적인 재정정책을 구사해도 문제가 없다는 진단이기도 하다. 통화정책 면에서도 이론상 우하향해야 하는 필립스 곡선이 평평해지면서 아웃풋 갭이 마이너스로 나타나기 때문에 물가압력이 분명하게 현실화되기 전까지는 완화적 통화기조를 이어가야 한다는 해석으로 연결된다. 현재 미국, 유럽을 비롯한 대부분의 통화당국이 마이너스 금리 등 비전통적 통화정책 수단을 동원하고 있는 상황의 이론적 근거가 될 수도 있다.

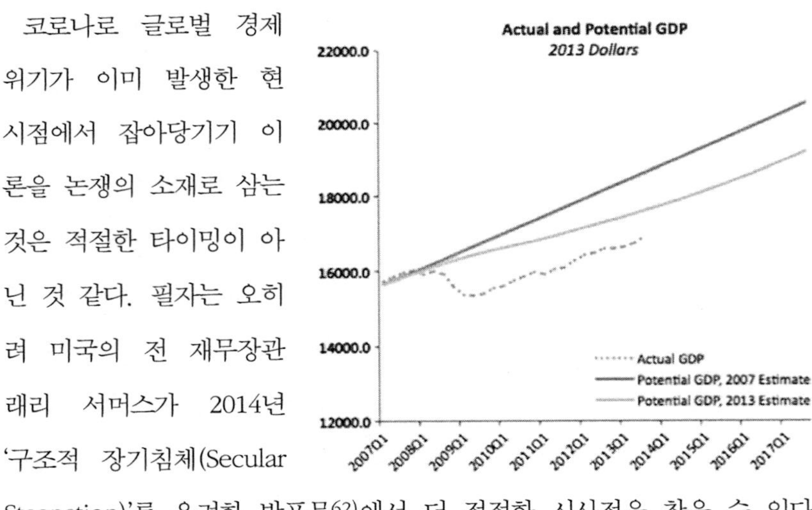

코로나로 글로벌 경제 위기가 이미 발생한 현 시점에서 잡아당기기 이론을 논쟁의 소재로 삼는 것은 적절한 타이밍이 아닌 것 같다. 필자는 오히려 미국의 전 재무장관 래리 서머스가 2014년 '구조적 장기침체(Secular Stagnation)'를 우려한 발표문[62]에서 더 적절한 시사점을 찾을 수 있다

62) Larry Summers(2014), US Economic Prospects: Secular Stagnation, Hysteresis, and the Zero Lower Bound, Keynote Address at the NABE Policy Conference, February 24, 2014.

고 본다. 위 그림에서 볼 수 있듯이 서머스는 2008년 글로벌 금융위기로 인해 미국의 잠재성장률이 5% 하락한 점에 주목하고 명목금리가 제로(Effective Lower Bound)에 근접한 상황 속에서 공공투자 등을 통한 적극적 수요진작 정책이 없을 경우 미국은 구조적 장기침체(Secular Stagnation)로 진입할 위험성이 높다고 진단했기 때문이다. 위 그림은 IMF의 2020년 4월 세계경제전망 보고서(WEO) 속의 왼쪽 그림과 매우 유사하다. 선진국이나 신흥국 모두 실질 GDP가 코로나 이전 수준으로 회복되기 까지 상당한 시간이 소요될 것이라는 점을 여실히 보여주고 있다. 당시 지속적인 수요 하락을 걱정했던 요인들은 대부분 지금도 유효하다. 우선 애플이나 구글, 페이스북 등 기업가치가 높은 최근의 기업들은 전통적 굴뚝 산업에 비해 이익창출에 필요한 투자규모가 절대적으로 작다. 차기 구글을 꿈꾸는 많은 신생 벤처기업들도 마찬가지이다. 선진국들의 인가증가율 감소와 고령화도 노동공급의 감소와 저축성향의 증가 등 유효수요를 감소시키는 주된 요인 중의 하나이다. 소득불평등 증가도 유효수요 감소에 기여한다. 소비성향이 낮은 부유층에 소득과 부가 집중될 경우 저소득층은 지갑을 열 여유가 없다는 뜻이다. IMF의 분석에 의하면 COVID-19이후 선진국 중앙은행의 완화적 통화정책에도 불구하고

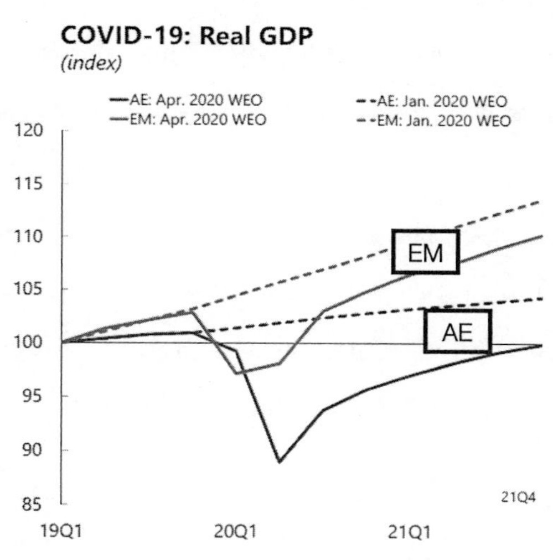

향후 10년간 기대 인플레이션은 계속 하향 추세일 것으로 전망되는데 이것도 중립금리를 낮추는 요인이다.

그러나 무조건적인 확장 재정 및 통화정책에 비용이나 위험이 수반되지 않는 것은 아니다. 제로에 가까운 명목금리로 인해 금융기관들은 위험하지만 수익성이 높은 투자 기회를 찾아다닐 수밖에 없다. 대출을 연장하기 쉬운 초저금리 환경 속에서 기업구조조정은 어려워지고 좀비기업이 양산될 수 있다. 서머스도 역사상의 경험을 통해 금융시장의 버블을 수반하지 않으면서 오래 지속된 경제호황기를 찾기 어렵다고 실토하고 있다. IMF는 이미 코로나 이전에도 글로벌 금융취약성이 역대급으로 높아졌다고 진단한 바 있다. 따라서 위험을 잘 관리하면서도 떨어진 GDP를 단기간 내에 회복할 수 있는 효과적인 전략을 고민해야 할 것이다. IMF 2020년 Fiscal Monitor 가을호는 서머스의 정신을 이어받아 향후 경기회복 시기에 재정승수가 높은 공공투자의 중요성을 강조하고 나섰다.

28. 저금리 시대의 정책 옵션: rule-based fiscal stimulus

2008년 발생한 글로벌 금융위기(GFC)는 전 세계적으로 저금리 현상을 확산시켰다. 급격한 거시경제 충격에 대응하기 위해 2012년 덴마크 중앙은행을 시작으로 시중은행들의 중앙은행 예치금에 마이너스 금리를 부과하는 소위 '비전통적 통화정책(unconventional monetary policy)'이 등장하였고, 기대 인플레이션이 낮고 이미 정책금리가 제로에 근접한(effective lower bound) 유럽중앙은행, 일본중앙은행 등이 이를 수용하기 시작하였다.

위기는 극복되었고 따라서 이 정책에 대한 평가도 전반적으로 긍정적이지만 대가(trade-off)가 전혀 없지는 않았다. 선진국들의 지난 10년간의 GDP 대비 공공부채의 증가는 그 이전 60년 기간의 증가보다 많았고, 저금리는 은행의 수익성을 악화시키고 고위험 고금리 채권(high yield bond) 및 기타 위험자산의 매입을 부추겼다. 신용도가 낮은 기업들의 회사채 발행 잔액도 증가하는 등 전체적인 금융 시스템의 취약성(vulnerability)이 높아진 것이다. 한편 당분간 중앙은행의 완화적 통화정책 필요성에도 불구하고 트럼프 미 대통령이 미 연준의 파월 의장에게 해고를 경고하는 등 경기 부양을 위해 중앙은행의 지속된 개입을 요구하는 것이 중앙은행의 독립성을 훼손한다는 비판도 있다. 과거에는 선진국들이 개도국 중앙은행들이 정부채 매입 등을 통해 정부의 재정을 직접 지원(fiscal monetization)하는 것을 비판해 왔는데, 이제 선진국 중앙은행들이 회사채나 ETF까지 매입하고 있는 상황이므로[63] 동일한 잣대를 들이대자면 선진국 중앙은행들도 비판을 면하기 어렵다. 미국, 일본, 유럽 등 리저브 통화를 쓰는 국가들은 이런 방식으로 시장에 무제한 개입하면서 자국 통화가치에 간접적으로 영향을 미치고 있다. 그러면서 개도국의 외환시장 개입을 비판하는 것 자체가 공정한 게임의 원칙과는 거리가 있다.

한편 저금리 등의 영향으로 지속되어온 공공부채의 증가는 각국의 재정여력(fiscal space)을 축소시키고 있는데, 이는 향후 위기 발생시 정책당국의 기민한 대응을 곤란하게 만들 우려가 있다. IMF 2020년 봄 WEO(세계경제전망 보고서, Chatper 2)에서는 이런 환경 속에 정책대응의 효과를 제고할 수 있는 수단의 하나로 rule-based fiscal stimulus를 제안하고 있다.

우선 IMF는 저금리 현상이 앞으로 장기간 지속될 것으로 전망했다. 전 세계적으로 생산성이 하락 추세이고, 선진국 인구의 고령화(40~64세의 비중도 증가)로 저축률이 증가하고 있을 뿐만 아니라, 신흥국들도 투자재원 마련을 위해 저축을 확대할 것으로 예상되기 때문이다. 저축에 비해 투자수요가 감소하면 실질 이자율도 하락하기 마련인데 그 결과 명목적인 공공부채 증가에도 불구하고 실질 부담은 다소 완화되는 긍정적 측면도 있다.

---

[63] 글로벌 금융위기에 대응하기 위해 선진국 중앙은행들은 정책 금리 인하와, 정부채 매입에 그치지 않고, 회사채(영란은행), ETF(일본 중앙은행) 등 양적확대(QE)의 매입대상 자산의 범위를 계속 확대해 왔다.

많은 선진국은 정책금리가 0% 대나 마이너스 금리에 머물고 있는 상황 속에서 금융시스템의 안정성을 훼손하지 않으면서 경기하강에 대응하는 방법으로 재정의 중요성을 강조하고 있다[64]. 이는 한국, 독일, 스웨덴, 네덜란드 등 IMF가 재정여력이 있다고 판단한 나라들에게 특별히 강조되는 부분이다. 그런데 전통적 재정정책은 정부가 예산안을 마련하고, 국회에서 예산을 통과시키고, 각 기관 및 지자체가 자금을 배정받아 이를 집행하는데 까지 상당한 시간이 소요되기 때문에 통화정책에 비해서 경기 대응력이 떨어지고 최악의 경우에는 타이밍이 맞지 않아 경기를 오히려 증폭시키는 주범으로 지목되기도 한다. 독일 등 많은 선진국들은 이러한 부작용을 최소화하기 위해 재정수단 중 '자동안정장치(automatic stabilizer)'의 중요성을 강조한다. 누진적 세율구조, 실업급여, 기초생활보장과 같이 경기 상승기에는 순지출이 자동적으로 축소되고(조세 확대), 경기 하강기에는 특별한 승인절차 없이 지출이 확대(실업급여 지급 증가)되는 수단들을 일컫는 말이다.

이번 WEO에서 제안하고 있는 '규칙에 입각한 경기진작 수단(rule-based fiscal stimulus)'은 전통적 자동안정장치를 좀 더 보강하고 확대하는 개념으로 해석할 수 있을 것 같다. 즉 종전의 자동 안정화 장치는 경기와 무관하게 취약계층의 소득이 감소하거나 실업자가 되어 소

64) 재정의 효과를 판단하는 방법으로 재정승수(fiscal multiplier)의 크기가 거론되는데 WEO에서는 공공투자(public investment)가 약 1.2, 정부소비/구매가 약 1.0, 소득이전이 약 0.5, 조세감면이 약 0.4의 순서로 그 효과에 있어 차이가 나는 것으로 진단했다. 다만, 개방경제일 경우에는 재정 지출의 일부분이 해외 수입으로 전환될 수 있고, 이미 잠재성장에 근접한 경우 추가적인 재정 지출의 효과는 미미할 수밖에 없는 한계도 지적했다. 한편 정책금리가 0%에 가까운 경우 재정 지출이 금리를 상승시키는 구축효과가 작기 때문에 재정승수의 크기가 증가한다. 이처럼 각국 경제의 구조적 특성과 경기 상황에 따라 같은 수단의 효과에도 차이가 발생할 수 있다는 점을 주목할 필요가 있다.

득원을 상실하는 경우에 정부가 이를 일정부분 보상해 주는 다소 피동적인 수단이라면 새로운 방안은 경기신호에 따라 정부가 보다 신속하고 과감하게 대응할 수 있는 수단으로서 제시된 것이다. IMF 스태프는 그 예로 실업률이 추세수준 보다 급격히 상승할 경우 일정 취약계층에 대한 실업급여를 대폭 확대하는 방안 또는 유동성 곤란을 겪고 있는 가정에 대한 소득이전을 대폭 확대하는 방안 등을 제시하고 있다. 또한 이처럼 경기신호에 따른 자동 대응을 재정승수가 큰 공공투자에까지 확대할 수 있다는 점도 시사했는데[65], 일반적인 공공투자의 사전타당성 조사, 예비계획, 실시계획 등 준비기간이 긴 점을 감안하면 실제 적용이 쉽지는 않을 것으로 예상된다.

IMF 스태프가 고심해서 제안한 내용이기는 하지만 아직까지는 그 구체성이 많이 떨어진다. 앞으로 IMF를 비롯해서 각국의 재정당국은 이 아이디어를 좀 더 구체화하고 심화시킬 필요가 있다. 국가별 특성과 정치여건에 따라 실행 가능한 수단과 조건이 다를 수도 있다. 예시한 실업률도 그 해석이 분분하기 때문에 구체적인 실행요건(trigger)이 되기에는 한계가 있다. 따라서 보다 정교한 정책설계가 필요해 보인다. 기존의 '자동안정장치'와의 차이점도 그리 선명하지는 않다. 통상 정치인들은 대외 홍보효과가 큰 '추가경정예산'을 선호할 가능성도 크다. 아무튼 현재와 같이 경기 대응수단이 제한된 상황 속에서 IMF가 발굴해 낸 아이디어이므로 우선은 칭찬해 주고 싶다. 이 아이디어가 향후 어떤 방식으로 구체화될 수 있을지 주목된다.

---

65) IMF는 계량분석을 통해 새로운 제안에 따른 경기대응 방식이 통계적으로 유의미한 효과가 있다고 주장하고 있다.

29. 저금리, 저수익 구조하의 은행의 도전과 기회

글로벌 금융위기 이후 각국 중앙은행의 양적완화, 마이너스 금리 등 비전통적 통화정책은 글로벌 금융시장 안정과 거시경제 성장에 기여했지만, 금융시스템과 안정적 신용공급의 핵심축을 이루는 은행의 수익률에 부정적 영향을 끼쳤다. 저금리로 인한 수익 악화로 은행들이 더 공격적으로 높은 수익률 찾기에 나선 지는 이미 오래된 일이다. 여기에 더해 금번 COVID-19사태를 진정시키기 위해 은행들은 일시적으로 중소기업과 개인의 대출금 상환을 유예해 주고 있지만 향후 은행들의 부실채권 증가와 자본손실로 이어져 금융시스템의 취약성을 높일 수 있다는 우려도 남는다. IMF의 2020년 5월 글로벌금융안정보고서(GFSR) Chapter 5에서는 이러한 은행들의 문제를 중장기적 시각에서 리뷰하고 있다.

은행들의 건전성은 글로벌 금융위기 이후 여러 면에서 개선됐다. 바젤 III 도입과 함께 자본금, 유동성, 단기 차입구조 등이 개선되었고, 경기대응 버퍼(CCyB)를 추가로 적립하는 곳도 늘었다[66]. 하지만 향후 저금리 구조의 장기화가 고착화될 전망이어서 수익성 악화는 불가피해 보인다. 저금리가 은행의 수익과 복원력(resilience)에 영향을 미치는 경로는 네 가지이다. 첫째 금리마진의 악화이다. 2015년 유럽 은행들의 예금금리는 안정적인 상태에서 대출금리가 계속 하락하면서 금리마진이 악화

66) 2019년말 기준으로 전 세계 주요은행의 평균 BIS 비율은 16.5%로서 최소 충족기준 8%를 훨씬 초과한다.

된 것이 그 예이다. 예대마진은 일반적으로 금리하락시 감소하는 경향이 있기 때문이다[67]. 둘째 충당금의 하락이다. 금리가 하락시 차입자의 미상환 위험이 감소하는 만큼 은행들은 충당금을 적게 쌓게 된다. 수익에는 긍정적이지만 위험에 대비한 복원력(resilience)이 떨어진다는 얘기이다. 셋째 저금리는 경제전체의 신용공급을 촉진하는 경향이 있다. 은행은 이로 인해 수익 규모가 커질 수도 있지만, 레버리지도 따라서 커질 위험이 있다. 넷째 은행은 낮은 금리마진을 탈피하기 위해 인수합병이나 주식 자기매매 등을 통해 대체 수익원을 찾으려고 한다. 이는 전통적인 대출방식보다 은행의 취약성을 높인다. IMF는 북미, 유럽 등 9개 선진국 은행들을 대상으로 저금리가 은행의 자산수익률(ROA)에 미치는 영향을 실증 분석했는데, 상승 3, 하락 4, 유지 2로 결과가 명쾌하지는 않았다. 금리마진 축소에도 불구하고 수수료 부과 등 다른 수익분야를 개척하고 영업비용을 축소하는 방식으로 대응했기 때문이다. 문제는 이런 저금리 추세가 더욱 장기화될 경우이다.

보고서는 COVID-19 사태로 중앙은행들의 정책금리 인하로 장기금리가 하락하고 기업들의 영업부진도 겹치면서 은행들의 예대마진과 수익성 악화는 2025년까지 지속될 것으로 전망하고 있다. 대손충당금은 이미 낮은 상태이기 때문에 경기가 회복되어도 추가적으로 낮아질 가능성은 높지 않다고 전망했다. 다만 예금금리가 마이너스로 가는 상황은 분석에 포함시키지 않았다. 분석 결과 지역적으로는 유럽의 대형은행들이

---

67) 보고서에서는 단기금리가 1% 하락시 예대마진은 0.06% 감소하고 단기금리가 마이너스일 경우 0.12%까지 하락하는데, 장단기 금리차가 1% 이하로 하락할 때 예대마진은 0.21%까지 하락하는 것으로 추정했다.

부정적 영향을 가장 크게 받을 것으로 전망됐다. 만약 COVID-19 사태로 인한 기업부실이 은행 자본에 미칠 악영향, Fintech 회사나 비은행금융기관과의 경쟁 압력까지 고려한다면 상황은 더 심각하다고 볼 수 있다. 이를 상쇄하기 위해서는 수수료 수익이 증가하거나 추가적인 영영비용 감소가 필요하다. 하지만 수수료 시장의 포화로 당분간 추가적인 이득을 얻기는 어려울 것으로 전망된다. 비용감소는 현재까지 자본수익률에 약 0.15%만큼 기여하였는데, 앞으로도 0.05~0.25%의 추가적 감축 여력이 있는 것으로 평가했다. 은행들은 COVID-19 사태가 진정되면 예전에도 그랬던 것처럼 공격적인 영업을 이어 갈 가능성이 높다. 우선 단기대출보다 유동성 위험이 크지만 마진이 높은 장기대출로 갈아탈 가능성이 높다. 또한 일본과 캐나다의 대형 은행처럼 고수익을 찾아 해외영업을 확장할 가능성이 큰데, 이는 보다 높은 유동성 위험과 환위험을 수반할 수 있다.

IMF는 향후 정책당국자들은 금융시스템의 안정성, 개별 은행의 건전성, 거시경제 회복 상호간의 균형을 찾는 방법을 고심해야 할 것이라고 조언한다. 아울러 단기적으로 은행의 고수익 영업 행태를 모니터링[68]하면서 중장기적으로 은행의 새로운 비즈니스 모델을 탐구할 필요가 있다고 지적했다. 우선 IT 기술을 활용해서 지점 축소 등 영업비용 최소화를 유도하는 한편, 군소 은행들의 통합, 국경간 은행의 인수합병이 용이하도록 기존 장벽을 완화해야 한다는 점도 강조했다. IMF의 이번 평가

---

[68] IMF는 은행에 대한 거시건전성 규제를 강조한다. 부동산 대출수요 확대에 대비해 차입자 기준 대출규제를 유지/강화하고 해외영업 확대에 대비해 외환유동성 규제 등을 마련해야 한다는 지적이다. 우리나라는 이미 오래 전에 도입해서 운용 중인 제도들이다.

는 특정국가에 한정되는 내용은 아니다. 2020년 초에 마친 우리나라 금융부문 평가프로그램(FSAP)에서도 유사한 정책 권고를 하고 있다. 과거 은행은 우리나라의 최대의 일자리 창출 산업이었다. 많은 상업고등학교 출신들이 조기에 사회로 진출할 수 있는 통로가 되었고 이들이 계층 사다리를 올라가면서 중산층 확산에 기여한 바도 크다. 앞으로 은행에게 그런 사회적 역할을 기대하기 어려운 시대가 도래한 것이다.

30. 마이너스 금리와 화폐경제

앞서 언급한 것처럼 마이너스 금리정책은 2012년 덴마크 중앙은행에서 최초로 시도되었고, 현재는 ECB, 스위스, 일본 중앙은행에서도 비전통적인 통화정책(UMP: Unconventional Monetary Policy)란 이름으로 광범위하게 사용되고 있다. 2008년 글로벌 금융위기 이후 경기침체, 기대 인플레이션 하락과 함께 명목금리가 "0"(zero lower bound)에 접근하자 이를 타개하기 위한 방법으로 양적완화(Quantitative Easing)와 함께 도입된 것이다. IMF의 독립평가국(IEO: Independent Evaluation Office)에 의하면 IMF는 UMP를 지지하긴 했지만 논의를 리드했다기보다 선진국에서 시행되고 있는 현상을 사후적으로 이해하고 따라가기에 바빴던 측면이 강하다. 이에 대한 반성으로 2019년 IMF 이사회는 IMF 내에 통화정책분석(예: 계량모델분석 Unit 등)을 전담하는 부서를 신설하고 전문가 채용 등 관련 조직역량을 강화할 것을 주문했다. 사실 IMF에 통화자본시장국(MCM)이 있긴 하지만 미국, 유럽, 일본 등 선진국 중앙은행의 전문성을 따라잡기에는 인력이나 제반 여건 등 모든 면에서 쉽지 않은 상황이다. IMF가 통화정책 관련 조언을 할 때에도 개도국이나 저소득국은 경청할지 몰라도 선진국 통화당국은 귓등으로 흘려듣는 것이 다반사이다.

UMP의 효과에 대해서는 의견이 분분하지만 글로벌 금융위기로 초래된 세계경제를 침체에서 벗어나도록 하는 데에는 공헌을 했다고 보는 것이 학계의 지배적 견해이다. 연구가 부족한 부분은 국경간 파생효과

(spillover) 문제인데 선진국에서 발생한 막대한 유동성이 신흥국 시장으로 흘러 들어가 단기적인 포트폴리오 투자확대와 통화가치 급등을 유발하는 등 외환시장과 거시경제 관리에 곤란을 끼쳤기 때문이다. 선진국이 자국 경제의 안정화를 위해 취한 정책에 대해 IMF가 옳고 그른지 여부를 판단하기 어려운 현실적 이유도 있다. 파생효과가 항상 부정적인 것도 아니다. COVID-19은 UMP의 긍정적 파생효과(신흥국 시장의 안정화 효과)를 보여준 대표적인 사례이다. 그런데 이와 관련하여 IMF에서 수석 이코노미스트를 지낸 하버드대 교수 케네스 로고프는 마이너스 금리정책이 더 효과적으로 작동하려면 지폐의 유통을 서서히 줄여나가야 한다는 주장을 하고 있다. 그의 2016년 저서 "화폐의 저주(The curse of cash)"에서 이와 관련하여 제시된 여러 분석과 통찰은 꽤 흥미롭다.

그가 지폐, 특히 100불, 500유로 등 고액권 지폐의 폐기를 주장하는 가장 큰 이유는 이 화폐가 일반 서민들의 거래나 저축수단으로 사용되지 않고 범죄나 지하경제에 은닉되어 탈세의 도구로 사용되기 때문이다. 그의 분석에 따르면 전 세계에서 유통되는 고액권 지폐의 80-90%가 지하경제에서 탈세, 범죄, 부패 등의 사건과 연루되어 있고 미국의 탈세 규모는 GDP의 약 3%를 초과하고 있다고 한다. 물론 1980년대부터 전 세계에 정착되고 있는 중앙은행의 독립성을 중앙은행의 화폐 발행으로 인한 수익(Seigniorage)이 뒷받침하고 있는 점은 부인하기 어렵다. 미국의 경우 이 시뇨리지는 GDP의 0.4%, 유럽은 0.55%에 해당하고 시중에 유통되는 지폐의 폐기를 결정하더라도 이를 모두 회수하는데만 미국은 GDP의 7%, 유럽은 GDP의 10.1%에 해당하는 추가적인 국가채무가 발생할 것으로 추정된다. 하지만 케네스는 탈세를 방지하고 범죄를 억제하는데서 오는 편익이 비용을 능가하기 때문에, 서민들을 위한 소액의 지폐나 동전만 유통시키면 거래불편의 문제는 거의 사라진다고 주장한다. 사실 지갑에 지폐를 많이 지니고 다니는 현대인은 거의 없다. 신용카드나 휴대폰 칩을 통해 전자적인 결제를 하고 금융기관을 통한 예치, 인출, 송금 등도 거의 전자적으로 이루어지기 때문이다. 스웨덴, 덴마크 등은 이미 화폐없는 경제단계로 진입하고 있고 지폐의 수령을 거절하는 상점들도 늘어나고 있다. 화폐없는 경제 시스템의 추구는 덴마크에서 마이너스 금리정책이 최초로 시도된 것과 무관하지 않다. 마이너스 금리란 보유한 저축에 대해 패널티를 부과해서 소비와 투자를 유도하는 정책인데, 손해를 보지 않기 위해 지폐로 인출해서 보관하려는 욕구가 크다면 마이너스 금리정책의 유효수효 진작 효과를 반감시킬 우려가 있기 때문이다.

케네스는 제로금리 제약상태(zero lower bound)에서 금융위기나 심각한 경기침체를 극복하기 위해서는 지폐수요 확대에 대한 우려없이 충분한 폭의 마이너스 금리를 부과할 수 있어야 실질이자율이 마이너스가 되고 수요도 진작할 수 있다고 주장한다. 경기가 회복되어야 기대 인플레이션도 상승하고 중립금리도 상승하기 때문에 선진국 중앙은행들이 인플레이션 타겟팅하고 있는 2% 대의 물가상승률에 다시 근접할 수 있다는 것이다. 기대 인플레이션이 증가하면 실질금리를 인하시키는 효과가 있기 때문에 명목금리의 인상도 가능하다. 만약 과감한 정책에 대한 제약이 있다면 일본의 장기불황시절과 유사하게 유동성 함정이 발생해서 통화정책의 효과가 무력화될 수 있다는 점도 우려하고 있다. 물론 지폐가 있다고 해서 적극적인 마이너스 금리정책이 전혀 불가능한 것은 아니지만 케네스의 주장에도 일리가 있다. 그런데 지폐의 가장 큰 장점 중의 하나가 완벽한 익명성의 보장이고 국가의 자유권 침해에도 한계가 있다고 생각한다면 지폐 폐지는 쉽지 않은 철학적 과제이기도 하다. 다만 지금은 COVID-19 사태로 인해 기대 인플레이션이 더욱 하락하고 있는 실정이기 때문에 중앙은행들은 향후 효과적 정책수단에 대한 치열한 고민이 필요하다. 지폐의 단계적 폐지도 고려 가능한 옵션에서 제외할 필요는 없다고 생각한다. 국가차원의 디지털 통화 도입, 비트코인 등 대체 통화의 허용 문제 등과 함께 지폐의 단계적 폐지 또는 디지털 거래의 강화 등 종합적인 시각에서 접근해야 할 문제이다.

31. 중앙은행의 디지털 화폐(CBDC) 도입 검토

앞서 언급한 것처럼 일상 금융거래가 상당부분 디지털 방식으로 진행되면서 현금을 대체할 수 있는 디지털 화폐에 대한 논의가 뜨겁다. 먼저 비트코인, 이더리움 같이 블록체인 기술을 기반으로 한 가상화폐(Crypto-currency)에 대한 수요가 늘어나면서 사용자 중심의 사적 디지털 화폐가 미래사회를 지배할 것이라는 시각이 있다. 국가별로 가상화폐의 존재나 거래방식을 인정하는 경우도 있지만 중앙은행이나 금융규제 당국이 무분별한 가상화폐의 확산을 방치할 가능성은 낮기 때문에 현재로서는 확장 가능성이 제한적이다. 한편 스웨덴, 핀란드 등 북유럽 국가들은 점차 현금의 유통을 제한하고 있다[69]. 따라서 현금 대신 신용카드나 휴대폰, 기타 핀테크를 이용한 다양한 전자거래 지불방식이 이를 대체하고 있다. 현금의 익명성이 탈세나 범죄에 악용될 가능성이 높기 때문에 거래가 투명한 사회로 진입하기 위해 국민 대다수가 '비현금 사회(cashless society)'를 선호하고 있기 때문이다. 거래의 효율성이 높은 것은 물론이다. 하지만 이 경우에도 화폐의 발행량과 유통방식은 중앙은행의 관할 아래 놓이게 된다. CBDC(Central Bank Digital Currency)는 중앙은행이 공식적으로 디지털 화폐를 인정하고 법정 통화로서 발행한다는 것을 의미한다. 현재도 중앙은행의 통화 공급은 각 시중은행의 중앙은행 계좌로 전자적으로 이루어지지만 지폐나 동전이 그 바탕에 깔

---

69) 2019년 스웨덴의 'Siveriges Riksbank Act'에서는 스웨덴의 통화인 Krona를 법정 통화로 인정하고 있지만, 개별 상점들이 계약의 자유(freedom of contract)에 의해 지폐나 동전 수령을 거부할 수 있도록 허용하고 있다. 이에 따라 점차 많은 곳에서 현금 계산을 거부하고 있다.

려 있고 다만 거래의 방식이 전자적이라는 것뿐이다. 만약 중앙은행이 앞으로 지폐나 동전의 제작을 전면 중단한다면 이는 새로운 변화를 의미하지만 현금 통용을 허용한 채 부분적으로 CBDC를 도입한다면 과연 어떤 변화가 나타날지 아직 예단하기 어렵다.

CBDC를 발행하고 있는 국가는 아직 소수에 불과한데, 이 중 중국이 다소 선도적인 위치에 있다[70]. 현재 전 세계 지불통화 가운데 중국의 위안화가 차지하는 비중은 1.7%에 불과하다. 이에 비해 미 달러화의 비중은 약 40%인데 미국은 달러 패권을 이용해서 테러지원방지 등을 이유로 미국의 이익에 배치되는 국가들에 대해 각종 금융제재를 가하고 있다. 중국, 러시아 등 비서방 국가들은 이러한 달러 중심주의에서 탈피하기를 원하고 있고, 그 대안의 하나로서 CBDC의 도입을 검토하고 있는 것이다. 무역송금이나 대외결제에서 디지털 위안화의 편리성이 입증되면 달러 일변도의 거래에서 벗어날 수 있지 않을까 하는 희망에서이다. 중국은 현재 청두, 선전 등 4개 도시에서 디지털 지갑(digital wallet)을 이용해서 각종 소매거래(맥도날드, 스타벅스 등)에 CBDC 사용을 허용하는 시범사업을 진행하고 있는데, 이는 이미 디지털 거래가 발달된 우리나라의 입장에서 보면 새로울 것이 없는 내용이다. 중앙은행의 화폐 발행량이 그 만큼 축소된다는 정도의 의미밖에 없을 수도 있다.

중앙은행들이 CBDC를 발행하려는 이유는 페이스북의 리브라처럼 민

---

70) 그 밖에 부분적으로나마 CBDC를 발행한 국가는 바마하스, 에콰도르, 우크라이나, 우루과이 정도이다.

간에서 창출되는 디지털 지급수단의 확산을 견제하거나 이자지급, 모니터링 등에 편리한 디지털 화폐의 장점을 활용하여 통화정책 수단의 효과를 높이고, 금융기관 접근성이 떨어지는 취약계층의 금융 포용성을 넓히려는 목적 등이 있다. 인구가 분산된 섬나라 주민들은 은행 접근성이 떨어지는데 이 경우 휴대폰을 이용한 모바일 머니 등을 통해 정부지원금을 지급하는 것이 그런 사용의 예이다. 앞서 설명한 것처럼 하버드대 교수인 케네스 로코프는 마이너스 금리 정책이 현금의 인출 및 보관에 대한 유인을 높이기 때문에 지폐의 단계적 폐지를 주장하는데, CBDC를 발행하면 필요시 이에 수수료(마이너스 금리)를 부과해서 소비를 촉진하는 등 통화정책의 효과를 높일 수 있다. 지역상품이나 특정 산업에 대한 지출시 '캐시백'을 통해 화폐의 유통속도를 높일 수 있는 장점도 있는 반면, 통화정책을 지나치게 타겟팅할 경우 재정정책 수단과 혼돈되고 통화당국의 독립성을 훼손하는 부작용도 예상된다. 디지털 화폐는 소비의 행태에 대한 실시간 모니터링을 가능하게 해 머신러닝이나 계량모델을 통한 신속한 정책대응을 용이하게 하는 장점도 있다. 반면에 사이버테러나 사생활 침해 등 데이터의 남용을 허용하게 할 우려도 적지 않다. 또한 CBDC를 통해 외환시장에 대한 개인의 참여를 용이하게 할 수 있으나 이럴 경우 환율 변동성이 급증하게 되는 단점도 예상된다. 다만 장단점에 관한 논의는 CBDC가 어떤 형태로 발행되고 어떻게 유통될 것인지, 즉 CBDC의 디자인과 직접 연계된 문제이다. 현재의 체제를 기본적으로 유지하면서 현금의 일부를 CBDC로 전환하는 방식도 있고 상업은행이나 핀테크 기업의 중계기능을 생략하고 중앙은행 계좌를 통해 CBCD를 직접 소비자에게 발행할 수 있는 가능성(single tier model)도 열려있기 때문이다. 다만 후자의 형태는 파급효과가 커서 당분간 제한적인 범위 내에서만 시도될 것으로 예상된다. CBDC가 보관이 편리하고 효율적인 형태로 설계된다면 마이너스 금리 상황하에서 지폐 수요 확대와 유사한 뱅크 런이 발생할 우려도 제기되지만, 상업은행의 예금은 국가의 예금보험제도에 의해 일정부분 안전성을 보장받기 때문에 뱅크 런은 지나친 우려일 수도 있다. 또한 필요하다면 CBDC에 직접 수수료를 부과해서 뱅크 런을 막을 수도 있다. 즉, 이 모든 것이 CBDC의 설계에 달려 있는 셈이다.

IMF의 보고서[71]에 의하면 소매유통 CBDC를 발행했거나 현재 발행을 적극적으로 고려하고 있는 국가는 약 8개이다. 주요국 중앙은행들은 대부분 매우 조심스럽게 그 가능성 여부를 타진해 보고 있는 듯하다. CBDC의 도입을 결정하더라도 CBDC의 발행이 통화정책의 전달경로, 결제시스템, 금융시스템의 안정성 등에 많은 혼란 또는 변화를 야기할 가능성이 있기 때문에 인프라와 법제도 정비, 인력 훈련 등 사전에 철저한 준비를 하고 일반국민들의 수용성에 부합하는 설계를 해야 한다. 중앙은행이 독립적으로 결정할 수 있는 범위를 벗어나는 문제이고 정치적으로도 매우 중요한 의사결정 중의 하나이다. 제한된 범위 내에서 Pilot 실험이 필요한 이유이기도 하다. 우리나라 한국은행도 내부적으로 여러 가능성을 타진해 보고 있으나 당면 과제로 부상하기까지는 조금 더 시간이 걸릴 듯하다.

71) IMF Working Paper(2020), A Survey of research on Central Bank Digital Currency

VI. IMF의 정치경제학

32. IMF을 이용할 줄 알아야 선진국이다?

앞서 언급한 것처럼 IMF는 미국의 사설연구소라는 말이 있다. 미 재무성이 자신들의 입맛에 맞는 분석을 IMF를 통해 확보한다는 뜻이다. 미국만 그런 것은 아니다. 한국인 중에서 IMF 역대 최고위직에 오른 '아시아태평양국(APD)'의 이창용 국장도 중국, 일본, 인도를 비롯한 여러 아시아 국가들 고위직으로부터 잦은 문의와 분석의뢰 전화를 받는다고 한다. 일례로 대외부문평가 보고서(ESR)는 EBA(External Balance Assessment)라는 방법론에 의해 회원국의 환율이 그 경제의 펀더멘탈에 비해 과소 또는 과대평가되었는지를 분석하는데 미 재무성은 자신들의 환율평가 보고서 작성 시 IMF의 ESR을 기초자료로서 활용한다. 따라서 ESR 논의시에 미국 이사는 대미 무역흑자가 높은 국가들의 대외불균형 문제를 지적하면서 미국의 입장이 보고서 내용에 충실히 반영될 수 있도록 압박을 가한다. 마찬가지 이유로 2018년부터 불거진 미-중간 무역분쟁, 2019-2020년 사이 끊임없는 논란에 시달렸던 브렉시트, 2020년 초의 코로나 바이러스 확산 등 주요 사건이 발생할 때마다 각국 정부는 IMF가 관련 이슈가 글로벌 경제에 미치는 영향을 신속하게 분석하여 제공할 것을 촉구한다. IMF는 모든 회원국 데이터에 대한 접근성이 뛰어나고, 이를 이용하여 가장 신뢰할 만한 경제분석을 수행하는 전문기관이라는 공감대가 형성되어 있지만, 그런 이면에 자국에 유리한 IMF의 보고서를 기대하는 심리도 깔려 있다.

글로벌 경제위기가 발생할 때마다 IMF의 영향력은 커지는데, 외환 유동성 부족에 직면한 국가들이 종국적으로는 IMF를 통해 문제를 해결하려고 하기 때문이다. 여기서 'IMF의 국제정치공학'이 작용하는데, 멕시코, 아르헨티나, 그리스 등의 사례를 살펴보면 다음과 같다. 멕시코는 아직 IMF로부터 자금인출을 하지는 않았지만 535억 SDR(약 750억불)이라는 거액의 '탄력적 신용대출(FCL: Flexible Credit Line)' 약정을 맺었다. 이 금액은 국제금융시장에서 멕시코의 외환보유고에 준하는 가치를 인정받고 있기 때문에 멕시코는 이 프로그램의 지원이 없는 경우보다 훨씬 저렴한 금리로 자금을 조달받을 수 있고, 외환시장의 안정성에 대한 투자자의 신뢰도 그만큼 제고된다. IMF입장에서도 수수료 수입을 챙겼으니 손해나는 장사는 아니지만, IMF의 재원이 무한정하지는 않기 때문에 이 금액만큼 다른 저소득국들에게 지원 가능한 대출한도가 줄어드는 셈이다. 2017년 멕시코가 FCL을 요청했을 당시에도 논란이 많았고 현재도 많은 이사들이 멕시코가 출구전략을 마련할 시점이라고 지적하고 있다. 하지만 바로 옆 동네에 있으면서 멕시코 경제의 부침에 가장 큰 영향을 받는 미국의 강력한 지지 하에 멕시코는 앞으로도 상당기간 FCL 프로그램의 혜택을 입을 것으로 예상된다. 아르헨티나에 대한 약 500억불 상당의 IMF 구제금융 지원도 미국의 압력에 의한 것이라는 얘기가 많다. 사실 IMF는 미국의 지원사격에 힘입어 아르헨티나의 자본자유화를 적극 추진하였는데, 외환보유고가 소진되면서 많은 월가 자금이 아르헨티나 국채 등에 묶인 상태이다. 골드만삭스, JP모건 등 월가의 금융투자회사들은 미 정치자금의 주요 후원기관이다. 이들이 외국에 투자한 자금을 제대로 회수하지 못할 경우 미국의 어떠한 정치세력도 그 영향에서 벗어나기 어렵다. IMF가 겉으로 보기에는 아르헨티나를 지원하는 것 같지만 사실상 아르헨티나 국민들의 세금을 담보로 투자자들이 자금을 회수할 수 있도록 지원해 주는 셈이다. 아르헨티나에 대한 외국인 투자자의 손실을 최소화하는 가장 효율적 방안이 바로 IMF의 구제금융이기 때문이다. 필자와 친분이 있는 리친스키 아르헨티나 대리이사는 지금은 실각한 아르헨티나의 우파 마크리 대통령의 재선을 위해 2018년 미국이 IMF에 대출 압력을 가했기 때문에 지금 아르헨티나 국민이 그 빚을 갚느라 고생하고 있다는 말을 공공연하게 하고 다닌다. 이미 국가부도를 8번이나 겪은 '남미병'의 대명사 아르헨티나에게 쿼터 대비 1,200%의 대출은 지나친 특혜이고, 이행조건도 관대했다는 IMF 스태프들의 비판도 있었지만 이번에도 국제정치공학이 작용한 것이다.

그러면 중남미와 큰 관련이 없는 독일, 프랑스, 영국 등 유럽의 주요국가들은 IMF의 중남미 지원에 대해 왜 견제하지 않는지 궁금하지 않을 수 없다. 물론 IMF는 위기를 먹고사는 존재이다. 글로벌 경제에 전혀 위기가 발생하지 않는다면 문을 닫아야 하는 처지이니 회원국이 어려울 때 달려가서 긴급 수술과 사후 처방을 하는 것은 본연의 역할에 충실한 것이기도 하다. 유럽의 경우 2010~2012년 유럽 재정위기가 발생했을 때 많은 유럽국가들이 IMF로부터 거액의 대출을 받아야 했기 때문에 중남미 지원에 대해 큰소리 칠 수 있는 입장은 전혀 아니다. 2010년 당시 유럽의 골칫거리였던 그리스에 대해 막대한 자금지원을 결정했을 때 만약 IMF의 제1대 주주이자 거부권이 있는 미국이 반대했다면 유럽국가들도 곤란을 겪었을 것이다. 그리스 지원당시 IMF총재였던 라가르드는 프랑스 재무장관 출신으로서 유럽경제와 유로화를 구해야 한다는 압력을 당시 유럽각국의 수장들로부터 받았을 것이다. 언제나 유럽의 몫인 IMF 총재가 유럽문제에 등을 돌릴 수는 없는 것이다. 중남미에 월가 자금이 많이 묶여있듯이 그리스에는 독일, 프랑스 등 많은 유럽은행과 유럽 투자자들이 관여해 왔다. 따라서 그리스가 국가부도를 선언해 버리면 유럽 금융시장 전체가 흔들리게 된다. 그리스에 대한 자금지원 규모와 이행조건에 대한 논란이 IMF 스태프 사이에도 있었지만 국제정치공학상 불가피한 결정이었다. 이로써 미국와 유럽은 서로 주고받기를 한 셈이다. 2019년 IMF총재 라가르드는 유럽중앙은행(ECB) 총재로 자리를 옮겼는데 통화정책 전문가도 아닌 그녀가 이런 행운을 누리는 배경에 아마 IMF 총재 시절 유럽의 위기를 잘 해결해 준 데에 따른 보답이 있는 것은 아닐까 하는 생각도 든다[72].

IMF에서 우리나라의 쿼터(지분)는 아직 1.80%에 불과하고 국제금융시장에서 국내 투자기관들이 차지하는 비중도 여타 선진국들에 비해서는 크지 않다. IMF를 우리 국익과 우리 투자자들을 위해 이용하고 싶어도 아직은 시기상조인 듯싶다. 우리보다 선진국인 일본도 별반 다르지 않다. 하지만 향후 IMF 쿼터 및 지배구조 개혁으로 중국의 지분이 크게 증가한다면 아시아 국가 중에서도 IMF를 자국 투자금 회수를 위해서 움직일 수 있는 국가가 나올지도 모르겠다. 중국은 이미 '일대일로' 구상에 따라 남아시아, 중동, 중앙아시아, 아프리카 등지에 많은 투자를 해 놓고 있기 때문이다. 우리 이사실 소속인 호주는 인근 파푸아뉴기니에 대

---

72) 2013~2014년 우크라이나 정부가 친러시아계 야누코비치 정부에서 친서방계 포로센코 정부로 넘어가는 과정에서도 IMF와 우크라이나 정부간의 자금대출 협상은 외화가 부족한 우크라이나에게 EU와 미국 등 서방의 큰 압력수단으로 활용되었다. 결과적으로 IMF와의 협정도 체결되고 친서방계 정부로 전환되었지만 이에 대한 반발로 러시아가 2014년 2월 크림반도를 점령하는 사태로까지 발전했는데, IMF가 국제정치공학상 어떤 역할을 하는지 잘 보여주는 사례이다.

한 자국 기업의 투자자금 회수를 위해 IMF의 자금지원을 촉구하고 있다. 파푸아뉴기니는 과거 부패의 만연으로 인해 IMF의 요주의 대상국가 중의 하나이다. 그런데 태평양 섬나라들의 대부처럼 행동하는 호주는 마치 파푸아뉴기니 원주민들을 위해 인도주의적 차원에서 IMF의 지원이 필요한 것처럼 과장하고 다닌다. 정작 우리 이사실에서 근무했던 파푸아뉴기니 이사보좌관이 시큰둥한 걸 보면 누가 안달이 났는지 금방 알 수 있다. 우리는 앞으로 IMF를 어떻게 활용할 것인가? 고민이 필요한 문제이다.

33. 기후변화 경제학

게오르기예바 IMF 총재는 원래 환경 경제학자 출신인데다 World Bank에서 오래 근무한 경험 등으로 인해서 기후변화, 젠더, 소득불평등 이슈에 관심이 많다. 특히 부임 이후 기후변화 문제에 대한 IMF의 관여에 매우 적극적이다. 기후변화가 전 인류의 생존을 위협하는 보편적 문제라는 점에는 아무도 이견이 없겠지만 UN, World Bank 등 더 전문성이 있는 국제기구가 존재하는 상황 하에서 IMF까지 가세하는 것이 과연 업무의 효율적 분장이라는 측면에서 바람직한 것인가에 대해서는 그동안 많은 논란이 있었다. 하지만, 전임 라가르드 총재가 강력한 리더십으로 밀어붙이고 프랑스 등 유럽국가들의 전폭적 지원에 힘입어 어느 덧 기후변화는 IMF가 생각하는 미래의 도전과제 중 1순위 목록에 올라와 있다. 2019년말, 그리고 2020년 여름 호주와 미국 캘리포니아 주 등에서 걷잡을 수 없이 번진 산불(Bush Fire)과 빈도와 위력이 강해진 허리케인, 태풍 등이 전세계를 강타하면서 게오르기예바의 확신에 힘을 보탠 듯하다.

IMF의 약자가 "It's Mostly Fiscal!"이란 우스갯소리가 있다. 재정 관련 업무가 전통적으로 IMF의 가장 핵심적인 분야라는 이야기이다. 1997년 동아시아 금융위기를 겪으면서 IMF은 그간 취약했던 금융부문에 대한 감시기능(surveillance) 강화의 필요성을 절실히 느꼈고 World Bank와 함께 '금융부문 평가프로그램(FSAP: Financial Sector Assessment Program)'을 도입했다. 이에 따라 현재는 한국을 비롯해서 글로벌 금융시장에서 비중이 높은 29개국은 매 5년을 주기로 의무적으로 이 프로그램에 의한 평가를 받아야 하고, 한국은 2019년 IMF로부터 FSAP 평가를 받았다. 그간 IMF는 금융업무의 전문성 강화를 위해 각국 중앙은행을 비롯한 금융감독당국에서 많은 인재를 영입하였고 '통화자본시장국(MCM: Monetary and Capital Market Department)'을 신설하였다. 벌써 20여년이 흘렀다.

기후변화 이슈도 IMF에서 이와 유사한 과정을 밟으면서 발전해 나갈지 모른다. 거시경제적 중요성(macro-criticality)이 커지고 몰디브, 나우르 등 섬나라 국가들은 해수면이 높아지면 머지않아 국가 전체가 가라앉는 재앙에 직면할지도 모르기 때문이다. 2019년 가을 연차총회에서는 기후변화 이슈가 IMF의 주요 화두로 전면에 부각되었다. 통상 국가부채 등 재정문제를 다루는 '재정 모니터(Fiscal Monitor)' 보고서의 내용 전체가 기후변화 관련 이슈로 도배되었기 때문이다. 이 보고서는 탄소배출 감소를 통한 기후변화 억제의 기회(window)가 줄어들고 있고 2015년 파리 기후변화 협약 이행도 당초 약속에 훨씬 못 미치고 있기 때문에 지구온도 상승을 섭씨 2도 이내로 막으려는 시도는 현재로선 전망이 밝지 않다고 평가하고 있다. 재앙을 막기 위해서는 각국 재정당국이 적극적인 역할을 해야 하는데 탄소배출에 직접적으로 부과하는 탄소세(carbon taxes)가 에너지의 효율적 사용과 클린 대체에너지로의 전환을 촉진한다는 측면에서 가장 효과적인 정책수단이라고 주장했다.

그러나, 공짜 점심이 없듯이 기후변화를 억제하기 위한 노력에는 희생(trade-off)이 따른다. 향후 온도상승을 섭씨 2도 이내로 막으려면 CO2

의 톤당 가격을 75불[73]까지 급격히 인상해야 하고 이 경우 향후 10년간 에너지 요금은 누적 45%, 휘발류 가격도 15% 이상 상승하게 된다. 그러나 알란 블린더(Alan Blinder) 프린스턴대 교수가 "충고와 이견(Advice and Dissent)"이란 저서에서 지적했듯이 기후변화와 같이 효과를 체감하기 힘들고 그 혜택이 장기간에 걸쳐 여러 사람에게 분산된 정책보다는 그로 이해 피해를 보는 집중된 이해관계자, 예를 들면 휘발유값 인상으로 피해를 보는 화물운송업자들의 반발이 정치적으로는 더 큰 위력을 발휘하기 마련이다. 사회 분야 중 호흡이 가장 짧고 집결된 후원금 모금과 이해집단의 투표에 의존하는 정치의 속성상 이런 반대를 감수하려는 노력을 기대하기는 쉽지 않을 것이다. 다만 탄소세로 인해 추가로 확보되는 세수(2030년 기준 GDP 대비 약 1.5%)를 신재생 클린 에너지와 같은 미래 성장전략에 투자할 수 있다면 좀 더 많은 지지층을 확보할 수는 있을 것이다.

IMF는 탄소세 도입이 당장 어려울 경우 배출권 거래제나, Feebates[74] 같은 제도를 보다 공격적으로 운용하는 것도 대안이 될 수 있다고 지적한다. 정부 재정정책에 있어서도 저탄소 기술개발을 위한 R&D 투자에 대한 재정 인센티브의 확대, 그린 본드 시장의 활성화 등을 촉구하고 있다. 미국, 일본, 호주 등 많은 국가들이 이 보고서가 편향적이고 각국이 이미 추진하고 있는 탄소배출 감축노력을 제대로 평가하고 있지 않다고 비판하였다. 특히 다양한 활동들 중에 각국이 부담스러워하는 탄

[73] 현재 CO2의 톤당 가격은 약 2불에 불과하다.

[74] 생산활동이나 생산물이 배출하는 CO2의 양이 일정 기준선을 초과할 경우 부담금을 지불하고 그 이하일 경우에는 반대로 보상 인센티브를 주는 제도를 일컫는다.

소세만 꼭 집어서 강조한 부분을 불편하게 느끼는 듯하다. 하지만 IMF는 여러 가능한 대안과 분석을 제공하고 있을 뿐이고, 선택은 각국의 국민과 정치권의 몫이다. 그리고 그 결과는 우리의 미래 세대에게 심대한 영향을 미칠 것이다. IMF는 2019년 '글로벌금융안정보고서(GFSR)' 가을 호에서도 기후변화를 포함한 'ESG(환경, 사회, 지배구조) 투자' 제고를 위한 방안을 '지속가능한 금융(Sustainable Finance)' 챕터에서 다루고 있다. 2020년 가을 WEO, GFSR, FM 등 IMF의 Flagship 보고서도 하나같이 기후변화에 대응한 탄소배출 제로 전략과 Green Recovery를 강조하고 있다. 앞으로 IMF가 기후변화 경제학을 어떻게 리드해 나갈지 주목할 필요가 있다[75].

75) 게오르기예바 총재는 COVID-19 대응과정에서 각국의 재정투자가 탄소배출을 줄이는 방향, 즉 'Green Recovery'를 지향해야 한다고 강조하고 있다. 우리나라가 발표한 그린뉴딜과 일맥상통하는 방향이다.

34. 미국과 중국의 디커플링(Decoupling)

2020년 1월 IMF는 IMF 집행부(총재, 부총재)와 이사진(이사, 대리이사)을 대상으로 한 워크샵(Board Retreat)을 개최했다. 워크샵은 통상 2년에 한번 정도 이사의 교체주기에 맞추어 IMF의 향후 운영 전략, 이사회의 효율성 제고 등을 논의하기 위해 개최되는데 이번에는 게오르기에바 총재의 부임 이후 신임 총재와 이사진간의 공감대 형성도 중요한 목적 중의 하나였다. 필자는 처음 참석하는 것인데 2박 3일간의 과정이 어쩌면 우리나라의 워크샵과 그리도 유사한지 신기할 정도이다. 우선 이틀 동안 저명한 학자나 전문가 등을 초청하여 강의를 듣고 Q&A 시간을 가지며, 마지막 날에 그룹을 나누어 토론한 후 다시 모여 지정 발표자가 그룹별 의견을 공유하는 것까지 말이다. 주요 연사와 강연 제목을 소개하면 다음과 같다.

Day 1: 케빈 루드(전 호주 총리): 글로벌 도전과제 전망과 정치경제학 이슈. Day 2: 1)닉 스턴(전 World Bank 수석 이코노미스트, LSE 교수): 기후변화와 장단기 과제, 2)길리안 텟(파이낸셜 타임즈 기자): 불확실성과 최근의 이슈들, 3)알란 블린더(프린스턴대 교수): 저금리 장기화 현상의 원인과 시사점, 4)에이미 웹(뉴욕대 교수): 기술변화와 미래에 대한 시각. IMF는 원래 모든 일에 철저하기로 유명한데, 워크샵 시작 이틀 전에 알란 블린더와 에이미 웹이 쓴 책을 각 1권씩 배부해 주면서 미리 읽어오라고 한 것도 인상적이었다. 저명한 연사들의 고견을 듣고 서로 토론하는 과정은 여러 가지 면에서 생각을 정리하는 데 도움이 되었고 게오르기에바 총재는 이 워크샵에서 들은 얘기를 그 다음 주에 개최된 스위스 다보스 포럼에서 그대로 써먹었으니 연사들은 밥값을 한 셈이다. 나는 중국학에 일가견이 있는 케빈 루드의 강의를 듣고 강연내용을 좀 더 깊이 들여다보기 위해 그가 2019년 11월 UC 샌디에고 대학에서 강연한 미중 관계에 관한 연설문[76]을 찾아봤는데 매우 유익하다고 느꼈다. 그 내용을 간단히 소개하면 다음과 같다.

그는 트럼프 행정부가 들어서면서 미국의 대중국 전략이 압박 일변도로 변하고 있고, 시진핑 수석도 과거 서양 열강에게 당한 100년전 굴욕에서 벗어나기 위해 능동적 외교 전략을 구사하고 있기 때문에 미중의 관계는 과거의 '경제적 공존'에서 새로운 '전략적인 경쟁'의 시기로 진입했다고 평가했다. 현재 미국은 중국에 대해 확실히 불편한 감정을 가지고 있고, 통상/기술/통화/안보 등 여러 측면에서 압박전술을 구사하고 있지만 정교하게 수립된 '전략(Strategy)'를 가지고 있는지는 불확실하다. 하지만 적어도 과거처럼 '선한 사마리아인(Mister Nice Guy)'이 되기를 거부하는 것은 분명하다고 보았다. 중국도 2017년부터 미국의 대중국 전략이 기본적으로 전환되었다는 것을 인식하고 있지만, 다행히 아직까지 미국과 중국이 모든 분야에서 디커플링을 추구하고 있는 상황까지는 이르지 않았다고 평가했다.

그런데 부정적 요소로서 중국의 내부사정이 미국의 압박을 만만하게

---

76) Kevin Rudd, "To Decouple or Not to Decouple? That is the questions for US-China Relations", Robert F. Ellsworth Memorial Lecture, 21st Century China Center, University of California, San Diego(November 4, 2019).

수용해 줄 수 있는 상황이 아니라고 평가한 점은 주목할 만하다. 2019년 10월에 개최된 중국 공산당 4중전회의에서도 시진핑은 자신의 권력기반 강화를 위해 부패문제를 들고 나왔다. 경제문제를 전면에 내세우지는 않았지만 통상압력 굴복 등으로 중국의 경제성장에 지대한 악영향이 발생할 경우 권력기반을 유지하기 위해 시진핑의 대응도 강대강으로 돌아설 수 있다는 것이다. 즉, 디커플링을 현재 원하고 있는 쪽은 없지만 서로간의 대응 여하에 따라 의도하지 않은 결과가 나올 수 있고 이는 한국을 비롯한 주변국들에게 매 사안마다 미국과 중국 중 한쪽을 선택(binary choice)하라는 압박으로 작용할 가능성이 높다.

통상 분야에서 중국은 2020년 미중 무역갈등 1단계에서 합의를 통해 양보했지만 국가의 시장 개입문제(공기업 보조금 축소 등) 등 미국이 중국에 대해 근본적인 태도변화를 요구하고 있는 분야에 대해서는 분명한 거부의사로 버티고 있는 상태이다. 다만 중국은 민간투자 활성화, 내수소비 확대 등을 통해 대미 통상에 대한 의존도를 줄이는 방향으로 경제의 운용방향을 전환할 것으로 보인다. 외국인직접투자(FDI)의 경우 미국은 외국인투자위원회(CFIUS)의 절차를 까다롭게 하면서 미국의 핵심산업에 대한 중국기업의 인수를 저지하고 있고, 미국 기업이 화웨이 등 미국 국가안보에 위협이 되고 있는 중국기업의 제품을 사용하지 못하도록 함으로써 양방향으로 미국과 중국기업의 FDI에 영향을 미칠 전망이다. 미국과 중국간의 FDI는 글로벌 비중이 1.4%로 무역비중 3.3%보다 작지만 기술이전을 통한 중국의 추격 전략을 어렵게 만들기 때문에 타격은 중국 쪽이 더 심할 것으로 전망된다.

기술분야에 있어서 미국을 먼저 자극한 것은 중국이다. 중국은 2025년까지 중국기업의 국산화율을 70%까지 높이고 2050년까지 AI, 차세대 무선통신, 퀀텀 컴퓨팅 등 거의 모든 기술분야에서 전 세계 우위를 확보하겠다는 계획을 발표했기 때문이다. 이를 달성하기 위해 FDI뿐만 아니라 기술이전, M&A 등을 통해 미국 등 선진국의 첨단기술 습득(해킹, 산업스파이 등 불법적 방법 포함)에 매진하고 있기 때문에 미국의 시각에서 보면 이는 국가차원에서 도적질을 하겠다고 선언한 것과 다름이 없는 것이다. 그런데 미래 첨단분야의 경쟁에선 국제 표준화를 누가 선점하느냐가 승패의 중요한 관건이다. 그리고 그 과정에서 주변국들은 미국의 표준과 중국의 표준 중 하나를 선택하라는 강요를 받을 것이다. 실패하는 쪽에 투자하는 기업과 국가는 참패를 면하지 못하게 된다. 확실히 중국은 개인데이터 보호를 위한 법적 장치가 없어 빅데이터를 기반으로 하는 AI 분야에선 미국보다 현저한 강점이 있다. 또한 당 차원의 전폭적인 지원에 힘입어 2019년 전 세계 AI 스타트업체 중 48%가 중국 기업일 정도이다. 'Big Nine'을 집필한 뉴욕대의 에이미 웹 교수는 중국형 감시시스템이 장착된 AI가 일대일로 사업 참여국가들에게 전파될 경우 부지불식간에 중국의 감시망이 65개국 44억명 인구가 거주하고 있는 일대일로 전역에 확산될 수 있는 위험성을 경고했다. 문제는 이미 AI, 차세대 무선통신, 반도체 등 여러 기술 분야에서 디커플링이 진행되고 있다는 점이다. 국가안보 등을 이유로 과거 수세대에 걸쳐 확립된 중국 중심의 글로벌 부품 공급망을 해체하려고 한다면 관세인상 등 무역규제가 뒤따를 수밖에 없고 기업과 소비자는 비용인상에 따른 막대한 손실을 감수해야 한다. 전 세계적으로 구조적 장기침체가 고착되고 있는 상황 속에서 이런 시나리오의 결말은 암담하다.

반면에 자본시장과 통화 분야에서의 디커플링 가능성은 상대적으로 낮은 것으로 평가했다. 중국은 막대한 외환보유고로 미 재무성 국채 약 1.1조 달러를 보유하고 있고 여타 미국 공공기관 채권에도 추가로 2000억불 가량을 투자하고 있다. 전통적으로 무역수지 적자국인 미국의 가장 큰 자금줄이 중국이므로 이를 무시할 수 없을뿐더러 향후 중국이 자본시장을 본격적으로 개방할 경우 미국이 가장 큰 수혜를 볼 것으로 기대되기 때문에 신중한 행보가 예상된다. 기껏해야 회계불투명성 등을 빌미로 현재 미국 증권거래소에 상장되어 있는 230개 중국 기업 외에 추가적인 상장을 어렵게 하는 정도가 가능한 조치가 아닐까 싶다. 통화면에 있어서도 미국 트럼프 대통령은 공공연히 중국을 환율 조작국으로 비판하고 있지만 전 세계 외환보유고의 불과 2% 미만[77]을 차지하는 위안화가 달러를 상대로 국제결제통화의 지위를 다투기까지는 아직 갈 길이 멀다. 2019년 IMF의 '글로벌금융안정보고서(GFSR)'에 따르면 글로벌 가치사슬이 복잡하게 연결되면서 달러화 거래비중이 오히려 과거보다 증가했다고 한다. 중국은 오히려 알리바바, 바이두, 텐센트 등 IT 기업을 중심으로 디지털 기반의 사적인 화폐의 유통을 활성화시켜 달러화의 위상에 도전하려는 전략을 추구할 가능성이 높다.

결론적으로 당장 미-중간의 전면적인 디커플링이 일어날 가능성은 낮지만 기술 등 일부 분야에서는 이미 시작된 현상이고, 트럼프 행정부처럼 미국이 WTO, UN, 파리기후협약 등 다자체제에서 벗어나 독자행보

77) 케빈의 자료에 의하면 달러화의 비중은 약 62%, 유로화 20%, 엔화 5%, 스털링 4% 순이다.

를 취하면 취하려고 할수록 중국은 그 사이를 비집고 들어가 자신의 영향력을 키우려고 할 것이다. 그리고 EU나 한국 등 주변국들은 전략적 선택을 강요받게 될 것이다. 파국을 막기 위해서는 과거 오바마 행정부에서 매년 한 차례씩 양국을 오가면 개최되었던 '미중 전략경제대화(US-China Strategic and Economic Dialogue)' 같은 대화의 채널이 필요한데 트럼프 대통령은 이를 거부했다. 그러나 양국이 규칙에 입각한 다자체제로의 복귀가 지금처럼 절실한 때가 없다는 것이 케빈의 생각이고 필자도 전적으로 동의한다.

한편 미중의 디커플링 문제는 향후 IMF의 지배구조 개선 논의에 있어서도 핵심적인 요소란 점을 간과해서는 안된다. 현재 IMF에서 미국, 중국 및 일본이 차지하는 쿼터의 비중은 각각 17.4%, 6.4%, 6.5%인데, 전 세계에서 각국이 차지하는 GDP나 무역거래의 비중을 가지고 다시 계산할 경우(2020년 5월 기준) 각각 14.3%, 12.0%, 5.3%로 변화된다. 미국은 비토권을 상실하게 되고 일본의 지위는 3위로 추락하게 된다는 뜻이다. 중국은 IMF와 세계은행에서 자국의 지분 인상을 계속적으로 요구해 왔으나 미국이 수용하지 않자 2013년 중국 중심의 다자개발금융기구인 AIIB를 설립해 버렸다. IMF나 세계은행이 중국의 계속된 요구를 수용할 수 없다면 이와 유사한 중국의 선택이 없으리란 보장도 없다. '예정된 전쟁(Destined For War)'을 집필한 그레이엄 앨리슨 하버드대 교수는 과거에 국제정치적 문제를 결정함에 있어서 각국 수반의 1차적 질문은 "워싱턴은 어떻게 생각하고 있나"였다면 지금은 "북경의 생각은 무엇이냐"로 바뀌었다고 한다. 새겨들을 만한 경구이다.

35. IMF의 험난한 내부 구조개혁

IMF는 워싱턴 DC 시내 19번가를 사이에 두고 World Bank와 마주하고 있는데, 전체적인 분위기에서 조금 차이가 있다. IMF 스태프들은 자신들이 세계 최고의 경제전문가라는 자긍심도 있고, 일도 열심히 한다. 이에 비해 World Bank는 조직이 5배[78] 이상이나 크고 상대적으로 방만하다고 알려져 있다. 국제기구의 방만한 운영에 제일 거부감이 큰 나라는 미국인데 김용 총재, 그리고 이어서 임명된 미 재무차관보 출신인 맬파스 총재가 World Bank의 급여와 복리후생을 축소하는 내부개혁을 추진한 것도 비슷한 시각에서 비롯되었을 것으로 추측된다.

그 결과 IMF의 급여와 복리후생이 바로 길 건너 자매기관보다 앞서게 되었고, 2019년 IMF도 CCBR[79]이라는 내부개혁 문제로 한 차례의 홍역을 치렀다. 직원들에게 온정적인 저소득국을 중심으로 반대하는 이사실도 많았고, 논의가 지연됨에 따른 내부 동요도 커서 게오르기예바 총재는 부임한 후 불과 2개월만에 개혁안을 통과시켰다. 그런데, 필자가 보기에 그 결과는 '태산명동 서일필' 수준이다. 솔직한 심정은 이 정도의 변화를 위해 뭐하러 그렇게 난리를 쳤나 싶었다. 이는 비단 IMF만의 문제는 아닐 것이다. 국제기구는 한번 설립되고 나면 사실 주인이 불분명하다. 자본금을 납부한 각국 정부가 주주이지만 계속 그 기관에 남아서

78) IMF의 정규직원은 약 2,700명이고 여기에 계약직이 추가로 약 700여명 더 있다. 이에 비해 World Bank 직원은 전체 1만 5천명을 넘는다.

79) Comprehensive Compensation and Benefit Reform

대리인 역할을 하는 직원들의 전문성을 따라갈 수 없다. IMF 이사실 직원들의 감독자로서의 역할도 제한적이다. 많은 이사실 자문관들은 임기가 끝나면 IMF의 정식 직원으로 채용되고 싶어하고, 상당수 이사들도 과거 IMF의 직원으로 근무한 경력이 있는 경우가 많다. 일례로 현재 러시아 이사 알렉세이 모진은 1992년부터 지금까지 대리이사, 이사를 번갈아 가며 근무하고 있으니 거의 30년 가까이 한 이사실의 멤버이다. 이렇게 이해관계가 얽혀서는 추상같은 감독자 역할을 하기 쉽지 않다. IMF는 유동성 위기를 겪고 있는 프로그램 국가들에 대해서 뼈를 깎는 구조조정을 요구하는 것으로 유명한데 과연 자신들에 대해서도 동일한 잣대로 몸소 구조조정을 실천하는지는 의심스럽다. 자신들이 최고라는 자만심(?)으로 둘러싸여 무의식중에 IMF에서 일하는 자신들과 빈곤국가의 국민들은 서로 다른 계층의 사람들이라고 생각하는지도 모르겠다.

IMF의 보수는 종합적으로 볼 때 여타 국제금융기구에 비해서 높은 수준인데, 그간 직원들의 자연감소로 발생하는 여유 재원을 특별한 통제장치없이 내부직원의 성과급 분배에 활용하기도 했다. 직원 연금의 건전성은 아직 상대적으로 높지만 지급금액을 미리 설정해 놓는 방식(DB: Defined Benefit)을 고수하고 있다. 예산도 매년 flat real budget이라는 이상한 개념을 만들어서 경상적으로는 매년 증가하면서도, 마치 운영을 잘 해서 실질적으로는 증가하지 않은 것처럼 이사들을 현혹시킨다. 거기에 적용하는 물가상승률도 global external deflator라는 이상한 공식을 만들어 쓰고 있다. 다들 머리가 좋으니 이런 기법은 그리 어렵지 않게 통과된다. 급여의 인상도 물가상승률+a 같은 단순한 방식이 아니라 비교대상 기구와의 차이, 성과지표 같은 다양한 방식을 적용해 훌륭한 인재를 영입하기 위해서는 급여의 경쟁력이 떨어지지 않아야 한다는 점에 초점을 맞추어 왔다. 결과적으로는 물가상승률을 능가하는 너그러운 급여 인상이 관행적으로 이루어졌다. 내부 지표가 복잡할수록 외부자들의 관리감독이 어렵다는 것은 행정학의 기본상식이다. IMF 직원들은 그것을 잘 알고 복잡한 논리를 매우 교묘하게 잘 이용해 왔다. 그런데 CCBR의 최종 결과를 알게 되면 적잖이 놀라는 사람들이 있을지도 모르겠다.

우선 방만한 성과급 지급의 가능성을 차단하고 급여수준 인상을 단일 지표와 연계시켜 중장기적으로 과도한 급여의 인상을 억제할 수 있는 방안을 관철시켰다. 급여 인상이 억제되면 자연적으로 연금에도 영향을 미치기 때문에 스태프의 상실감이 컸다는 후문도 들린다. 그러나 라가르드 전임 총재시절부터 CCBR이 임금 삭감을 위한 개혁이 아니라고 직원들에게 약속을 해 둔 상태였기 때문에 개선의 폭에 한계가 있었다. 결국 삭감된 예산은 향후 새로 채용되는 전문성 있는 직원들의 초봉을 높이거나, 승진시 급여를 대폭 인상하는 용도로 전용될 전망이다. 결국 총액급여 예산의 감소는 거의 없다는 의미이다. 새로 부임한 게오르기예바 총재는 직원들의 환심을 사기 위해 '가족 친화적인' 직장문화를 만들겠다고 공언하였고, 이번 CCBR의 결과로 5살 미만의 아동 1명당 매년 12,000불의 아동수당을 지급하기로 했다. 우리나라가 과거 매월 10만원씩 주던 아동수당과 비교하면 10배가 넘는 금액이다. 계약직에는 적용되지 않았던 성과급도 정식 스태프와 동일하게 지급되도록 하였고, 유급 출산휴가도 늘렸다. 그나마 가족휴가[80]시 지급되는 지원금을 조금 삭감했다는 것이 성과라면 성과인 셈이지만 새로 도입된 보상에 비하면

극히 미약하다. 다른 국제금융기구에 비해 가장 큰 혜택으로 간주되던 대학생 자녀에 대한 학비, 기숙사비 보조 등은 현 직원들한테는 유지하되 향후 새로 입사하는 직원들한테는 지원하지 않는 것으로 했다. 다만, 대학생 지원과 5세 미만 아동 지원금은 선택사항으로 해서 중복지원은 금지했다. 이처럼 불리한 변경은 기존 직원에게는 적용하지 않는 'grandfathering(소급불가)' 원칙을 유지하고 있기 때문에 이번 CCBR이 과연 진정한 개혁이었는지 의문을 품게 한다. 결과적으로 장기적인 장밋빛 예산절감 청사진에도 불구하고 향후 5년 이내에는 매년 50억원에서 100억원 정도의 과도기 비용(transitional cost)이 추가될 전망이다.

스태프는 중장기적으로는 급여, 성과급 및 연금의 감소로 상당한 예산절감 효과가 있다고 하는데, 과연 시간이 지나도 그런 기조가 유지될 수 있을까? 이사실 멤버는 수시로 교체될 것이고 머리 좋은 IMF 직원들은 새롭게 복잡한 공식을 들고 나올지 모르겠다. 주인 없는(?) 국제공기업의 구조개혁은 이처럼 험난한 것이다[81].

---

80) Home leave라는 제도는 직원들이 매 1년 6개월(또는 24개월)마다 가족을 동반한 고향방문을 지원하는 제도로서 통상 비즈니스 급에 상당하는 여유로운 항공료 지급과 함께 IMF 스태프는 5,000불, 가족 1명당 2,000불씩 일시금으로 지원해 주던 제도이다. 이번 CCBR로 가족휴가 주기를 매 2년으로 통일시켰고, 지원금도 IMF 스태프는 2,000불, 가족 1명당 1,000불로 축소했다.

81) IMF는 COVID-19 사태가 한창인 2020년 4월 직원들의 급여 기준점을 2.7%, 평균보수를 3.6% 인상하는 급여 인상안을 이사회 개최없이 서면으로 통과시켰다. 놀랍게도 세계 각국의 시민들이 일자리를 잃고 경제적 어려움을 겪고 시기임에도 불구하고 어느 이사실도 이 문제를 공개적으로 비판하지 않았다. IMF의 '친족주의(familism)'가 얼마나 강하게 자리잡고 있는지를 적나라하게 보여주는 사례이다(단, 한국/호주 이사실은 우리의 불편한 심정을 기록에 남기기 위해 이 안건에 동의하지 않고, 대신 기권하겠다고 IMF 사무총장에게 문서로 통보하였다).

36. Small States에 대한 IMF의 관심

IMF에는 189개 회원국을 인구수에 따라 분류하는 기준이 있다. Small states, Microstates 등이 그것이다. 그 밖에 분쟁 등으로 피해를 보고 있는 국가들은 fragile states 또는 conflict-affected countries(FCS)라고 통칭한다[82]. 사실 이들 국가들의 지분은 매우 작지만 IMF는 소규모 국가들의 목소리를 경청하고 정책결정시에도 그들의 입장을 신중하게 고려해야 한다는 철학을 유지해 오고 있다. 지분의 크기만으로 의사결정을 할 경우 국제기구로서의 정당성을 확보하기 쉽지 않고, IMF등 국제기구의 설립목적 자체가 이들 취약국가들에 대한 지원이기 때문이기도 하다. IMF의 기준에 따르면 Small States는 인구 1백50만명 이하의 국가들로 전체 회원국 수의 약 1/5이 이에 해당된다[83]. 이중 인구 20만명 이하 국가들을 Microstates로 분류하는데, 아시아태평양 이사실(우리 이사실)에 속한 인구 약 11,000명의 나우루, 투발루 등 태평양 섬나라들이 이에 해당한다(총 15개국).

소규모 국가들은 천연자원이나 관광에 의존하는 경우가 많기 때문에 COVID-19 사태처럼 원자재 가격이 폭락하고 국경 자체가 차단되는 경

82) fragile states 또는 conflict-affected countries들은 주로 내전 등으로 인해 심각한 정치, 경제적 혼란을 겪고 있는 국가들을 통칭하고 있지만 명확한 정의나 확정적인 대상국가 리스트는 존재하지 않는다.

83) 인구수가 작더라도 1인당 임금수준이 선진국에 해당하거나 원유수출 부국인 경우에는 이 분류에서 제외한다. 본문 표에 있는 것처럼 IMF 기준 34개국, 세계은행 기준 50개국이 Small States 또는 Small Developing States(SDS)에 해당한다.

우 매우 취약한 구조이다. 이들이 전세계 GDP와 교역에서 차지하는 비중은 각각 0.13%, 0.2%에 불과하지만 이들 중 절반은 Tax haven 또는 국제금융센타 역할을 수행하기 때문에 국가 규모에 비해 글로벌 자금흐름 네트워크상 중요한 위치를 차지하기도 한다. 최근에는 자금세탁 및 테러자금 감시등을 위한 국제기준(AML/CFM)이 강화되어 이를 맞출 역량이 부족한 소규모 국가들은 주요 거래은행들이 철수하는 문제(Correspondent Banking Relationship 이슈)를 겪기도 한다. 소규모 국가들은 지진, 허리케인 등 자연재해와 기후변화에 취약하다는 공통점을 내포하고 있는데, 특히 태평양과 카리브 연안 섬나라들의 경우 허리케인, 쓰나미, 지진 등 자연재해의 빈도가 높고 GDP에 미치는 피해의 정도가 상대적으로 높다. 일부 태평양 섬나라들은 수면의 상승으로 인해 장기적으론 생존의 위협까지 걱정해야 하는 상황이다.

< IMF와 세계은행의 Small States 분류>

		AFR	APD	EUR	MCD	WHD
WB (50)	IMF (34)	Cabo Verde Comoros Eswatini Mauritius Sao Tome & Principe *Seychelles*	Bhutan Fiji *Kiribati* Maldives *Marshall Islands* *Micronesia* *Palau* *Samoa* Solomon Islands Timor-Leste *Tonga* *Tuvalu* Vanuatu *Nauru*	Montenegro	Djibouti	*Antigua & Barbuda* Bahamas Barbados Belize *Dominica* *Grenada* Guyana *St Kitts & Nevis* *St Lucia* *St Vincent & the Grenadines* Suriname Trinidad & Tobago
		Botswana (>1.5m) Eq. Guinea fuel exp.) Gabon (>1.5m) Gambia (>1.5m) Guinea Bissau (>1.5m) Lesotho (>1.5m) Namibia (>1.5m)	Brunei (fuel exp.)	Cyprus (adv.) Estonia (adv.) Iceland (adv.) Malta (adv.) *San Marino (adv.)*	Bahrain (fuel exp.) Qatar (>1.5m)	Jamaica (>1.5m)

Source: IMF and World Bank.

한편 태평양 섬나라들의 GDP는 평균적으로 카리브 국가들의 1/5에 불과해 대부분은 매우 가난하고 공적원조에 많이 의존하지만 GDP 대비 공공채무 비율이 낮은(32%) 반면, 카리브 국가들은 소득이 중상위권에 속하지만 채무비율이 약 80%에 육박하여 중장기적으로 채무의 지속가능성을 걱정해야 하는 상황이다.

IMF는 이들 국가들에 대한 자금지원시 자격요건을 다소 완화해 주고 있는데, 저소득국에 지원하는 PRGT자금의 통상적인 소득기준(IDA cutoff 기준[84)])보다 Small States는 2배, Microstates는 5배 높은 기준을 적용한다[85)]. 2010~2019년 사이 Small States의 56%가 IMF로부터 대출자금 지원을 받았는데, 이중의 2/3가 PRGT자금이다. 자연재해용 긴급지원자금 (RCF/RFI)의 사용빈도는 높은 데 비해 여타 프로그램을 수반한 대출자금의 이용은 적은 편이다. 이는 통상의 IMF자금이 이행조건(Conditionality)과 그 리뷰를 조건으로 하기 때문에 기관역량이 약한 Small States는 이를 기피하는 것으로 추정된다. 한편 소규모 국가가 IMF로부터 받은 역량개발(Capacity Development) 지원의 비중은 2019년 총 CD 예산 140백만불의 약 11%인 16백만불로 Small States가 IMF에서 차지는 쿼터비중 0.39에 비하면 매우 높은 수준이다. 이를 통해서 Small States가 IMF로부터 바라는 바가 무엇인지 간접적으로 가늠해 볼 수 있다.

---

84) 2020년 IDA cutoff 1인당 소득 기준은 $1,175이다.

85) 소득기준 완화에도 불구하고 Small States의 절반 정도는 PRGT나 CCRT의 지원대상이 되지 않는데, 이들의 평균 1인당 소득은 IDA cutoff 기준보다 평균 15배 높다.

IMF는 내부 인적자원 배치 시 Small States에 대한 관심도가 낮다는 지적이 많다. 2020년 IMF 독립평가실의 보고서[86]에 의하면 연례협의시마다 매번 미션팀장이 바뀌는 국가도 8개에 이르고 80%의 팀원이 한 국가의 연례협의에 한번밖에 참여하지 못할 정도로 업무의 연속성과 전문성이 확보되지 못하고 있다. 따라서 IMF가 이들 국가의 특성에 적합한 전략적 접근과 유효한 지원을 하고 있는지, 그렇지 못했다면 어떻게 개선할 수 있는지 등에 대해 관심을 가질 필요가 있다. 현재 IMF의 독립평가실이 2020년말까지 이 문제를 본격적으로 평가할 계획이기 때문에 그 결과가 주목된다.

86) IEO, 'IMF engagement in small states-draft issues paper', 2020, IMF

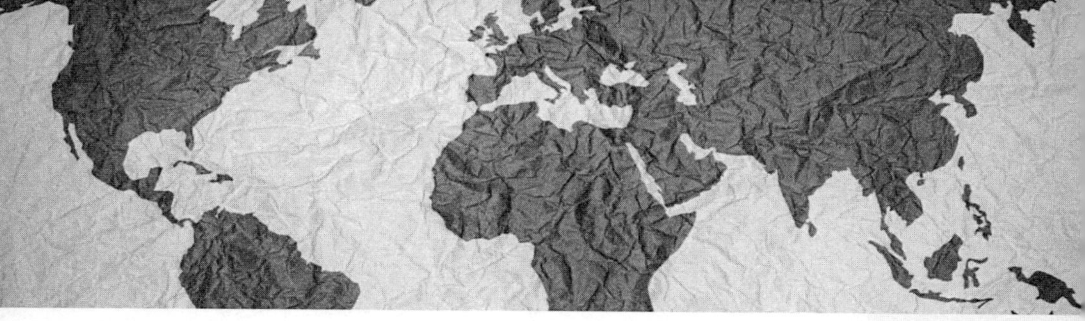

VII. 기타 IMF의 연구결과들

37. 건설업 비중과 금융위기의 관계

과거 국내에서도 GDP대비 건설업 비중이 20%를 넘어설 경우 경기호황 이후 거품붕괴로 이어져 금융위기를 맞을 가능성이 높다는 연구가 있었다. IMF 스태프도 비슷한 의문을 가지고 연구에 착수한 것 같은데, 이 연구결과는 2020년 2월 '좋은 호황과 나쁜 호황 가려내기: 건설업의 역할[87]'이라는 제목으로 외부에 공개되었다. 2008년 글로벌 금융위기를 촉발한 서브프라임 사태도 부동산 호황과 무관하지 않았고, 현재도 넘쳐나는 유동성이 각국의 건설업과 부동산 시장에 집중되고 있어 금융시스템 전체의 취약성이 높아지고 있는 현실을 감안한 연구라고 생각된다.

연구의 결론은 다음과 같다. 첫째, 신용 확대기간 중 가장 혜택을 많이 받는 부문이 노동집약적이고 비무역 분야인 건설업이고, 특히 많은 국가들에서 나타나는 비거주자의 부동산투자도 여기에 한몫을 거들고 있는 것으로 평가했다. 그 다음이 금융부문이지만 건설업과는 그 격차가 크다. 따라서 상황이 역전될 경우에 가장 심한 타격을 입는 부문도 건설업일 가능성이 높은 것이다. 다만 이런 boom-bust 사이클 이후 전반적인 산업구조의 변화에는 큰 영향이 없는 것으로 확인되었다.

둘째, 특히 나쁜 호황으로 사후적으로 판명된 기간 중에는 좋은 호황기에 비해 유독 건설업의 생산과 고용이 과거 추세에 비해 3%p 증가한

87) IMF SDN/20/02 'Discerning Good from Bad Credit Booms: The role of the Construction'.

것으로 나타나 건설업이 유별나게 호황인 경우에는 거시경제정책 관리에 있어서 더 유의할 필요가 있다고 권고하고 있다. 즉 건설업의 비중과 움직임이 향후 금융위기를 사전에 예측하는 척도로 활용될 수 있다는 뜻이다[88]. 이 연구는 금융위기를 예측하는 데 있어서 기존에 많이 활용되던 변수인 호황기의 크기와 기간, 가계 신용증가, 부동산 가격의 증가보다 건설업의 생산과 고용의 움직임이 그 예측력에 있어서 더 뛰어나다고 주장하고 있다.

건설업이 다른 산업에 비해 boom-bust 사이클에 민감한 이유는 첫째, 외부자금에 대한 접근이 용이한 경우 이 사이클에 민감하게 반응하기 마련인데, 많은 경우 부동산 시장과 건설업을 움직이는 자금은 상당부분 외국인 투자에 의존한다는 것이다. 국내 금융기관에 대한 거시건전성 조치가 작용하지 않을 수 있다는 의미이다. 둘째, 비숙련 노동집약적인 산업은 경기 호황기에 자본집약적인 산업보다 생산 확대가 용이한데 건설업이 그렇다는 것이다. 셋째, 건설업은 대표적인 비교역 내수산업이기 때문에 비거주자의 자금 유입으로 환율이 절상해도 직접적 영향을 받지 않기 때문에 호황기에는 확장 가능성이 교역재보다 커지는 반면, 경기 하락기에는 더 많이 수축되는 특성을 가진다는 것이다.

건설업 호황이 금융위기로 이어지는 전달경로로는 다음과 같은 것들이 있다. 첫째, 자원배분의 왜곡이다. 건설업과 부동산 투자의 수익성이 높아질수록 자원이 생산성 제고에 도움이 건전한 산업에 투자되지 않고

---

88) 호황기 건설업 부가가치 1% 증가는 이후 금융위기로 이어질 확률을 2~5%p 증가시켰고, 실제 금융위기로 이어진 경우 총생산의 0.01%p 하락을 유발했다.

지대추구 목적으로 사용되기 때문에 산업전반의 경쟁력이 약화되고 이는 경기하락 시 부정적으로 작용한다는 것이다. 둘째, 인적자본의 질 저하다. 저숙련 노동집약적인 건설업으로 인력이 몰리면 교육과 직업훈련에 대한 투자유인이 사라져 일시적인 호황이 끝난 이후 직업전환이 어려워져서 일자리의 수요와 공급의 미스매치가 발생하고 총요소생산성도 하락하게 된다는 것이다. 셋째, 호황기에는 낙관적인 분위기에 휩싸여 구조개혁이나 건전성 조치 등의 유인이 낮아져서 경제 펀더멘탈 자체가 저하될 가능성이 높다고 지적했다.

마지막으로 건설분야는 초기자금이 많이 소요되는 등 레버리지가 높은 분야이기 때문에 호황기에는 수익률이 높은 반면 하락시에는 유동성 부족으로 담보물의 긴급처분(fire sale)이 급증하는 등 부정적 영향이 급속도로 확산될 가능성이 높다는 점도 중요한 경로 중의 하나로 보았다.

이 분석에는 여러 가지 단서가 붙는다. 기본적으로 좋은 호황과 나쁜 호황을 사전적으로 정의하거나 예측하기 어렵다는 점을 인정했다. 또한 가계의 신용이 증가하고 경기가 상승한다고 해서 반드시 경기하락을 수반하는 것은 아니기 때문에 미리 겁을 먹을 필요는 없다는 점도 강조했다. 다만, 건설업의 생산과 고용이 과거의 트렌드보다 급격하게 상승할 때에는 얼마 후 일어날 수 있는 급격한 경기침체를 암시하는 하나의 신호 정도로 간주하고 이를 예의주시하면서 경기하강에 대비한 충격흡수 정책을 선제적으로 마련해야 한다는 것이다. 이번 연구의 내용이 현재 우리나라의 상황과 딱 들어맞는 것은 아니지만 최근 부동산 시장 과열이 Boom-bust 현상의 전조가 될 수도 있다는 우려를 뒷받침해 주는 측면이 있다. 그리고 지금이 거품이라면 언젠가는 꺼지기 마련인데 최근 언론에서 자주 인용하는 '영끌 부동산투자'가 왜 두려운지 그 이유도 잘 설명해 주고 있다.

38. 고용시장에서의 남녀 격차 해소와 재정의 역할

IMF의 분석에 의하면 지난 30년간 일부 개선에도 불구하고 남녀간 고용참가율과 임금의 격차는 여전히 지속되고 있다[89]. 그간 각국이 동원한 재정정책은 다양한 채널을 통해 여성의 고용 참가율을 제고하고 경제성장, 임금격차 및 빈곤문제 해소에 기여해 왔다. 반면에 정책의 효과는 교육의 전반적 수준, 남녀간의 교육 격차, 비공식 경제의 크기, 성별 역할에 대한 사회적 인식 등 각국의 고유한 특성에 따라 차이가 나타났다.

이를 세부적으로 나누어 살펴보면, 고용참가율 격차는 평균적으로는 1990년대 27%p에서 2018년 20%p로 축소되었다(페루, 스페인 등). 하지만 20%에 해당하는 국가에서 오히려 격차가 확대되었다(스리랑카, 중국 등). 계량분석에서 여성의 고용참가율 확대는 경제성장에 기여하고, 불평등과 빈곤을 해소하는 데 있어서 유의미한 것으로 나타났다. 남녀간의 고용참가율 격차의 축소도 마찬가지로 성장에 긍정적으로 기여했음은 물론이다.

주목할 만한 부분은 상기 결과가 경제성장에 따른 자연스러운 효과라기보다는 재정의 적극적 역할에 기인한 측면이 컸다는 점이다. 선진국에서는 아동수당, 유급 출산휴가, 가구기준 과세에서 개인과세로의 전환

89) IMF(SDN), Women in the labor force: The role of fiscal policies, February 2020, SDN/20/03.

정책, 개도국에서는 여성의 불필요한 가사 시간을 줄이자는 홍보와 인프라에 대한 투자, 현금 지급 등이 긍정적인 정책으로 판명되었다.

특히, 세네갈과 같은 저소득 국가에서 여성들은 식수를 운반하는데 통상 하루 1.9시간(남성은 1.5시간)을 소비하기 때문에 상수시설 인프라 구축, 식수의 안전성 강화 등이 여성의 고용참가율과 생산성을 향상시키는데 긴요한 정책으로 확인되었다. 같은 나라 안에서도 일반적으로 가난한 가정의 여성이 식수 운반에 더 많은 시간을 소비하기 때문에 식수의 원활한 공급은 소득 불평등 해소에도 기여할 수 있었다.

실험경제학으로 노벨경제학상을 공동 수상한 'Poor Economics'의 저자이자 MIT 교수인 아비지트 배너지, 에스테르 뒤플로 등은 빈곤 갭을 탈출하기 위해서는 기본생계를 유지할 수 있는 임금이나 정부보조금이 뒷받침되어야 한다고 주장하는데, IMF 연구에서도 가난한 여성들에 대한 현금지급이 실제로 이들의 고용참가율을 증진시키는 데 효과적인 것으로 나타났다. 다만 이런 효과는 교육기회가 없었던 저숙련 여성들에게 더 크게 나타나 빈곤해소에는 효과적이지만 생산성 제고에는 한계가 있었다. 생산성 제고를 위해서는 여성에 대한 기본교육이나 직업교육 등 인적 자본에 대한 투자확대가 필요하다.

한편, 우간다 등 일부 국가에서는 라디오 방송을 통해 여성의 사회적 참여에 대한 인식을 개선하는 홍보전략이 여성 고용참가율 향상에 기여한 것으로 나타났다. 저개발국의 사회적 규범을 개선하는 것도 재정적인 지원 못지않게 중요하다는 뜻이다.

결론적으로 IMF는 각국 정부가 앞으로도 여성의 고용참여 기회의 확대를 위해 적극적인 재정투자 노력을 지속할 것을 권고하면서, 각 국가가 처한 여건 및 고유한 문화적 특성 등을 감안해서 차별화된 정책을 마련할 것을 주문했다. 아울러 정책의 우선순위를 빈곤이나 사회불평등 해소에 둘 것인지, 아니면 생산성 제고와 경제성장 기여에 둘 것인지에 따라서 구체적인 정책의 조합이 다를 수 있다는 점을 강조하였다.

39. 글로벌 금융충격에 대한 거시건전성 정책의 효과

우리나라는 외환시장의 급격한 변동을 완화하기 위해 외환 선물포지션을 자기자본의 일정비율 이하로 제한하거나 단기외화차입금에 대한 건전성 부담금을 부과하는 등의 규제를 가하고 있다. 그 밖에 부동산 투기 과열 등에 따른 가계부채 증가, 금융기관의 건전성 훼손을 방지하기 위해 LTV, DTI 같은 차입자 규제도 시행하고 있다. IMF는 이런 정책들을 통틀어 거시건정성 정책(Macroprudential Policy), 또는 MPM/CFM[90]이라고 분류하고 있다.

미 연준의 금리인상 등에 따른 신흥국으로부터의 자본유출, QE 확대에 따른 신흥국으로의 대규모 자본유입 등은 환율의 급격한 변동을 수반한다. 이를 변동환율에 맡길 경우 통화정책의 독립성은 확보될 수 있지만[91] 환율의 지나친 변동은 정상적인 무역 및 자본거래를 훼손하기 때문에 각국은 비정상적인 시장 상황(disorderly market)이 발생하면 외환시장에 개입하거나 자본흐름 통제조치 등을 실시한다. 하지만 이를 과도하게 실시할 경우 무역경쟁력을 확보하기 위해 통화가치를 조작한다는 비판을 받을뿐더러 정책금리 조정 등 통상적인 거시경제 안정조치

---

90) IMF의 2012년 Institutional View on Capital Flows에 의하면 자본통제수단(CFM: Capital Flow Measures)은 다른 거시경제적 수단의 사용이 어려운 예외적인 경우에 한하여 시행하되, 가급적 비거주자에 대해 비차별적으로, 그것도 한시적으로만 규제할 것을 권고하고 있다. IMF의 분류에 따르면 우리나라의 외환 건전성규제는 CFM의 성격도 있지만 금융시스템 안정을 위한 거시건전성 정책의 성격도 띠기 때문에 이를 MPM/CFM으로 분류하고 있다.

91) 고정환율, 자본의 자유로운 흐름, 독립적인 통화정책이 병존할 수 없다는 명제를 통상 Mundell-Fleming trilemma라고 한다.

의 신뢰를 저해하는 부작용도 발생한다.

IMF의 2020년 4월 WEO(세계경제전망보고서, Chapter 3)에서는 외환시장에 대한 직접 개입 대신 사전적인 거시건전성 규제를 시행할 경우에도 글로벌 금융충격과 같은 외부의 충격을[92] 완화시키는 효과가 있는지 점검하였다. 거시건정성 규제는 앞서 언급한 LTV, DTI와 같은 수요제한조치, CCyB (경기대응적 충당금)와 같이 은행의 탄력적인 자본금 조절장치, 여타 특정대출 제한 등의 조치를 일컫는데 38개 신흥국을 대상으로 한 조사에서 2005년부터 각국의 거시건전성 규제가 상당폭 강화되어 온 것을 확인할 수 있었다.

계량분석 결과 실제로 거시건전성 규제는 GDP나 신용의 변동 폭을 줄이고 통화정책의 경기대응성을 높이는 것으로 나타났다. 일례로 미 연준의 금리상승으로 자본유출이 우려될 경우 거시건전성 규제는 이의 부작용을 사전적으로 완화시키기 때문에 경기 하강기에 정책금리를 올려야 하는 trade-off 상황을 방지할 수 있다는 것이다[93]. 그리고 이러한 효과는 외환시장 건전성 규제나 여타 거시건전성 정책을 통해서도 달성할 수 있기 때문에 자본흐름통제 조치에 집착할 필요가 없음을 시사하였다. 다만, 이 효과는 양방향으로(symmetric) 나타나기 때문에 경기호황기에 성장의 효과를 제한하는 부작용이 있다는 점, 이미 강한 거시건전성 규제를 부과하고 있을 경우 추가적인 조치의 한계 등도 지적함으

92) 이 보고서에서 외부의 충격은 자본유출, VIX의 증가 등으로 측정하였다.

93) 다만, 이 보고서는 자본유출 압박이 극심한 스트레스 상황 하에서는 거시건전성 조치를 시행하더라도 그 충격의 폭이 워낙 커서 정책금리의 인상이나 외환시장 개입 등과 같은 추가적인 조치가 필요할 수도 있다는 점을 인정하고 있다.

로써 이의 장단점을 잘 비교하여 국가별 상황에 맞는 정책 조합을 선택해야 한다는 점을 강조하였다.

그리고 거시건전성 정책은 금융시스템의 안정성을 전반적으로 높이는 동시에 외환시장의 위험성을 낮추고 명목 및 실질 환율을 안정시킨다는 점도 강조하였다. 한 국가의 규제 강화가 다른 국가의 변동성을 증폭시키는 전이효과(spill-over effect)가 존재하는지 여부에 대해서는 오히려 금융충격시 한 국가의 시스템을 안정시킴으로서 인근 국가의 안정성도 제고되는 긍정적 효과가 발생하는 것으로 나타났다. 다만, 이 분석에서 거시건전성 규제의 강도를 측정하는 데 한계가 있었다는 측정의 오류 가능성(measurement drawbacks)도 언급했다. 외부 충격의 종류에 따라 거시건전성 규제가 가져오는 충격완화의 효과(dampening effect)도 달랐는데, VIX의 증가 시에는 외환 익스포져에 대한 규제, 자본 유출시에는 은행 자본금 확충 등이 가장 효과적인 것으로 나타났다.

이번 분석은 거시건전성 규제가 국내 거시경제 안정뿐만 아니라 자본 유출입 등 글로벌 금융충격에도 유효한 수단임을 계량분석으로 재확인하였다는 점에서 의미가 있다. 이후 발표된 Integrated Policy Framework 연구나 IEO(독립평가실)의 내부적 평가 결과도 이와 다르지 않다[94]. 특히, 공짜 점심은 아니기 때문에 각국이 경제성장에 미치는

---

[94] IPF나 IEO의 연구/평가 결과가 종전 IV와 다른 점 중에서 가장 주목할 만한 부분이 사전적이고 (preemptive), 지속적인(long-lasting) 조치의 효과성 인정이다. 종전 IV는 이의 정당성을 부정했는데, IPF나 IEO의 결과는 이의 정당성을 인정하고 있기 때문이다. 특히, 급격한 자본유입에 대비하여 MPM뿐만 아니라 CFM의 사전조치까지 그 효과성을 인정하고 있기 때문에 향후 IV review시에는 이러한 내용이 반영될 것으로 예상된다.

부정적 효과도 있음을 감안하여 정책을 선택해야 한다는 과제를 안겨 주었고, 급격한 외화유출시에는 제한된 범위 내에서 외환시장 개입과 자본통제수단의 정당성도 인정하였다는 점에서 우리 외환당국의 입장에서는 긍정적으로 해석할 수 있을 것 같다. 마지막으로 향후 IMF가 좀 더 분석해야 할 영역으로 은행 이외의 비은행금융기관(NBFI)에 대한 거시건전성 정책의 확장 문제를 언급하지 않을 수 없다. 비은행금융기관의 활동영역이 전 세계적으로 확대됨에 따라 은행에 대한 규제만으로는 사각지대가 발생할 수 있는 환경이 되었기 때문이다.

40. 공기업(SOE) 사용 설명서

IMF의 189개 회원국 중 특히, 저소득국에서 공기업이 차지하는 비중은 매우 높고, 석유 등 천연자원 개발에 있어서는 국제적으로 활동하는 다국적 공기업도 많다. 공기업은 정부가 제공할 수 있는 서비스를 보다 효율적으로 제공하는 수단이 되기도 하지만 정부 보조금 수령 등으로 시장의 기능을 왜곡하기도 하고 부패의 통로로 작용하는 등 문제점도 많다. 2020년 봄 IMF 재정모니터(Fiscal Monitor) Chapter 3에서는 공기업의 특성을 종합적으로 분석하고 있다.

공기업이 각 국가 경제에서 차지하는 비중은 1980년대 초반 선진국 8%, 개도국 15% 정도였는데, 당시 시장중심적 세계화 흐름과 소련 등 동유럽 국가의 자유화에 따라 공기업의 비능률이 부각되면서 상업적 성격의 공기업이 민영화(privatization)되는 경우가 많았다. 그러나 중국이 급부상하면서, 중국 경제개발의 큰 축으로 작용하고 있는 공기업에 대한 관심이 다시 높아지기 시작했다. 전력, 통신, 교통 등 기본 인프라 투자에 있어서 공기업이 차지하는 비중은 개도국과 저소득국은 55%에 육박하지만, 선진국도 은행 등 업종에 따라서는 공기업의 비중이 1/3을 넘어서는 경우가 드물지 않다(독일, 포르투갈 등).

소유구조를 보면 민영화를 통해 지분 일부를 시장에 매각한 경우가 60%를 넘었고, 처음에 유럽에서 시작해서 이제는 BRIC국가들도 그런 추세에 있다. 중국 National Petroleum, 독일 Volkswagen AG, 러시아

Gazprom 등 전 세계에 걸쳐 자회사와 많은 자산을 보유하고 있는 다국적 공기업도 많은데, 업종별 매출기준 세계 탑10 기업 중 절반이 이런 다국적 공기업이다. IMF는 철강, 반도체, 알루미늄 등 민간 기업의 비중이 높은 분야에선 특정 국가의 공기업이 정부 보조금, 낮은 세제, 값싼 차입 등에 힘입어 왜곡된 경쟁력을 유지하면서 과잉생산을 유발하고 있다고 지적하고 있는데 이는 다분히 미국 등 선진국의 입장을 대변한 내용이라고 해석해야 할 것이다.

공기업은 식수, 하수처리, 교통, 전력 등 필수적인 인프라를 넓은 계층에 공급하고 있지만, 재투자와 유지보수에 필요한 만큼 가격을 충분히 인상하지 못하거나 불필요하게 많은 고용을 요구받는 등 정부의 간섭으로 인해 효율성과 지속가능성이 훼손되는 경우가 많다. 반면 많은 공기업들이 다양한 사회정책 목표를 추구하기 때문에 이익 확대만 추구하는 민영화가 오히려 실패로 끝난 사례(미국 지방정부의 수자원 관리 등)도 많다. IMF가 109개 나라 969,000개 기업을 대상으로 분석한 결과에 의하면 역시 공기업의 생산성과 수익성은 민간기업보다 낮고 정부가 대주주인 공기업의 경우 그렇지 않은 경우보다 효율성이 더 떨어지는 것으로 나타났다. 일반적으로 민간 주주의 참여로 효율성을 높일 여지가 있지만, 다른 민간기업과의 경쟁이 치열한 분야(제조업, 농업 등)에서는 진입규제가 강한 분야보다 공기업의 수익성이 낮게 나왔다. 공기업의 채무는 GDP의 20%를 넘는 경우(한국 등)가 많고, 사우디, 러시아는 전체 공공채무 중 50% 이상을 공기업이 차지한다. 채무의 지속가능성이 떨어지는 저소득국의 경우 이런 공기업의 비효율성은 승수효과를 통해 거시경제 관리에 부정적으로 작용할 수 있기 때문에 주의를 요한다.

IMF는 그런 이유에서 회원국의 채무지속가능성(Debt Sustainability)을 분석할 때 가능하면 공기업의 정부보증 채무를 공공채무에 포함시키고, 그렇지 않는 경우에도 잠재적으로 정부의 손실보전 가능성이 높기 때문에 우발채무(Contingent Liability) 요소로 간주하여 그 위험성을 통합적으로 분석하고 있다.

IMF는 개혁을 통해 공기업의 효율성을 제고할 수 있다고 평가했다. 특히, 기업지배구조 개선과 가격통제 완화는 생산성을 높이고 비용을 절감시키는 것으로 분석했다. 그 예로 정부로부터 GDP 6%의 보조금을 받던 요르단 전력회사 NEPCO는 연속적인 개혁과 요금 조정을 통해 보조금 없는 경영이 가능할 정도로 변모할 수 있었다. 우크라이나의 석유가스회사인 Naftogaz도 유사한 사례인데, 둘 다 개혁과 병행하여 저소득층에 대한 저렴한 전력 에너지의 공급을 지속하였다. 여기서의 교훈은 공기업의 설립목적에 맞는 공익목표 달성을 위해서 취약계층을 타켓팅해서 지원하는 것은 바람직하지만, 전체적인 서비스 공급가격은 재무적으로 지속가능한 수준까지 보장되어야 한다는 점이다. 공기업 존속의 유효성을 정기적으로 리뷰(독일)하거나, 공기업 전체를 감독하고 의회에 책임지는 부서를 재무부 내에 설치(핀란드)하는 등의 관리감독 장치가 효과적이라는 점도 부각시켰다. 아울러 공기업이 재정에 미치는 효과를 투명하게 관리하기 위해 예산과 공기업 재무제표를 합산 관리하는 제도(balance sheet approach, 영국), 공기업 전체나 개별 공기업의 성과를 객관적으로 평가해서 공개하는 방식(핀란드, 한국) 등으로 투명성을 제고해야 한다는 점도 강조되었다.

우리나라도 기획재정부 내에 공공정책국을 두고 공기업을 시스템적으로 관리하는 모범사례에 속하지만, IMF는 이번 보고서에서 여러 지역 유형 중에서 북유럽 모델을 모범사례로 소개하고 있다. 그 중에서 공기업의 지분을 특정 부서에서 통합 관리(스웨덴, 핀란드), 공기업의 이사회에 정부대표의 참여 금지(노르웨이, 덴마크), 공기업의 사회적 목표와 그에 소요되는 비용을 투명하게 제시(핀란드), 고위 경영진에 대한 성과급 지급 제한(스웨덴) 등을 구체적인 사례로 소개했다. 그렇다고 무조건 북유럽 모델을 따른다고 저절로 공기업 분야가 혁신될 리 없다. 하나의 예로 통합적으로 관리하는 것에 장점만 있는 것은 아니다. 각 공기업이 처한 여건이 서로 다른데 통합적 관리에서는 유연한 접근이 어렵다. 공기업 중에는 민간 기업처럼 경영성과를 내기는 어렵지만 공공의 이익을 위해 존속시켜야 하는 공기업도 있을 수 있기 때문이다. 모든 공기업을 동일 선상에 놓고 평가해서 성과 상여금을 지급하는 방식은 개선의 여지가 있다. 우리나라도 현행 제도의 틀은 유지하되 개별 공기업별로 맞춤형 인센티브 구조를 개발하는 등 보다 신축적인 관리방법을 고민할 필요가 있다.

IMF는 정부 지원에 힘입은 다국적 공기업들이 무역과 투자 등 국제시장 질서를 왜곡하는 것을 방지하기 위해 국부펀드에 적용되는 산티아고 원칙과 같은 국제적 합의의 유용성을 언급하고 있다. 각국 정부의 공기업에 대한 지원 내용을 공개하고 해당 공기업의 본질에 속하는 않는 사업이 있을 경우 이에 대한 투명성을 제고하라는 것이다. 지나치게 낮은 차입에서 발생하는 이익은 정부에 자진 반납해야 한다는 원칙도 그 중의 하나이다. 다분히 중국이나 러시아의 다국적 공기업을 겨냥하고 있는 듯하다. 하지만 IMF는 일반적인 원칙을 넘어서 참신하고 구체적인 실행방안은 제시하지 못하고 있다. 역시 중국[95]의 반응이 신경쓰이는 것 같다.

---

95) 중국의 공기업이 중국경제에서 차지하는 비중(2017년 기준)은 전체 고용의 약 15%, 자산은 GDP의 200%로서 20년 전인 1998년과 비교할 때 고용은 약 25%p 줄어든 반면, 자산은 약 50%p 이상 증가했다. 중국의 비금융 공기업은 약 19만개이고 총자산의 규모는 약 26조 달러인데, 이는 전 세계 GDP의 약 1/3에 해당한다.

41. 기후변화 리스크 금융에 반영하기

IMF의 기후변화 사랑은 2020년에도 이어지고 있다. 5월 글로벌 금융안정보고서(GFSR) Chapter 5는 작년에 이어 기후변화 리스크가 주식, 보험 등 금융상품에 어떻게 반영되고 있는지를 탐구하고 있다. 사실 기후변화로 해수면이 상승해서 국가 존립의 위협을 받고 있는 섬나라들도 있지만 모든 직간접적인 기후변화의 위험을 금융상품의 가격에 반영하기는 현실적으로 쉽지 않다. 소득불평등, 정치적 요소, 무역갈등 등 자산 가격에 영향을 미치는 다른 요인들도 마찬가지이다. 하지만 IMF가 자꾸 이런 연구를 공유하는 것은 회원국들에게 기후변화에 선제적으로 대응하라고 설득하는 이념적 측면이 더 강하다고 봐야 할 것이다.

이 보고서에서는 금융상품 가격에 기후변화 리스크가 얼마나 적절히 반영되고 있는지가 우선의 관심사였다. 그 다음은 금융시스템의 안정성에 영향을 미치는 여러 요인을 스트레스 테스팅하는 과정에서 어떻게 하면 기후변화 리스크를 적절히 반영할 수 있는가 하는 문제였다. 이해를 돕기 위해 기후변화의 장기적 속성과 예측불확실성 때문에 현재는 금융상품 가격이 과대평가되어 있지만 대규모 자연재해 발생시 이에 노출된 금융상품의 가격이 급속히 하락하여 시스템의 안정성을 위협하는 시나리오를 상상해 볼 수 있다. IMF는 우선 주식시장을 주목했다. 다른 금융시장에 비해 각종 정보를 즉각 가격에 반영하는 속성과 장기적인 수익변화 예측치를 현재가치로 쉽게 환산해 볼 수 있는 속성 때문이다.

기후변화로 인한 자연재해가 경제에 미치는 영향은 신흥국이 GDP의 0.13%로 선진국의 0.07%보다 두 배나 높았는데, 10대 대형 자연재해[96]의 경우는 그 차이가 더 컸다. 자연재해는 피해 규모가 비선형으로 급증하고 피해액의 절대규모[97]도 증가하고 있는 추세이지만 GDP대비 자연재해당 평균 피해는 지난 30년간 대체적으로 0.2%에서 큰 변화가 없었다. GDP도 많이 증가했기 때문이다. 다만 자연재해가 피해국가 경제에 미치는 비중에 따라 주식가격의 변화에 미치는 영향에도 큰 차이가 있었다. 미국에서 2,000명의 목숨을 앗아간 허리케인 카타리나의 피해규모도 GDP 대비 1%에 불과했고, 미국 주식시장에 대한 영향도 거의 없었지만, 2011년 태국에서 813명을 앗아간 대홍수는 피해액이 GDP 대비 10.1%였고 그로 인해 태국의 주식가격도 누적 기준으로 약 30% 하락했다. 그러나 평균적으로 볼 때 자연재해로 인한 보험회사와 은행의 주식하락은 각각 -2%, -1.5% 하락에 그쳤고, 그나마 신흥국 보험회사는 선진국 보험회사의 자회사인 경우가 많아 큰 피해를 입지 않았다. 자연재해와 관련해 보험회사로부터 상품을 인수한 재보험사들만 상대적으로 큰 영향을 받았을 뿐이다.

선진국조차 자연재해가 보험으로 커버되는 경우가 2/3에 불과하지만, 손해보험 가입률이 높을수록 자연재해로 인한 주식시장의 손실은 상대적으로 작게 나타났다. 즉 경제 내 손해보험 가입률이 1%p 증가할수록 일반 산업의 주가는 평균적으로 1.5%p 증가했다. 국가신용등급이 높은

---

[96] 신흥국의 피해는 GDP의 2.9~10.1%인데 비해 선진국의 피해는 GDP의 1~ 3.2%에 불과했다.

[97] 자연재해당 피해규모(절대액)는 1980~89년 사이 약 220억불 수준이었으나 2010~2018년 사이 약 1,200억불로 6배나 증가했다.

경우에도 자연재해가 미치는 영향이 상대적으로 적었는데, 재해에 대한 국가의 대처능력이 높을 것이라는 시장평가가 반영된 것이다. 하지만 설문조사 결과 여전히 많은 투자 전문가들이 자연재해로 인한 물리적 피해 가능성을 가격산정 및 투자결정에 반영하는데 어려움을 겪고 있는 것으로 나타났다. 설사 가격산정이 가능하더라도 통상 장기간에 걸쳐 있어나는 현상을 단기간의 투자결정에 반영하기는 쉽지 않다는 것이다. IMF가 자연재해의 빈도수 관련 통계(World Bank Climate Change Knowledge Portal)를 가지고 계량분석한 결과 자연재해의 빈도수와 주식시장의 부정적 성과간의 직접적인 상관관계를 찾기 어려웠다. 반면, 미국의 기초단체(County)중 해수면 상승 위험에 직면해 있거나, 자연재해 위험이 높은 국가가 채권(특히, 장기채권)을 발행할 경우 그렇지 않은 경우보다 높은 금리를 지급해야 하는 것으로 나타났다. IMF는 주식시장에서 개별 회사가 자연재해에 취약한지 여부에 관한 데이터를 확보하기 어려운 반면, 채권 상환능력의 바탕이 되는 국가나 기초단체의 수입규모는 자연재해 대응능력과 무관하지 않을 것이라는 시장의 평가 때문이라고 추정했다. 실제로 자연재해 발생 시 피해 지역과 주민에 대한 국가의 피해보상이 불가피하다는 측면도 감안되었을 것이다. 물론 온도의 변화에 취약한 상품을 취급하는 회사의 주식은 그렇지 않은 경우보다 월 0.5%정도 부진한 성과를 나타냈지만, 온난화 등 기후변화의 위험이 가격에 반영된 증거로 보기에는 불충분하다고 평가했다.

IMF는 자연재해의 리스크를 금융상품 등에 제대로 반영하기 위해서는 정부가 보다 적극적인 역할을 해야 한다고 주장한다. 맞는 말이다. 대규모 자연재해를 통계적으로 예측하는 것은 거의 불가능에 가깝고, 개별기업 차원의 문제라기보다는 국가기관이 해결해야 할 공익적 사안이기 때문에 시장 메카니즘으로 해결하는 데에는 한계가 있을 수밖에 없다. IMF는 또한 개별기업의 기후변화 리스크 정보가 공개되는 것이 바람직하기 때문에 이를 위해 글로벌 차원의 합의된 원칙이 필요하다고 강조한다. 개별 금융기관들도 단계적인 적응을 위해 기후변화 스트레스 테스팅이나 시나리오 분석 등을 서둘러 준비해야 한다고 주문한다. IMF가 기후변화 이슈에 대해서 어디까지 개입해야 하는지와 관련된 논쟁은 차치하더라도 2020년 전 세계에 몰아닥친 태풍, 산불, 홍수 등의 급증을 보면서 기후변화의 위험성에 대한 체감도가 높아진 것은 필자만은 아닐 것이다.

42. 무역결재통화(Dominant Invoicing Currency)의 추세와 영향 연구

IMF 수석 이코노미스트 고피나스가 국제무역 관련 연구 중에서 관심을 가지는 주제 중의 하나가 독점적(dominant) 결제통화의 문제이다. 미국과의 거래에서 미국 달러를 결제통화로 정하는 것은 일반적 관행이지만, 이를 글로벌 공급망(GVC)으로 연결된 다자채널로 확대할 경우 달러 결제가 환율과 무역량의 변화에 어떤 영향을 미치는지 분석하기 위해서이다[98]. 결론적으로 미국이 세계무역량에서 차지는 비중의 축소와 무관하게 달러를 결제통화로 하는 전 세계 무역량은 꾸준한 비중을 유지해 왔고, 그에 따라 환율의 시장조정기능은 제한적일 수밖에 없다는 것이다. 따라서 급격한 자본유입 및 유출 등 외부충격에 대해서 환율이 외에 외환시장 개입이나 자본통제수단(CFM)의 사용이 불가피하는 측면이 강조될 수밖에 없다[99]. 이는 앞에서 언급한 Integrated Policy Framework의 주된 결론이기도 하다.

이 논의의 연장선상에서 2020년 6월 IMF의 리서치 국에서는 "Invoicing Currency Patterns in Global Trade"라는 주제로 연구논문을 발표했는데, 그 주된 내용을 소개하면 다음과 같다. 우선 연구 대상은

98) 종전의 전통적 이론에서는 수출국 통화를 결제통화(producer currency)로 사용한다는 전제로 이론을 전개했는데, 실제 무역거래에서는 지역 또는 거래상대방과 무관하게 달러, 유로화 등 소수의 통화(dominant currency)만이 결제통화로 사용되고 있다는 점에 착안하고 있다.

99) 국제무역이론에서는 J-Curve 효과라고 하여 환율의 단기조정 기능의 한계를 설명하고 있는데, 고피나스의 연구는 이를 다자간 무역으로 확대하여 실증분석한 것으로 이해할 수도 있다.

1990~2019년 사이 102개 국가인데, 전 세계 무역량의 약 75%가 그 대상에 포함된다. 분석결과 미국과의 교역량이 추세적으로 감소하는데 비해 달러를 결제통화로 사용하는 경우는 꾸준히 증가하였다. 유로화의 경우에도 유럽국가가 전 세계 무역에서 차지하는 비중이 37%인데 비해 유로화를 결제통화로 사용하는 비중은 46%에 달했다. 이는 특히 아프리카 국가들과 인근 유럽 국가들간의 유로화 사용 빈도가 커지고 있기 때문이다. 달러화의 높은 결제통화 비중은 주요 원자재(commodity) 거래가 달러화를 기반으로 하는 경우가 많기 때문인데, 이를 제외할 경우에도 전 세계 국가와 미국 간의 교역비중이 10%인데 비해 달러화 사용비중은 23%로 훨씬 높았다. 이러한 선택은 국가 간 투입-산출의 연계성이 강화되면서 수출상품의 가격변동을 최소화하려는 수출업자들의 노력이 반영된 결과이다. 미국은 전 세계 신흥국 상품들의 수출 각축장이므로 경쟁업체와의 가격 비교가 용이하도록 달러를 결제통화로 정하는 경우가 많다. 수출업자는 상품의 원가관리 측면에서 중간 투입재도 달러화로 결제하여 환율변동에 따른 원가마진의 변화를 최소화하려고 한다. 달러가 다른 통화에 비해 거래비용이 작은 점도 이런 결정을 용이하게 한다. 이런 과정이 중첩이 되면 자기확산 과정을 거쳐 전 세계 무역거래 중 달러화로 결제하는 비중이 늘어나기 마련이다. 반면, 유로화 사용비중의 증가는 2001년 유로존의 탄생과 유럽경제의 통합 등 제도적인 변화가 뒷받침한 측면이 강하다고 볼 수 있다. 국제결제통화로서 달러화가 독점했던 지위를 견제하고자 했던 것도 유로화의 탄생의 목적이었기 때문에 유럽 각국의 의도적인 유로화 사용 독려와 함께 유로지역의 높은 역내거래 비중도 유로화 결제 확대에 기여했다. 한편, 아직 비중은 미미하지만 아시아 일부지역에서 중국 위안화를 결제통화로 선택하는

경우가 조금씩 증가하고 있다. 이는 아시아 국가의 대중국 무역량의 급격한 증가와 함께 중국정부의 적극적인 위안화 국제화 노력에 힘입은 결과로 추정된다.

한편, 환율변동이 수입국가의 물가변동에 영향을 미치는 정도를 나타내는 환율의 인플레이션 전가효과(pass-through effect)와 결제통화와의 관계를 분석한 결과 통상 수입국 통화가 1% 평가절하 시 수입상품 가격이 0.7% 상승하는 등 전가효과가 상당한 것으로 나타났다. 특히 이러한 전가효과는 독점적 결제 통화의 비중이 커질수록 증가하는데, 그만큼 달러화 pass-through 효과가 커졌다는 것을 의미한다. 주목할만한 점은 유로화 결제통화의 비중이 증가했음에도 불구하고 유로화 pass-through는 달러화보다 낮아서 달러화가 국제무역에서 차지하는 위상이 특별하다는 것을 입증하고 있다. 이 보고서의 주된 발견사항은 아니지만 그간 고피나스가 강조해 온 부분이 역시 기록되어 있다. 즉, 환율변동이 상품가격 및 무역량에 미치는 영향이 비대칭적이라는 점이다. 즉, 미국과 거래하는 한국을 예로 들자면 환율상승(평가절하)시 수입품의 가격은 즉시 상승하여 수입물량을 줄이는 효과가 크지만, 달러화 표시 수출품의 가격은 미국 시장의 경쟁적 환경 속에 매우 경직적(sticky)이기 때문에 그 변동 폭이 작고 따라서 수출물량의 변화도 크지 않다는 것이다. 이런 현상은 달러화가 결제통화에서 차지하는 독점적 지위의 상승과 함께 더 증가하고, 따라서 환율의 대외균형조절 장치로서의 역할도 한계를 가질 수밖에 없다는 것이다. 향후 유로화와 위안화 등이 국제결제통화로서 사용되는 빈도가 증가할수록 상기 달러화의 영향력에 어떠한 변화가 발생할지 우리나라 대외경제 담당자들도 관심을 가져야 할 문제이다.

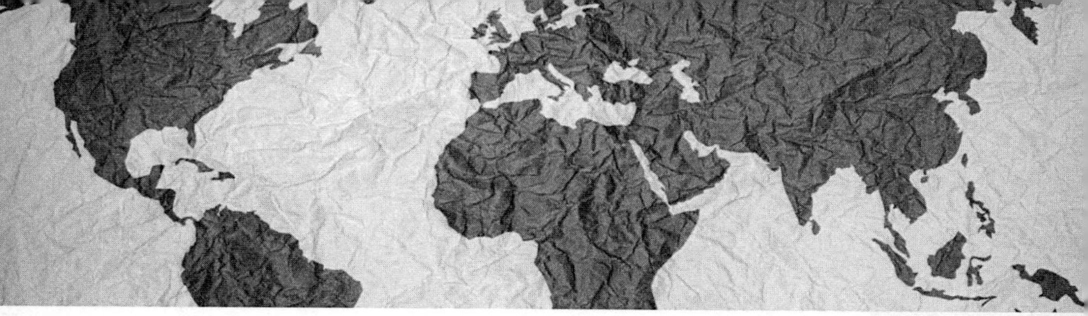

VIII. 한국경제에 대한 평가와 시사점

43. IMF의 한국경제 대외부문 평가

44. IMF의 한국 FSAP(금융부문 평가)

45. 우리나라에 이민청 설립은 언제쯤 가능할까?

46. 기본소득에 관한 IMF의 생각

47. 최저임금 정책은 유죄인가?

48. 인구구조 변화가 금융산업에 미치는 영향

49. 외국인의 부동산 투자에 대한 정책방향

43. IMF의 한국경제 대외부문 평가

IMF에는 소위 '대표 보고서(Flagship Report)'라는 것들이 있다. 세계경제전망 보고서(World Economic Outlook), 재정모니터 보고서(Fiscal Monitor), 글로벌금융안정 보고서(Global Financial Stability Report)가 그에 해당한다. 그런데 우리나라로서는 그 가치를 평가절하하고 싶은 보고서가 있는데, 대외부문 평가보고서(External Sector Report)가 바로 그것이다. 매년 7월경 발간되는데 2019 ESR이 8번째이다.

이 보고서를 곱지 않은 시선으로 보는 이유가 있다. IMF의 주된 임무는 자유로운 국제통화금융시스템의 안정적인 관리에 있는데, 금본위제가 붕괴된 1971년 이후부터는 국경 간 자유로운 자본흐름의 보장과 변동환율제(Flexible Exchange Rate)를 통한 외환시장의 자동조절 기능이 시스템 안정의 근간으로 중요시되어 왔다. 그런데 환율이 가격조절 기능을 훌륭히 수행하면 사실 장기간 지속되는 경상수지 흑자나 적자의 누적과 같은 현상은 발생하기 어렵다. 하지만 현실은 이론과 다르다. 우선 모든 나라들이 변동환율제도를 도입하여 경상 및 자본거래의 자유로운 흐름을 보장하고 있지도 않다. 사우디아라비아는 주요 수출품인 원유가 달러 기준으로 거래되기 때문에 자국통화 가치를 달러환율에 고정시킨 페그제를 유지하고 있다. 유럽국가들은 환율의 변동성으로부터 발생하는 여러가지 어려움을 극복하기 위해 유로존을 구성하여 역내 국가간에는 환율이란 자동조절장치 자체가 없다. 즉 단일의 대외환율이 적용되기 때문에 유로존 내 일부 국가가 경사수지 적자 누적으로 환율을 평가절하시킬 필요가 있어도 마음대로 조정할 수 없다는 뜻이다. 유럽중앙은행(ECB)이 유로존 전체의 경제상황에 맞는 단일 환율정책을 시행하기 때문에 따르는 당연한 결과이다. 중국처럼 여전히 국가가 직접 개입해서 환율시장을 정교하게 관리하고 있는 나라도 상당수이다.

1997년 동아시아 금융위기는 외환시장 관리의 중요성을 아시아 국가들에게 각인시킨 결정적인 계기가 되었다. 동아시아 금융위기 이후 수출중심의 대외개방 정책을 취하고 있는 아시아 국가들은 변동성이 심한 글로벌 자본이동의 영향에서 자유롭지 못하다는 것을 체감하게 되었고, 수출로 벌어들인 외화의 일부를 외환보유고 형태로 차곡차곡 저축하기 시작했다. 위기시에 환율 투기꾼들로부터 외환시장 교란을 방어하기 위한 목적이 강하다. 현재 우리나라도 4,000억불이 넘는 외환보유고(세계 9위)를 운용 중에 있다.

미국, 영국 등 경상수지 적자국들은 이런 현상이 세계경제에 위협이 되는 중대한 불균형이라고 보고 IMF가 보다 적극적인 정책권고를 통해서 불균형을 수정해야 한다며 압박의 수위를 높이고 있는데, 이를 위해 '대외균형평가(External Balance Assesement: EBA)'라는 분석틀을 도입하여 각국의 경상수지, 대외투자포지션(International Investment Position: IIP) 등의 적정성 등을 평가하기 시작한 것이다. ESR보고서가 바로 그런 논의의 산물인데, 이미 8년이 지나고 있지만 여전히 방법론의 적절성에 대해서 논란이 많다. 기본적으로 리저브 커런시를 보유하고 있는 일부 선진국들과 그 밖의 국가들을 동일한 잣대로 평가하겠다는 발상 자체가 어불성설이기 때문이다[100].

2019 ESR의 주요내용은 다음과 같다. 2018년 주요국(보고서 해당 29개국)의 경상수지 불균형은 전 세계 GDP의 약 3% 수준으로 그 전년보다 소폭 감소한 반면, 이의 스톡인 순대외채권/채무의 포지션은 역사상 최고수준인 전 세계 GDP의 20%까지 증가했는데 이는 1990년대 초에 비하면 약 4배 높은 수준이라는 지적이다. 이러한 불균형을 적절히 해소하지 않는다면 채무국들의 위험성이 증가하고 세계경제 전체에도 바람직하지 않기 때문에, 채권국들은 소비, 투자 증가 등을 통해서, 그리고 채무국들은 재정건전화 조치, 수출경쟁력 강화 등을 통해서 불균형을 줄여 나가야 한다는 것이다. 특히, Chapter 2에서 환율의 단기 조정기능을 재평가한 점은 주목할 만하다. 세계경제가 글로벌 가치사슬로 다양하게 결합되어 있고, 그 과정에서 달러를 결제의 주요수단(Dominant Dollar Invoicing)으로 사용함에 따라 환율의 단기 조정효과는 과거에 비해 상대적으로 약해졌다는 점을 실증적으로 분석했기 때문이다. 물론 대외거래시의 가격을 의미하는 환율이 중장기적 관점에서는 여전히 가장 중요한 자동조절장치라는 점은 여전히 유효하다는 단서를 달고 있다.

---

100) 이 보고서의 Box 1.1에서는 대외균형 평가(External Assessment)는 중장기적 시각에서 평가하는 것이고 단기적인 측면에서는 경상수지의 적자나 흑자가 개별 국가나 글로벌 관점에서 바람직할 수 있다는 점을 분명히 밝히고 있다("Current account deficits and surpluses can be desirable from an individual country and global perspective. A country's ability to run current account deficits and surpluses at different times is key for absorbing country-specific shocks and facilitating a globally efficient allocation of capital. Some countries may need to save through current account surpluses (for example, because of an aging population); others may need to borrow via current account deficits (for example, to import capital and foster growth). Similarly, countries facing temporary positive (negative) terms-of-trade changes may benefit from saving (borrowing) to smooth out those income shocks. Thus, deviating from a strict external balance is often desirable both from an individual country and a global standpoint.").

미 재무성에서는 매년 자체적인 환율보고서를 발표하여 대미 흑자국들이 경상수지 흑자 유지를 위해서 환율을 의도적으로 평가절하하고 있는지 여부를 감시하고 있다. 그런데 이 환율보고서가 IMF의 ESR 보고서의 내용을 자주 인용하고 있다는 점이 고민거리이다. 다행히 금번 ESR의 새로운 분석에 따르면 환율시장의 자유로운 조정 기능에 기대서 경상수지 흑자나 적자를 조절해야 한다는 미국의 논리는 상대적으로 빈약해진다. 이번 IMF의 연구 결과가 환율의 조정기능의 효과가 예상보다 작기 때문에 실제 효과를 발휘하려면 시장을 교란할 정도로 급격히 변동해야 한다는 점을 시사했기 때문이다. 아울러 이 보고서는 환율 못지않게 재정투자의 확대나 완화적 통화정책 등 다른 거시경제조치나 구조조정 정책의 중요성도 강조하였다.

2019 ESR에서 2018년 우리나라의 대외 포지션은 바람직한 중장기 경제 펀더멘탈에 비해서 조금 강한 편("moderately stronger than warranted by medium-term fundamentals")으로 평가되었다[101]. 경기순환의 영향을 제거한 우리나라의 경상수지 흑자는 GDP대비 약 4.2%(명목치는 4.4%)로서 IMF의 EBA 모델에 따른 적정수준 2.7%보다 약 1.4%p 높고 따라서 우리나라의 실질실효환율(REER)은 1% ~ 7% 정도 평가절하되었다는 주장이다. 결론적으로 EBA 모델에 따르면 우리나라의 환율은 현재보다 조금 절상될 필요가 있다는 내용이다. 한편 우리나라의 외환보유고는 IMF의 적정 최소기준(ARA)보다 조금 많은 것(106%)으로 평가되었다. 우리는 ESR 보고서가 우리나라에 대한 환율절상 압력

---

101) 앞서 설명한 것처럼 코로나 영향이 일부 반영된 2020 ESR(2020년 7월 발간)에서는 우리나라의 대외 포지션이 'broadly in line with'로 평가받았다.

의 논거로 사용되지 않도록 그동안 IMF EBA모델의 구조적 문제점을 꾸준히 지적해 왔다. 우리나라의 급속한 고령화, 잠재적 통일비용, 그리고 낮은 배당성향 등을 제대로 반영하지 못했기 때문이다. 이를 감안한다면 우리나라는 여전히 저축이 필요한 상황이고 경상수지 흑자도 현재의 수준으로 유지하는 것이 바람직하기 때문이다. 그런데 최근 중국, 일본 등 과거에 경상수지 흑자 과다국으로 지목받던 나라들의 경사수지가 점차 균형에 접근하면서 우리나라의 입지가 약해지고 있는 것도 사실이다.

단기적으로는 지금까지와 마찬가지로 EBA모델에 우리나라의 특수성이 더 반영될 필요가 있다는 점을 설득시켜야 하겠지만, 중장기적으로는 결국 우리나라도 대외 경상수지 흑자를 조금 낮추더라도 내수시장을 확대하여 보다 안정적인 경제성장이 가능한 모델로 경제체질을 점차 개선해 나가는 것이 바람직한 방향이라고 생각된다.

44. IMF의 한국 FSAP(금융부문 평가)

IMF의 한국 금융부문 평가(FSAP: Financial Sector Assessment Program)이 지난 2020년 4월20일 IMF의 보고서 공개로 끝이 났다. 장장 1년이 넘는 기간 동안 600여 차례 회의를 거친 결과이다. IMF가 FSAP을 도입한 것은 올해(2020년)로 20년째이다. 우리나라도 겪은 1997년 동아시아 금융위기 때부터 IMF의 감시기능(surveillance) 중 각국 금융부문에 대한 감시의 중요성이 더욱 커졌다. 지난 20년 동안 독립된 통화자본시장국(MCM)이 탄생하였고 IMF 내에 금융전문 인력도 대폭 확충되었다. 현재는 글로벌 경제와 금융거래에서 차지하는 비중이 큰 29개 국가는 매 5년마다 의무적으로 이 프로그램을 거쳐야 하고 한국의 FSAP은 이번이 세 번째[102)]이다.

이번 프로그램 기간 중 2019년 2월의 범위설정 미션(Scope mission)을 포함해서, 도합 세 차례 IMF팀의 방한이 있었다. 필자는 두 번째인 2019년 8월 미션부터 참여했다. 한국 미션팀의 팀장은 우다이비르 다스라는 인도 중앙은행 출신인데, 한국이 지난 5년간 국제기준에 부합하는 금융감독 기준을 정비한 점은 높이 평가하면서도 우리 정부가 미래의 충격에 대비해 좀 더 전향적인 자세로 대비할 것을 주문했다. 핀테크로 인한 도전과 기회, 거대 금융그룹에 대한 적절한 감시, 국경간 자금흐름

102) 한국이 FSAP을 최초로 받은 것은 2001년인데, 처음과 두 번째인 2013년까지는 IMF와 세계은행이 같이 참여했다. IMF 단독으로 FSAP을 하는 것은 우리나라로서는 처음인데 한국의 금융부문이 개도국 수준을 벗어났다는 의미이기도 하다.

의 위험에 대한 체계적인 모니터링, 거시건전성 규제 체계의 강화 등이 처음부터 그의 관심사였고 최종 보고서에서도 중점적으로 다루어졌다.

FSAP의 여러 과정 중 우리 감독당국에게 실질적으로 도움이 될 만한 것으로 IMF팀과 협업을 통해 도출하는 스트레스 테스팅을 예로 들 수 있다. 은행, 증권, 보험 등 각 업권별로 경제성장 하락, 예금이탈, 자산가치 하락, 자본감소 등 최악의 상황을 가정해서 현재의 금융시스템이 이를 어느 정도까지 감당할 수 있을지를 테스트해 보는 것이다. 최악의 시나리오(adverse scenario)는 다소 비현실적일 정도로 심각한 가정을 전제로 한 것이어서 우리 당국과 IMF팀간에 논쟁도 많이 있었지만 COVID-19 발생 후 되돌아보면 최악의 시나리오도 언제든 현실화될 가능성이 있다는 사실을 체감하게 된다. IMF의 모델과 우리 감독당국 및 개별 금융회사의 스트레스 테스팅 모델과 그 결과를 서로 비교 분석해 가면서 향후 우리 모델의 정합성을 개선하는 효과도 있다. 구체적인 사례로 이번에 핀테크 산업과의 경쟁에서 발생할 수 있는 위험요인을 시나리오에 반영한 부분은 향후 우리 금융감독당국의 스트레스 테스팅 모델개선에 도움이 될 것으로 보인다. 최악의 가정과 다양한 방법을 통한 스트레스 테스팅 결과 한국의 금융시스템, 특히 은행부문은 최악의 시나리오 아래서도 복원력(resilience)이 높은 것으로 나왔다. 이는 우리나라 은행들이 그동안 국제기준을 잘 수준하면서 자본을 충분히 확충해 왔다는 것을 의미한다.

다만, 가계부채 취약성이 향후 금융시스템 안정에 부정적 영향을 초래할 가능성이 있는데, 서울지역 주택가격의 과대평가, 한국의 특수한 전

세제도, 주택금융공사의 보증채무, 고령층 차주의 재무취약성 등이 주된 리스크 요인으로 지적되었다. 비금융기업 부채는 GDP의 100%로 G20 평균보다 높고[103], 이 중 약 25%가 위험부채(이자보상비율 1 미만)로 중소기업에 집중된 점과 향후 세계경제 둔화, 자금조달비용 상승 가능성 등을 기업부채의 가장 큰 취약요인으로 주목했다. 한편 보험사들이 전반적으로는 충분한 자본을 보유하고 있지만 고령화, 저금리 추세로 인해 앞으로 수익성 저하 압박에 시달릴 것으로 전망했다. 금융기관간 연계성 분석결과, 일부 은행·보험사가 스트레스 상황 하에 놓이더라도 금융시스템 전반으로의 위험 확산 가능성은 낮았으나, 시중은행은 대 특수은행 익스포져 위험, 보험업권은 대 시중은행 및 특수은행 익스포져 위험에 취약할 수 있다는 점도 지적되었다.

IMF의 보고서는 통상 이사회 논의를 거쳐 최종 마무리되는데, 이번에는 이사회를 개최할 수 없었다. 우리나라의 FSAP 관련 이사회는 당초 2020년 3월24일 개최될 예정이었는데, 바로 그 일주일 전부터 미국에 코로나 바이러스가 걷잡을 수 없이 확산되기 시작했기 때문이다. 이에 따라 IMF도 워싱턴 DC 및 인근 주(버지니아, 메릴랜드)에 발령된 비상사태 선포에 맞추어 3월16일부터 전 직원이 재택근무를 하게 되었다. 단지 재택근무 상황 자체가 문제가 아니라 팬데믹 상황 속에서 IMF가 세계경제의 구원투수 역할을 수행하면서 우선순위가 다소 낮은 통상적인 연례협의나 FSAP과 관련된 이사회 논의는 서면으로 대체하기로 의견이 모아졌기 때문이다. 필자는 한국 FSAP의 중요성을 강조하면서 이

103) 미국, 영국, 이탈리아 등은 GDP 약 70~80% 수준, 일본은 한국과 유사, 중국은 150% 수준이다.

사회 개최를 끝까지 타진해 보았지만, 3월 중순부터 IMF 전 직원이 글로벌 경제현황 분석과 유동성 위험에 빠진 국가들에 대한 자금지원 이슈 등에 집중 투입될 수밖에 없는 상황이었다. 코로나 감염과 사망자가 증가하는 상황 속에서 우리나라의 이익을 챙길 수 있는 형편이 아니란 점을 인정하지 않을 수 없었다. 결국 우리 이사실은 서면으로나마 이번 FSAP 프로그램을 통해서 IMF가 한국의 금융부문이 COVID-19 등 극심한 위기상황에 충분히 대응할 수 있는 시스템을 갖추었다고 평가한 점은 고무적이라고 언급하고, 덧붙여 한국 정부의 신속한 코로나 사태 대응 현황을 상세히 소개했다.

보고서 공개 후 한국 언론에서는 IMF가 전세보증금의 차환(roll-over) 위험을 지적한 부분을 크게 보도했다. 사실 전세보증금 제도는 우리나라에만 있는 독특한 거래관행으로 과거 수십년간 지속되어 온 부동산 가격 상승 신화 속에 그 위험성에 대한 인지도가 낮은 분야에 속한다. 그러나 부동산 가격이 큰 폭으로 동반 하락 시 임차인들은 보증금을 돌려받지 못할 위험에 직면할 수 있는데, 특히 저금리로 인해 집주인들이 전세 보증금을 은행 대신 주식이나 펀드 등 고위험자산에 투자하는 경우 큰 문제가 될 수 있다. 아직 전세가율이 집값에 비해 낮은 편이고 집주인들이 다른 금융자산으로 상환할 수 있는 여력이 충분하지만 우리가 간과하고 있었던 잠재적 위험을 환기시켜 줬다는 점에 의의가 있다고 생각된다. 우리나라의 가계부채 수준이 OECD국가 중에서도 상위에 속하고 그 가계부채의 상당부분이 부동산 관련 채무라는 점도 주의해야 할 부분이다. 이번 기회에 전세제도를 선진국처럼 안정적인 월세제도로 전환할 수 있는 방안에 대해서도 중장기적으로 고민해 봐야 할 것이다.

개인적으로는 FSAP 기간 중 방한한 IMF의 통화자본시장국장 토바이어스 아드리안과 같이 오찬을 하면서 의견을 교환할 수 있었던 점이 기억에 남는다. 그는 독일인으로 미 뉴욕 연방준비은행에서 근무하다가 IMF에 발탁되었는데, Growth-at-risk, Capital-flow-at-risk와 같은 재무위험관리 모델을 IMF의 거시경제 전망 및 금융시장 감시 업무에 적극 활용하는 등 현재 통화금융분야 연구에서 세계적인 두각을 나타내고 있는 재원이다. 대화를 하면서 그가 한국의 금융부문에 대해 많은 식견과 함께 상당히 우호적인 시각을 가지고 있다는 것을 확인할 수 있었는데, 그러한 점이 다행히 이번 최종 보고서에도 잘 반영되었다고 생각한다.

45. 우리나라에 이민청 설립은 언제쯤 가능할까?

IMF는 전 세계의 이민자 수를 약 2억7천만명으로 추정하면서 절대 숫자로는 1990년 이후 약 1억2천만명이 증가했지만 전 세계 인구대비로는 꾸준히 3.5% 수준을 유지하고 있다고 진단했다. 이민 비용이 싸지 않기 때문이다. 이를 세분화해 보면 선진국 인구 중에서 이민자가 차지하는 비중은 1990년 약 7%에서 최근 12%로 증가한 반면 개도국 인구 중 이민자 비중은 약 2%에 불과했다. 특히 개도국 이민자들은 주로 인근 지역으로부터의 피난민[104]이 주축을 이루고 있다. IMF의 2020년 봄 세계경제전망보고서 Chapter 4에서는 최근 많은 선진국에서 정치 쟁점화 되고 있는 이민자 이동의 원인과 경제적 효과, 정책적 시사점 등을 분석했다.

이민의 유인 효과(pull effect)중 가장 중요한 것은 역시 1인당 소득 수준이다. 따라서 신흥국에서 선진국으로의 이민 유인이 신흥국 사이의 이민 유인보다 언제나 높다. 하지만 너무 가난한 경우 이민할 엄두도 낼 수 없기 때문에(poverty trap) 유출국의 소득 수준이 높아질수록 이민도 증가한다. 다만 소득 수준이 어느 선을 넘어설 경우 이민 수요는 다시 감소한다. 신흥국 사이의 이민의 경우 이 경계점은 약 2천불인 반면 신흥국-선진국의 경우에는 약 7천불에 이른다. 수용국의 이민정책도 이민자 구성에 많은 영향을 미치는데 통상 숙련된 노동자를 선호하는

104) 최근 시리아, 베네주엘라 등으로부터 피난민이 급증한 국가는 독일/터키(인구의 약 1%), 레바논, 요르단, 콜롬비아(인구의 약 4%) 등이 있다.

경향이 높고 이들은 유출국 평균 주민보다 교육수준이 높고 기술이 뛰어난 경우가 많기 때문에 수용국에서는 생산성 증가 등의 효과가 있는 반면 유출국에서는 인적자본의 유출 등 부작용이 발생할 수 있다.

IMF가 모델링을 해서 2020년에서 2050년 사이 향후 이민자의 추이를 분석해 본 결과, 기본가정(baseline) 하에서는 이민자 비중이 앞으로도 전 세계인구의 약 3% 수준을 유지할 가능성이 높지만, 인구가 감소하고 있는 선진국의 경우에는 이민자 비중이 16%까지 증가하는 반면 인구가 늘어나는 신흥국에서의 이민자 비율은 감소할 것으로 예측되었다. 특히, 사하라 이남 지역으로부터 유럽 및 중동 지역으로의 이민 압력이 계속 증가할 전망인데, 사하라 이남 저소득국의 소득증가율이 더디고 2050년까지 이 지역 인구가 약 10억명 증가해서 약 3천백만명의 이민 수요가 발생할 것으로 추정되었기 때문이다.

한편, 기후변화로 인한 이민자 증가 효과는 미미한 것으로 나타났다. 기후변화로 인한 소득감소와 이민과의 직접적인 인과관계가 분명치 않고 홍수나 태풍으로 인한 이주 등은 인근 지역으로 단기간 피난 후 복귀하는 패턴을 보였기 때문이다. 하지만 관련 데이터가 부족하여 향후 급격한 기온 상승 시 이민자 증가 가능성을 배제하기는 이르다고 평가했다.

이민자가 수용국 경제에 미치는 영향 분석에서 IMF는 이민자로 인해 고용이 1% 증가할 경우 약 5년후 생산이 1% 증가했는데 이 중 2/3는 생산성 증가, 1/3은 고용증가에 기인하는 것으로 분석했다. 특히 많은 연구문헌에서 이민자 유입의 고용 보완성으로 인해 수용국 근로자의 기술 수준을 향상시키는 효과가 있다고 진단했다('전문화'의 효과). 즉, 이민자가 비숙련 일자리를 차지하면서 커뮤니케이션 능력이 더 뛰어난 수용국 원주민들은 기술숙련도가 더 높은 고용 단계로 진입할 수밖에 없기 때문이다. 상식적으로 당연한 얘기지만 직업훈련에 대한 투자나 적극적 노동시장 정책(ALMP)이 긍정적 효과를 제고한 반면, 이민자의 사회통합에 대한 규제가 강할수록 고용증가 효과는 작게 나타났다. 하지만, 이러한 긍정적 효과가 인근 신흥국으로 피난한 난민들에게까지 적용되지 않는 것은 자명하다. 난민들은 수용국이 선발해서 받은 것이 아니기 때문에 숙련도가 떨어지는 것이 사실이고 단기적으로 수용국에 많은 재정부담을 야기한다. 다만 인접국으로 이동시 언어나 문화장벽이 낮은 경우가 많기 때문에 이들이 고용시장에 진입하는 것은 상대적으로 용이한 편이다. 고용시장의 수용 여력이 높을수록 재정부담을 일부 상쇄하는 효과도 기대할 수 있다. 하지만 수용국 원주민 중 비숙련 노동자의 경우는 비숙련 이민자 공급으로 인해 부정적 영향을 받을 가능성이 높은 것으로 나타났다. 즉, 이민자의 유형에 따라, 수용국 원주민의 학력이나 기술숙련도에 따라 분배효과가 달라질 수 있다는 의미이다.

IMF가 모델링에 사용한 가정들을 곰곰이 살펴보면 이민의 효과를 상당히 긍정적으로 보려는 전제가 깔려있다. 모든 연구가 그렇듯이 이미 결론을 정하고 이를 확인하기 쉽게 연구방식을 선택했을 가능성이다. 이민 문제는 국가에 따라서 인구감소를 상쇄하거나 생산성을 제고하는 효과가 있겠지만, 사회통합을 저해하거나 특정 지역의 범죄율을 높이는 부작용도 많다. 문제는 우리나라와 같이 이미 생산가능인구의 감소가 시작(2017년)된 경우에는 더 이상 선택의 문제가 아닐 수 있다는 점이다. 이런 차원에서 우리 자체적으로 IMF의 연구결과를 좀 심화시켜 나갈 필요가 있고, 선진국가의 사례를 참고하여 우리나라에 적합한 정책적 시사점을 도출할 필요가 있다. 그리고 선별적이고 체계적인 이민자 유입을 위해서 '이민청' 설립을 서두를 필요가 있다. 이미 늦은 감이 없지 않다.

46. 기본소득(Universal Basic Income)에 관한 IMF의 생각

우리나라 국민들의 기본소득에 대한 인지도는 이제 상당히 넓어졌다. 2017년 필리프 판 파레이스가 집필한 '21세기 기본소득'은 그 입문서에 해당한다. 실제 적용시 고려해야 할 다양한 쟁점과 더불어 철학적인 배경도 심도있게 다루고 있다. 이미 꽤 많은 나라들이 기본소득 실험을 하였고, 빈곤이 광범위하게 확산된 나라의 경우 이름은 다르지만 그와 유사한 정책을 도입하는 경우도 있다. 하지만 필자가 근무한 1년 6개월 동안 IMF에서 기본소득을 본격적으로 논의한 것을 본 적은 없다.

IMF는 2017년 'Fiscal Monitor' 가을호에서 근로자들이 기술진보에 뒤처지지 않고 적응하는데 도움을 줄 수 있는 수단으로서 기본소득 문제를 다룬 적이 있다. 당시 IMF는 선진국의 불평등을 다소 완화(1/3 정도)하는 데 있어서 누진적 조세제도와 소득이전 정책이 기여하였다고 평가하고, 기본소득도 같은 맥락에서 검토 가능한 정책수단으로 보았다. 어떤 선택을 하든 획일화하기 곤란하고 행정의 효율성, 기존 사회안전망의 성과, 재정여력, 국민들의 선호도와 같은 각 국가의 특수상황에 적합한 설계가 이루어져야 함을 강조한 바 있다.

기본소득이 새로운 이슈로서 논의될 수도 있지만 방법론으로 보자면 해묵은 복지논쟁 프레임인 '보편복지 vs. 선택복지' 논란의 연장선상에 있는 것으로 해석할 수도 있다. 보편복지는 현재의 아동수당과 같이 가구의 소득수준과 무관하게 복지의 대상을 모든 국민으로 확대하자는 것이고 선택복지는 소득기준(means test)을 통해 한정된 재원을 보다 가난한 계층에 집중적으로 지원하자는 주장이기 때문이다. 소득검증을 통한 선택적 지원은 생각보다 많은 행정능력과 비용을 수반하기 때문에 개도국에서는 지역, 가구특성(한부모, 장애우 등), 공공근로 참여 등 빈곤과 연계성이 높은 다른 기준을 설정해서 지원하는 경우가 많은데 이 역시 한계가 있고 불필요한 누수가 발생하게 된다. 우리나라의 기초생활수급자, 차상위계층 가구에서도 빈번하게 일어나는 사례로 취업을 통해 수급기준을 초과하는 소득을 수령하는 순간 기존에 받던 의료, 주택, 학비보조 등 각종 지원금이 일시에 박탈되기 때문에 이들 취약계층의 근로의욕을 원천적으로 상실시키는(labor disincentive) 문제도 발생한다. 즉, 노동참여의 한계 유효세율(marginal effective labor participation tax rate)이 매우 높다는 것이다. 이 문제를 해결하기 위해 많은 선진국들이 복지 수급조건에 노동의무를 부과하거나(예: 우리나라의 자활근로) 취약계층의 고용시 추가적인 임금보조(in-work benefits)를 지급하는 경우가 증가하고 있다.

기본소득 제도는 종전 소득기준 복지수급의 한계를 극복하고 재분배를 효과적으로 실현하는 수단으로서 여러 나라에서 각광을 받고 있다. 특히, 행정능력이 부족하고 인구 대부분이 빈곤에 시달리는 저소득국가일수록 그런 유혹에 직면한다(예: 수단). 기술진보 속도가 빠른 선진국의 경우에는 미래의 줄어드는 일자리를 보완할 수 있는 정책수단이란 측면이 강조되는 반면, 개도국에서는 에너지나 식량보조금 삭감 등 대중적 인기가 없는 구조개혁을 용이하게 해 주는 대체적 복지 시스템이란 측면이 강조되고 있다. 문제는 이에 소요되는 비용을 어떻게 조달하고 굳이 정부지원이 필요없는 계층의 수급을 어떻게 해석할 것이냐의 문제이다. 일자리 탐색 의무가 부과되지 않을 경우 기본소득 수급자들의 근로의욕이 현저히 감소할 것이라는 우려도 있다.

어떤 조건하에서 기본소득이 적합한지를 파악하기 위해 IMF가 중위소득의 25%에 해당하는 기본소득제도를 모델분석한 결과 선진국과 비교시 개도국의 불평등과 빈곤 감소효과가 상대적으로 높았는데(Gini points 감소폭: 선진국 5.3, 개도국 10.4), 불평등의 정도가 심하고 빈곤선 이하 국민의 비중이 높을수록 효과가 컸다. 비용은 선진국은 GDP의 6.5%로 추정되어 개도국의 3.8%에 비해 많이 소요되는 것으로 나왔다. 만약 현재 지급되는 복지급여를 예산 중립적인 기본소득으로 대체할 경우 10분위중 하위 1, 2분위의 65%는 1인당 가처분 소득이 19% 감소하는 반면, 그동안 사각지대에 놓여 있었던 나머지 35%의 가처분 소득은 150% 증가하였다.

IMF는 현재의 복지시스템을 기본소득제도로 대체할지 여부는 지급수준, 취약계층의 커버리지, 혜택의 진보성(progressivity), 그리고 효율성이라는 4개의 기준으로 판단할 수 있다고 주장한다. 즉, 현재 소득이전 시스템이 거의 갖추어지지 않았거나 지급대상이 한정적이고 소득기준 파악을 위한 행정능력이 현저히 떨어지는 저소득국의 경우 누진적인 조세체계, 에너지 보조금 철폐와 함께 기본소득제도를 도입할 수 있는 여건이 갖추어져 있다고 평가했다. 반면, 프랑스와 영국처럼 복지수급 대상이 넓고 이미 진보적인 수급시스템을 갖춘 선진국가의 경우 기본소득은 오히려 취약계층의 수급수준을 현저히 낮추고, 빈곤율을 악화시키기 때문에 기본소득 도입보다는 현재 복지수급 시스템의 커버리지를 더 넓히고 지출대상의 타겟팅을 강화하는 것이 바람직하다고 조언했다. 한편, 브라질이나 인도처럼 복지수급의 진보성은 높지만 커버리지가 낮을 경우 취약계층의 수급수준을 조금 낮추더라도 대상을 확대(복지의 사각지대 해소)하는 기본소득제도는 선택가능한 옵션이 될 수 있다고 평가했다. 미국을 대상으로 한 일반균형모델에서는 기본소득보다 취약계층을 타겟팅한 근로장려세제(EITC) 등의 후생효과가 높은 것으로 나타났다. 그런데 재분배 효과가 기본소득을 도입하려는 동기의 전부는 아니다. 저축을 할 수 없는 많은 취약계층에게 기본소득은 안정적인 기본 생계비 제공으로 든든한 사회보험 역할을 할 수 있고, 기술의 진보가 빠르고 자동화로 인해 일자리가 줄어드는 미래의 사회안전망으로도 거론되고 있기 때문이다.

IMF는 정책의 선택은 각국의 몫이라는 점을 분명히 하면서 단정적인 결론은 유보했지만, 소득기준 검증이 완벽하게 설계될 수만 있다면 보편적인 기본소득보다는 선택적인 복지시스템의 장점이 많다는 점을 조심스럽게 시사하고 있다. 결국 각국이 처한 현재의 상황과 기존의 복지시스템의 공과, 향후 지향하는 복지 및 사회안전망의 체계, 그리고 이에 대한 국민의 선호도가 중요한 결정요인이 될 것이다. 그리고 기본소득의 지급수준과 그에 소요되는 재원을 어떻게 조달할지, 기존 복지시스템을 대체할지 아니면 그 위에 추가적인 기본소득을 도입할지, 아니면 그 중간 형태를 지향할지 등에 따라 판단은 달라질 것이다.

47. 최저임금 정책은 유죄인가?

문재인 정부의 초기 2년간 약 30%에 가까운 최저임금 인상은 많은 정치경제적 논란을 야기한 바 있다. 실제로 고용 부진, 자영업 폐쇄, 중소기업 경쟁력 약화 등 전반적 경제성과 부진이 모두 최저임금 인상 때문이라는 주장이 있다. 반면 경기 사이클이 하강하는 시점에서 다른 구조적인 요인을 감안하지 않고 최저임금 인상에만 그 책임을 덮어씌우려는 것은 근거가 없는 정치공세라는 반론도 강하다. 노동시장의 이중구조, 노인인구 증가와 고용없는 생산으로의 산업구조 변화, 전반적인 산업경쟁력 약화, 2018년 이후 경기흐름의 하강추세 등 다른 요인들이 더 크게 작용했다는 설명이다. 하지만 최저임금 인상이 가장 이해하기 쉽고 체감도가 높은 직접비용이란 특성 때문에 논쟁을 피하기 쉽지 않았다.

그런데, 최저임금 인상 자체가 잘못된 정책이냐 하면 그건 그렇지 않다. 우리 이사실 주요국의 하나인 호주는 COVID-19 발생 이전까지 28년째 경제호황을 누리고 있었는데, 건실한 소비를 뒷받침하고 있는 최저임금 정책도 큰 몫을 했다. 프랑스보다는 낮지만 호주의 시간당 최저임금은 중위소득의 55%로 주요 선진국 중에서 가장 높다(2018년 ppp 기준 $12.14). 역사적으로도 공평임금(fair wage)에 대한 의식이 강해서 1907년 호주 법정은 정부가 최소한 3명의 아이를 양육할 수 있는 수준의 임금을 보장해야 한다고 판시한 바 있다. 호주에는 최저임금을 정하는 '공평한 일자리 위원회(the fair work commission)'가 있는데 이 위원회는 산업계, 노조, 학계의 의견을 반영해서 최근 3년간 3.3%, 3.5%, 3%씩 최저임금을 인상했는데, 이는 이 기간 중 물가상승률과 평균 임금 상승 폭을 훨씬 상회하는 수준이다. 호주에서는 승무원, 장의사 등 전체 일자리 보수의 25%가 최저 임금과 연동되어 있어서 최저임금 상승이 경제에 미치는 영향이 매우 큰데 호주 중앙은행의 분석에 의하면 고용에 미친 부정적 영향은 없는 것으로 나타났다. 비결은 '단계적(gradual)' 인상이다.

2019년 11월 그리스 관련 IMF 연례협의 이사회에서도 최저임금 인상 문제가 특별분석 보고서(Selected Issue Paper)의 소재로 포함되었다. 그리스의 친노조 정책과 높은 임금수준이 경쟁력 저하에 영향을 미쳤고, 그에 대한 반성으로 IMF의 그리스 구제금융 프로그램하에서는 노동시장의 탄력성 제고, 임금의 적정수준 조정 등이 주요 정책과제로 논의되었기 때문이다. 그 결과 22%에 가까운 최저임금 삭감과 노동 및 상품시장의 경직성을 완화하는 조치들이 시행된 바 있다. 하지만 그동안의 성과가 기대에 미치지 못했는데 임금하락에도 불구하고 시장왜곡으로 인해서 상품가격 하락으로 이어지지 못했고, 그 결과 그리스 산업의 경쟁력은 크게 나아지지 않았기 때문이다. 최근에는 위기상황에서 벗어나자 그리스의 옛날 습성이 스멀스멀 다시 살아나고 있다. IMF의 반대에도 불구하고 그리스는 2019년 최저임금을 11% 인상했고, 청년그룹에 대한 최저임금은 27%로 대폭 인상했다. 하지만 과거에도 그랬듯이 생산성 증가가 수반되지 않는 최저임금 인상은 기업과 자영업의 경쟁력을 더 약화시킬 뿐이다.

현재 그리스의 최저임금 수준은 1인당 GDP 대비시 프랑스, 몰타, 벨기에에 이어서 유럽에서 세 번째로 높은데 앞서 호주의 사례에서 알 수 있듯이 최저임금은 노동생산성, 노동시장과 상품시장의 탄력성 등 제반 조건과 연계되는 문제이기 때문에 현재의 수준을 다른 나라와 단순 비교하는 것은 큰 의미가 없다. IMF의 분석에 따르면 그리스의 최저임금도 전체 산업의 약 40%의 임금과 연동되는데, 최저임금 하락 시 고용의 증가 폭은 임금의 하방경직성이 있는 산업 분야보다 약 4% 정도 컸다. 그렇지만 전반적인 상품가격의 경직성으로 인해서 기업의 이윤이 많이 증가한 반면, 전체적인 산업 경쟁력은 별로 나아지지 않았다고 평가했다.

IMF는 그리스에 대해 생산성을 반영한 임금 책정, 노동시장의 탄력성 제고, 상품시장의 경직성 완화와 함께 교육, 직업훈련 등 노동분야에 대한 투자를 제고해서 중장기적으로 생산성 증가, 경쟁력 강화 등을 위해 노력할 것을 주문하고 있다.

IMF는 보고서 첨부(Annex II)에 횡단면 실증분석 결과 최저임금의 효과는 국가마다 다르고(country-specific), 전체적인 고용에 대한 효과는 제한적(limited)이었다라고 부연설명하고 있다[105]. 개인적으로 IMF의 분석에 동의하는 편이다. 국가마다 다르고, 제반여건에 따라서 결과가 다르게 나올 수 있기 때문이다. 결국 최저임금 정책 그 자체는 '무죄'이다.

---

105) 최저임금의 고용효과를 분석한 Doucouliagos and Stanely(2008), Bockmann(2010), Nataraj et. al(2014), Leonar, Stanley and Doucouliagos(2014), Belman and Wolfson(2014), Chletsos and Giotis(2015) 등의 결과는 대체적으로 영향이 거의 없거나 'no impact'로 해석할 수 있다.

48. 인구구조 변화가 금융산업에 미치는 영향

우리는 우리나라의 생산가능인구(15세~64세)가 몇 년 전부터 감소하고 있다는 사실을 알고 있다. 우리가 유사한 경로로 좇아가고 있는 일본이 고령화와 함께 자산버블 폭락, 국가부채 증가, 경제활력 침체 등 여러 문제를 겪고 있다는 것도 인지하고 있다. 문제는 현실을 외면하거나 조금씩 미래로 결정을 지연시키려고 하는 성향이다. 따라서 IMF의 객관적 평가가 도움이 될 수 있다. 앞서 언급한 IMF의 한국 금융부문 평가(FSAP) 보고서 중 좀 더 기술적인 내용을 담은 Technical Note라는 것이 있는데 총 6개의 TN이 2020년 9월 공개되었다. 그 중 금융산업의 스테레스 테스트 결과를 다룬 TN에서 한국의 인구구조 변화가 금융산업에 미치는 영향을 점검한 부분[106]은 우리나라의 인구구조 변화를 미시적 측면에서 따져봤다는 점에서 흥미롭다.

---

106) Technical Note(Republic of Kore, FSAP), Systemic Risk Analysis, Financial Sector Stress Testing, and an Assessment of Demographic Shift in Korea, IMF(2020.8)

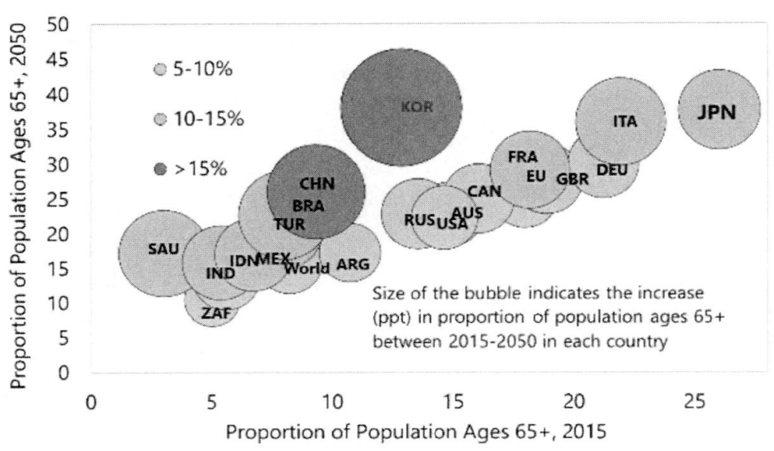

Proportion of Population Ages 65+, 2050
50
45
40
35
30
25
20
15
10
5
0
5-10%
10-15%
>15%
KOR
JPN
ITA
FRA
EU
GBR
DEU
CAN
RUS
USA
AUS
CHN
BRA
TUR
SAU
IND
IDN
MEX
World
ARG
ZAF
Size of the bubble indicates the increase (ppt) in proportion of population ages 65+ between 2015-2050 in each country
0
5
10
15
20
25
Proportion of Population Ages 65+, 2015

2015

Korea:
10%-15%
Australia

2050

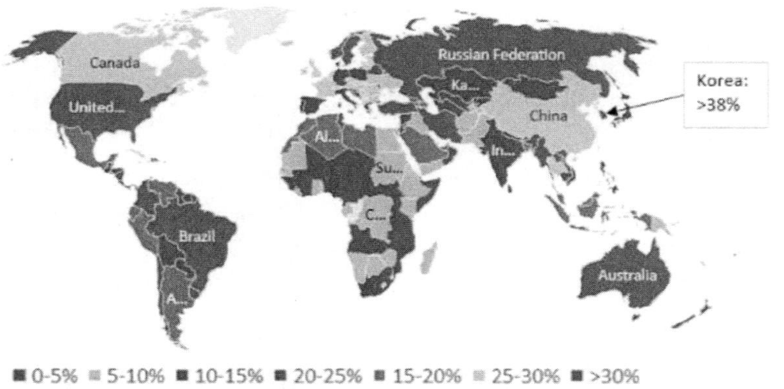

Canada
United...
Russian Federation
Ka...
China
Korea:
>38%
Al...
Su...
In...
C...
Brazil
A...
Australia
0-5% 5-10% 10-15% 20-25% 15-20% 25-30% >30%

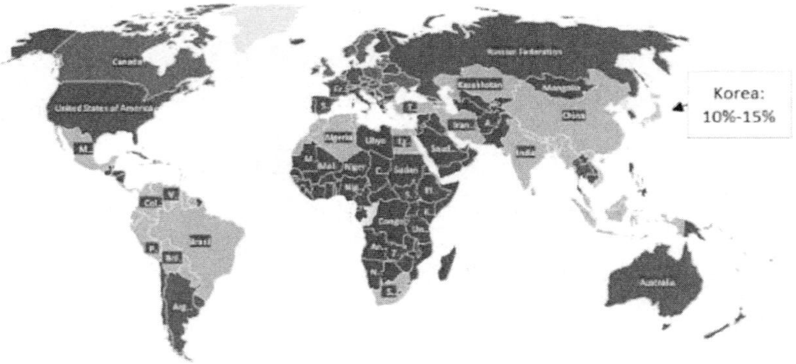

위 그림에서 알 수 있듯이 현재의 추세가 지속된다면 2050년까지 한국의 노인 인구는 전 세계에서 가장 높은 수준(약 38%)에 이를 전망이다. IMF는 또한 한국의 노인빈곤율이 44%로서 OECD평균인 14%보다 높고 세계 최고수준이라는 점에 주목한다. 두 가지 요인이 결합될 경우의 상황이 매우 우려스럽기 때문이다.

2008년 글로벌 금융위기 이후 상당수 선진국에서 '구조적 장기침체(secular stagnation)'을 겪고 있는데, 가장 큰 원인 중의 하나가 인구구조의 변화이다. 인구감소와 고령화는 중립금리와 기대 인플레이션의 하락을 압박하고 경제의 전반적인 유효수효를 감소시키는 원인이기 때문이다. 물론 산업별로 그 영향은 차별화되기 때문에 건강관리나 바이오산업 등은 오히려 수혜를 입는 종목이 될 수 있다. 현재 가장 민감한 문제인 부동산 가격이나 임대 시장도 중장기적으로는 하방 압박을 받을 가능성이 높다. 앞에서 이미 설명했지만 IMF는 한국에만 있는 특수한 '전세'제도가 부동산 가격의 지속적인 상승 국면에서만 유지될 수 있기 때문에 부동산 가격 하락시에는 전세보증금 반환 위험이 한국 금융산업에 매우 파급력이 큰 위험요소가 될 수 있다는 점을 강조하고 있다. 생산가능인구 감소는 향후 인건비 상승요인이 될 수 있는데 생산잠재력 감소와 임금상승 문제를 해결하기 위해는 ICT 기술의 활용이나 자동화 등을 통해 생산성을 얼마나 끌어 올릴 수 있느냐가 관건이다. 물론 일자리 감소에 대비한 사회안전망 확충도 중요한 과제임은 물론이다.

고령화로 인해 연금 기여금의 인상은 불가피한데, 이는 근로세대의 가처분 소득 감소와 경제전반의 유효수요 감소로 이어질 수 있다. 다만,

연금지급금의 증가는 미래 대비 금융상품 투자 감소로 이어져 기업의 차입금리 상승을 유발시킬 수 있다. 따라서 전반적인 투자수요 감소로 인한 금리하락 추세를 다소 상쇄할 수 있다. 은행에 미치는 영향은 앞서 설명한 것처럼 예대마진 축소에 따른 수익률 감소 우려이다. 이에 대비해 은행은 점포수 축소 등 경영효율화와 함께 해외투자 확대, 수수료 인상 등 다각적 수익원 확보 노력을 해 나가야 한다. IMF의 2020년 9월 분석에 의하면 저금리 상황이 우리보다 먼저 실현된 유럽 은행들의 경우 아직까지는 저금리로 인한 수익악화의 징후가 발견되지 않았다. 다만, 높은 수익률 찾기(search for yield)에 상응하는 위험관리체계가 수반되지 않는다면 전체적인 산업구조의 취약성이 높아질 수밖에 없다. 보험산업은 장기적인 금리하락 추세와 수명연장으로 인해 수익구조의 취약성이 높아지고 있으나 IMF는 아직까지는 수명연장의 악영향이 본격화되기 이전으로 보고 있다.

이러한 IMF의 평가는 우리가 좀 더 미래를 대비해서 서두를 필요가 있다는 점을 시사한다. 인구구조의 변화는 수익률의 하락을 압박하고 경쟁력없는 금융기관간의 통폐합을 촉진할 것이기 때문이다. 핀테크를 활용하고 오픈 결제시스템을 통해 고객에게 보다 효율적인 서비스를 제공하는 방식으로 금융산업별 비즈니스 모델을 재정립할 수 있다면 이는 소비자에게도 바람직한 금융산업구조 개편 방향이다. 보다 선제적인 연구가 필요한 분야이다.

49. 외국인의 부동산 투자에 대한 정책방향

주택은 소비재인 동시에 자산증식 수단으로서의 유용한 특성 때문에 전 세계적으로 국내외 투자자들의 주목을 받아 왔다. 우리나라도 예외는 아니다. 동시에 붐-버스트 사이클을 증폭시키면서 금융시장의 불안정성을 확대하는 위험요인이 되어 왔으며 2008년 글로벌 금융위기시 서브프라임 모기지 시장의 붕괴로 그 파괴력을 입증한 바 있다. 그러나 그 이후에도 전 세계의 주택시장은 꾸준한 상승세를 이어오고 있으며 일부 국가나 도시의 주택가격은 버블 수준에 근접한 것이 아닌가 하는 우려를 낳고 있다. 글로벌 투자재 성격으로 인해 주요국, 주요 도시의 주택가격은 동조화 현상을 나타내고 있는데, 이는 글로벌 자본의 흐름과 주택가격의 변동이 밀접히 연관되어 있다는 것을 시사한다. 캐나다, 호주, 홍콩, 뉴질랜드, 싱가포르 등 외국인이 선호하는 국가와 지역에서는 이에 대응하기 위해 각종 건전성 규제를 시행하고 있는데, 주로 비거주자를 대상으로 하는 인두세(stamp duty)나 기타 거래세(transaction taxes)를 그 수단으로 삼고 있다.

외국인이 해외 주택시장에 투자하려는 이유는 국가별로 차이가 있다. 홍콩은 인구 밀집도 등으로 인해 외국인의 주택 투자가 꾸준했었지만 중국 본토의 자본유출 규제에 따라 등락하는 경향이 있으며, 싱가포르는 인근 지역 중에서 안전지대(safe heaven)라는 이미지로 인해 글로벌 금융위기 이후 투자수요가 몰렸다. 호주, 캐나다 대도시는 미국, 영국 등과 마찬가지로 이민자 유입수요와 유동성이 풍부한 부동산 시장이라는 특성이 외국인 투자에 긍정적인 영향을 미쳤다. 물론 저금리 기조로 유동성이 넘치는 상황 속에서 외국인의 투자가 부동산 가격에 미치는 영향은 자극적인 언론 보도에 의해 실제보다 과장되었다는 평가도 있다.

우리나라 통화당국의 정책금리 결정시에는 금리가 자산시장이나 가계부채 등 금융시장 안정성에 미치는 영향이 중요한 고려사항 중의 하나이지만 이들 국가에서 주택가격을 억제하기 위해 통화정책이 직접적으로 사용된 적은 거의 없다. 한편 싱가포르와 홍콩은 공공주택 공급의 대상을 전체 시민의 각각 80%, 50%로 설정하면서 공공주택을 통한 가격 안정화에도 신경을 쓰고 있다. 이에 반해 호주, 캐나다는 주택 공급은 주로 민간의 자율에 맡기고 있고 구역계획 등은 자치단체에 위임되어 있다. 재정정책은 주로 세금을 통해 최초 구입주택이나 모기지 론에 대한 세액공제와 같은 인센티브를 제공하거나, 반대로 양도세 차별과세 등을 통해 투기수요를 억제하고 있다. 호주, 캐나다는 비거주자에 대한 인두세(3~8%), 양도세 할증과세, 투기세(Speculation and Vacancy Tax) 등을 부과하는데, 적정가격의 주택공급과 금융시스템의 안정성 유지를 목표로 내세우고 있지만, 중국인 등 실거주 없는 투기목적의 외국자본 유입을 억제하기 위한 부과금(Levy) 성격도 있다. 뉴질랜드는 2018년 아예 외국인의 토지구입 등 부동산 투자를 금지하는 법안을 통과시켜 IMF의 반발을 산 적도 있다.

이런 건전성 조치들이 주택시장 안정화에 얼마나 기여했는지에 대해서는 학계에서도 논란이 있다. 그러나 기 도입 국가들은 그 세율을 강화하는 추세에 있고, 다른 많은 국가들도 비거주자에 대한 제한조치 도입을 고려하고 있는 것을 보면 적어도 정치경제학적으로는 효과가 있는 것 같다. 홍콩처럼 인두세를 2배로 올린 경우 적어도 단기적으로는 외국인 투자자의 수요를 억제하는 효과가 있었고, 싱가포르가 인두세와 함께 각종 수요 제한조치를 병행한 덕택에 확실히 외국인의 거래 빈도가 낮아진 것도 확인할 수 있다.

2017년부터 IMF는 비거주자 주택구입에 대한 차별적 제한조치를 자본통제수단(CFM)의 하나로 분류하고 그 정당성을 예외적으로만 인정해 왔다[107]. 이에 대해 회원국들은 이 수단이 옳은지 그렇지 않은지는 부동산시장의 과열을 통제하는 데 효과적인지 여부부터 먼저 따져야 한다고 항변한다. IMF가 그 대안이 될 수 있는 무차별적인 건전성 조치를 제시하지도 못하면서 차별적이라는 이유만으로 외국인에 대한 규제가 부적절하다고 해석하는 것은 실익이 없다는 뜻이다. 실제로 규제당국에서 경상수지나 환율에 미치는 영향을 고려하여 부동산 관련 건전성 조치들을 시행하는 경우는 거의 없기 때문에 IMF의 부정적 시각은 지나친 감이 없지 않다. 특히, 대부분 외국인 자금의 출처는 국내 은행과 무관하기 때문에 거시경제적 조정(예: 금리)이나 금융기관 대상 거시건전성 조치(예: LTV, DTI)로서 통제하는 데에는 한계가 있다는 회원국들의 주장은 경청할 필요가 있다. 우리나라의 경우 아직까지 부동산 시장의 과열에 외국인 자금이 얼마나 개입하고 있는지 제대로 검증받은 적이 없다. 하지만 글로벌 저금리 추세가 당분간 지속될 것이 거의 확실하기 때문

---

107) IMF의 'Institutional View on capital flows'에 의하면 비거주자의 자본거래에 대한 차별적인 제한 조치는 기본적으로 바람직하지 않으며 여타 거시경제조치 시행에 제약이 있을 경우에 한하여 한시적으로만 타당한 조치로 본다.

에 외국인의 부동산 투자에 대한 특별조치의 필요성이 없는지 조심스럽게 고민해야 할 시점이다.

IMF와 세계경제 이야기

초판 1쇄 2020년 12월 30일

지은이 | 허남덕

펴낸곳 | 바른책
발행인 | 고민정
주 소 | 서울특별시 중구 을지로 14길 20, 5층
홈페이지 | www.bareunbook.com
이메일 | contact@koreaebooks.com
전 화 | 1600-2591
팩 스 | 0507-517-0001
원고투고 | edit@koreaebooks.com
출판등록 | 제2017-000046호

ISBN 979-11-88561-08-7 (03320)

바른책은 출판그룹 한국전자도서출판의 출판브랜드입니다.